ECONOMÍA

4.º ESO

Anxo Penalonga Sweers

Cuentos y juegos
Abelardo Fernández Bagüés

Revisión técnica y asesoría pedagógica
José Ángel Navarro Martínez
Abelardo Fernández Bagüés

Mc Graw Hill Education

MADRID · BUENOS AIRES · CARACAS · GUATEMALA · LISBOA · MÉXICO
NUEVA YORK · PANAMÁ · SAN JUAN · BOGOTÁ · SÃO PAULO · AUCKLAND
HAMBURGO · LONDRES · MILÁN · MONTREAL · NUEVA DELHI · PARÍS
SAN FRANCISCO · SYDNEY · SINGAPUR · SANT LOUIS · TOKIO · TORONTO

TABLA DE CONTENIDOS

CÓMO SE UTILIZA ESTE LIBRO

Presentación de la unidad

Un interesante texto va a presentarte cada unidad, a modo de resumen.

En **Sumario,** te avanzamos los contenidos de la unidad.

Antes de empezar: un **cuento** que te introducirá de un modo ameno en los contenidos de la unidad.

Desarrollo de contenidos

El texto está acompañado de imágenes que te van a ayudar a entender de una forma clara y concisa la teoría.

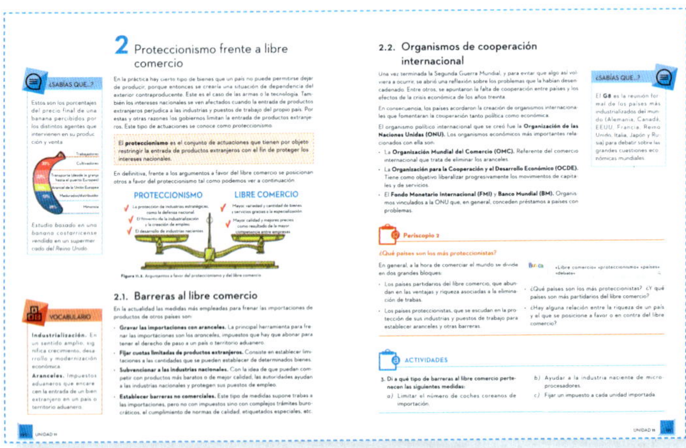

Vas a encontrar actividades de diferentes tipologías para desarrollar distintas aptitudes y además información adicional al margen.

ACTIVIDADES

Aumentarán tus conocimientos.

ACTIVIDAD RESUELTA

Un ejercicio resuelto que te enseñará contenidos importantes.

PERISCOPIO

Actividades para aprender a razonar.

Cierre de la unidad

La teoría se cierra con un **Mapa conceptual,** en el que podrás ver los contenidos de la unidad de un modo gráfico

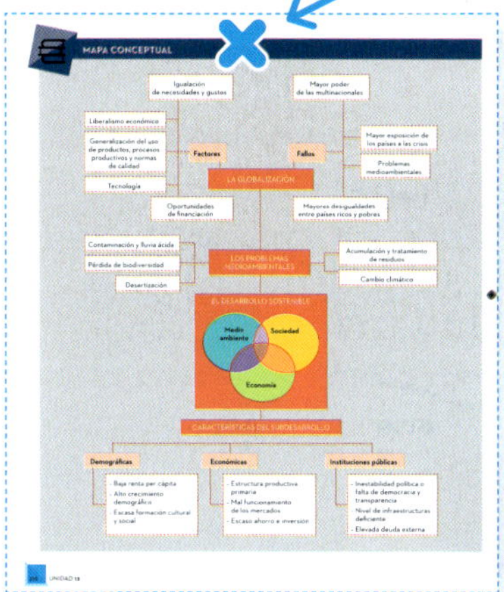

Con el **Test de repaso** podrás chequear rápidamente lo que has aprendido en la unidad

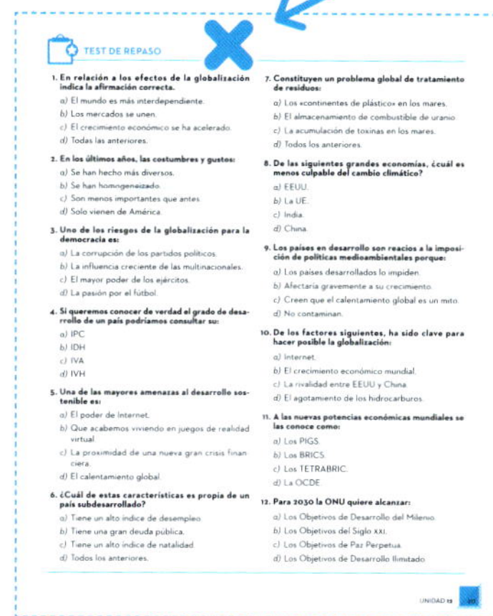

Con el **Taller de prensa,** te proponemos un primer acercamiento a las noticias económicas. Además, en el **Vocabulario,** te ofrecemos un resumen de los principales conceptos definidos en la unidad.

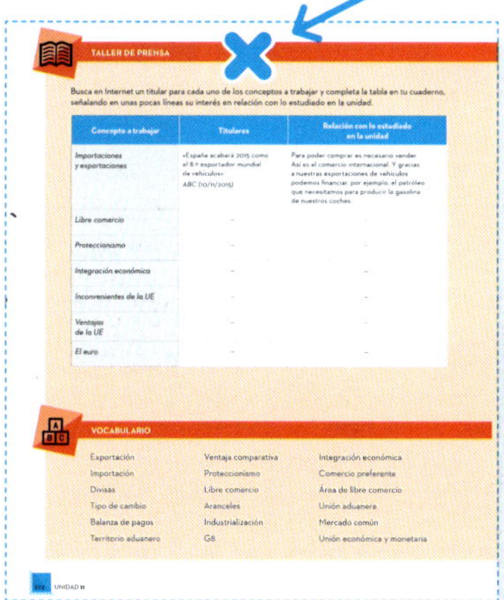

Para terminar la unidad, te proponemos un **Juego económico.** Una manera divertida de aproximarse y repasar los contenidos de la unidad.

Cierre trimestral

El **Repaso trimestral** incluye dos propuestas de debate: sobre una película *(Propuesta de cine)* y sobre una noticia de prensa *(Noticia)* y finaliza con un *Cuestionario* de repaso del trimestre.

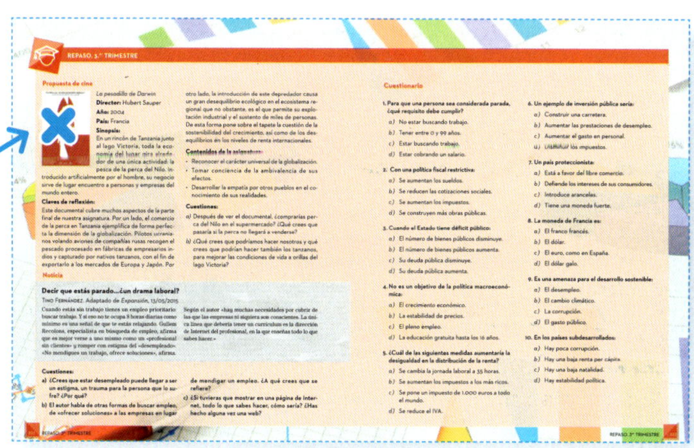

1 ECONOMÍA, LA CIENCIA ÚTIL

La *economía* nació para ayudarnos a tomar decisiones relacionadas con nuestras necesidades y la mejor forma de satisfacerlas. Esta ciencia nos da valiosos consejos a la hora elegir la *mejor alternativa* de las que tenemos a nuestro alcance cuando pensamos en cómo utilizar nuestro dinero o buscar trabajo, por ejemplo.

Pero también es capaz de ayudar a las empresas en sus decisiones de producción, o a los estados a la hora de fijar los impuestos, o en la decisión de emplear los recursos de los contribuyentes. Y es que la economía ha evolucionado hasta ser capaz de ayudar en la toma de decisiones en situaciones muy variadas sobre la base de unos pocos principios. En esta unidad estudiaremos cuáles son.

Sumario

SI PUDIERA VOLVER A VIVIR...

Si pudiera vivir nuevamente mi vida,
en la próxima trataría de cometer más errores.
No intentaría ser tan perfecta, me relajaría más.
Sería más tonta de lo que he sido,
de hecho tomaría muy pocas cosas con seriedad.
Sería menos aséptica.
Correría más riesgos,
haría más viajes,
contemplaría más atardeceres,
subiría más montañas, nadaría más ríos.
Iría a más lugares adonde nunca he ido,
comería más helados y menos habas,
tendría más problemas reales y menos imaginarios.

Por si no lo saben, de eso está hecha la vida,
solo de momentos; no se pierdan el ahora.

Pero ya ven, tengo 85 años...
y sé que me estoy muriendo.

Nadine Stair
85 años
Louisville, Kentucky

Preguntas:

1. **Este texto nos habla del coste de oportunidad: lo que perdemos cada vez que elegimos un camino. ¿Qué costes de oportunidad cree Nadine que ha pagado en su vida?**

2. **La autora dice que, de volver a vivir, «[...] haría más viajes, contemplaría más atardeceres, subiría más montañas [...]» ¿Por qué crees que no lo hizo?**

3. **Nadine dice: «tendría más problemas reales, y menos imaginarios». ¿A qué «problemas imaginarios» dirías que se refiere?**

1 ¿Qué es la economía?

Alimentos, vestidos o educación son bienes y servicios que cualquier persona *necesita*.

> Una **necesidad** es el deseo de satisfacer algo de lo que se carece. Los **bienes** (tangibles) o los **servicios** (intangibles) son aquello que satisface necesidades.

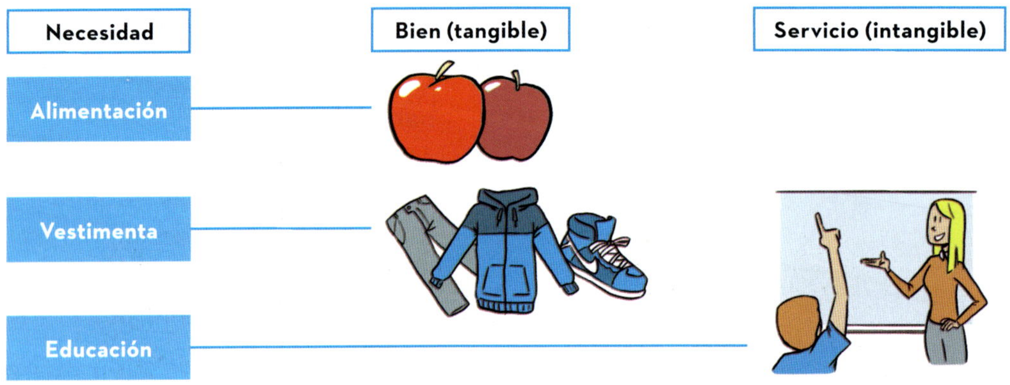

Figura 1.1. Ejemplos de necesidades, bienes y servicios. Las personas satisfacen sus carencias mediante bienes (tangibles) y servicios (intangibles).

Lo que cambia de unas personas a otras es la cantidad y calidad de los bienes y servicios que consumen, porque unas personas disponen de más dinero o propiedades que otras. Y como, en general, hay menos bienes y servicios de los que la gente quiere, se les asigna un **precio** para decidir quién los disfruta.

No tienes más que mirar a tu alrededor para darte cuenta de que prácticamente todo tiene un precio: los libros, el material escolar, los pupitres, las enseñanzas del profesor y un largo etcétera.

1.1. Recursos y necesidades

Como no tenemos todo el dinero del mundo para pagar todo lo que queremos, tenemos que administrarlo bien para comprar, por lo menos, aquello que más necesitamos o deseamos. Es entonces cuando interviene la *economía*, una ciencia que nos ayuda a satisfacer nuestras necesidades (vestido, alimentación, educación, etc.) mediante recursos escasos (normalmente dinero). Precisamente, el término *economía* proviene del griego y significa 'administrar la casa'.

> La **economía** es la ciencia que se ocupa de la forma en que las personas administramos recursos escasos con los que satisfacer nuestras necesidades.

En realidad, si lo pensamos, el ser humano y todo su entorno son limitados: euros, kilómetros, segundos, años, centímetros, kilos, etc., todo está tasado o medido y, por tanto, es posible administrarlo y gestionarlo. Incluso nuestra propia vida es limitada en el tiempo.

¿SABÍAS QUE...?

Aunque los fenómenos económicos son tan antiguos como el ser humano, la *economía* nació como ciencia en el siglo XVIII de la mano del escocés Adam Smith.

1.2. La escasez económica

Todos necesitamos administrar nuestros recursos porque son escasos en relación con los deseos que tenemos. Este problema de desear más de lo que se tiene se denomina *escasez económica*, y es común a todas las personas.

> La **escasez económica** es la sensación de carencia de recursos en relación con las necesidades de las personas.

Pero una cosa es la sensación de escasez y otra bien distinta es lo forma en que se percibe: mientras en los países desarrollados, como España, abundan los bienes y los servicios, en los países en vías de desarrollo o del Tercer Mundo apenas se cubren las necesidades más elementales.

IMPORTANTE

La **pobreza** existe principalmente en los países en vías de desarrollo. En cambio, la **escasez** económica es universal: afecta a todas las personas, aunque de forma distinta.

Figura 1.2. Características de la escasez económica.

ACTIVIDAD RESUELTA 1

Carlos es español y gana unos 20.000 € al año como administrativo. Por el mismo trabajo, Abasi gana el equivalente a 1.700 € en Tanzania. Describe cómo les afecta:

a) El problema de la escasez económica.

b) La escasez de recursos.

Solución:

a) Tanto Carlos como Abasi padecen la escasez económica (es universal), pero la perciben de forma distinta porque, aunque ambos tienen que ajustarse a su presupuesto, sus necesidades son distintas.

b) La escasez de recursos o pobreza va más allá de la escasez económica: Tanzania es un país mucho más pobre que España.

ACTIVIDADES

1. **¿Sería necesaria la economía si viviéramos en un paraíso colmado de bienes ilimitados? Razona tu respuesta.**
2. **¿Qué se entiende por *escasez* en un sentido coloquial? ¿Y desde el punto de vista de la economía?**

2 La necesidad de elegir

En atención a lo estudiado en el apartado anterior subyace la esencia de la economía y de la vida misma bajo dos ideas clave: la *escasez económica* y la *necesidad de elegir*.

Figura 1.3. La escasez económica obliga a elegir. No podemos tener todo lo que queremos, pero por lo menos podemos elegir en función de nuestras preferencias y disponibilidades.

Los responsables de elegir somos las personas a través de millones de decisiones diarias. Podemos identificar tres grupos de **decisores** o **agentes económicos:** las *familias*, las *empresas* y el *sector público* (Tabla 1.1).

Decisores	Tipos de decisiones
Familias	Consumo privado
Empresas	Producción privada
Sector público	Consumo y producción orientados al bienestar de la sociedad

Tabla 1.1. Los decisores de la economía.

IMPORTANTE

Los **decisores** o **agentes económicos** son las familias, las empresas y el sector público.

Las **actividades económicas** fundamentales son el consumo y la producción.

¿Y cómo se toman las decisiones? A la hora de decidir cuál es la mejor alternativa, en general elegimos aquella que reporta mayor satisfacción o bienestar. Todo ello de acuerdo con nuestras preferencias y nuestras disponibilidades de dinero o tiempo. Pero esas decisiones no son tan sencillas por sus consecuencias: no solo tienen costes, sino que además suelen complicarse sobre la marcha. Y es que las decisiones están condicionadas por Tabla 1.2:

El coste de oportunidad	Cada vez que elegimos renunciamos a algo, con todo lo que ello supone.
Los costes irrecuperables	Si tomamos una decisión errónea, debemos olvidarnos de los costes irrecuperables y tratar de enmendar la situación.
Beneficios y costes adicionales	Una vez tomada una decisión, suelen ser necesarias pequeñas decisiones adicionales.
Los incentivos	En general, las personas modificamos nuestra conducta para recibir una recompensa o evitar un castigo.

Tabla 1.2. Conceptos económicos presentes en cualquier decisión.

2.1. El coste de oportunidad

Cada vez que las familias, las empresas o el sector público toman una decisión están renunciando a las alternativas no elegidas. Se dice entonces que su decisión tiene un *coste de oportunidad* porque, al elegir una opción en detrimento de otra, están dejando pasar una oportunidad.

El **coste de oportunidad** es el valor, medido o no en dinero, de aquello a lo que se renuncia cada vez que se toma una decisión.

ACTIVIDAD RESUELTA 2

Dados los dilemas citados en la columna de la izquierda, describe para cada uno de ellos las elecciones posibles así como el coste de oportunidad.

Dilema	Solución	
	Elección	Coste de oportunidad
¿Estudiar o ir al cine?	Estudiar	*La película que dejas de ver.*
	Cine	*Mejor nota.*
¿Ciclos formativos o estudios universitarios?	Ciclos	*Mayor prestigio académico y acaso mayor sueldo.*
	Universidad	*Acceder antes al mercado de trabajo.*
¿Trabajar por cuenta propia o ajena?	Ajena	*Marcarse uno mismo sus propios objetivos económicos y laborales.*
	Propia	*Un salario fijo.*
¿Piso en alquiler o en propiedad?	Alquiler	*Posibilidad de recuperar lo pagado si se revende a mayor precio del que se compró.*
	Propiedad	*No estar atado a hipotecas o a una propiedad de difícil reventa.*
¿Plan de pensiones privado?	No	*Mayores ingresos al finalizar la vida laboral.*
	Sí	*Mayor ahorro durante la vida laboral.*

2.2. Los costes irrecuperables

Otros costes presentes en las decisiones son los que pertenecen al pasado y que, por tanto, no se pueden recuperar.

Los **costes irrecuperables** son aquellos que pertenecen al pasado y, por tanto, no deberían influir en nuevas decisiones.

Pero a pesar de que somos conscientes de la imposibilidad de recuperar los costes del pasado, los costes irrecuperables influyen sobre las nuevas decisiones de las personas cuando la alternativa elegida ha resultado ser un error.

Por ejemplo, cuando elegimos ir al cine en vez de estudiar para un examen, ¿saldríamos del cine para recuperar el tiempo de estudio si es que no nos gusta la película? Mucha gente es incapaz de asumir el error y elige quedarse, de tal forma que ni disfruta la película ni recupera el tiempo para estudiar. Es decir, por no asumir el primer error esas personas cometen un segundo error.

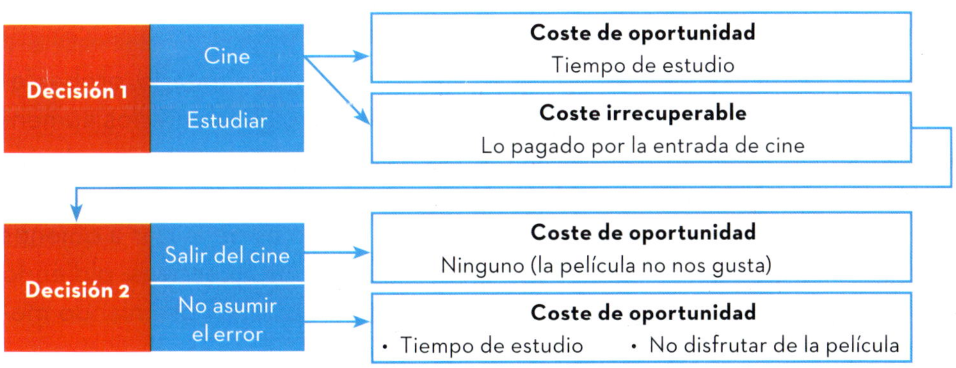

Figura 1.4. Reconocer los costes irrecuperables de nuestras opciones nos ayuda a evitar errores en nuestras decisiones.

IMPORTANTE

Los supuestos analizados a lo largo de este apartado se basan en el sentido común y son aplicables en general, pero no en particular. Muchas decisiones se toman sin toda la información posible, otras con un presupuesto limitado y demasiadas con más corazón que cabeza.

2.3. Beneficios y costes adicionales

Hasta ahora las decisiones que hemos planteado suponían la elección de una alternativa en perjuicio de otra. Pero muchas decisiones no suponen hacer una cosa u otra sino, una vez elegida determinada opción, hacer más o menos.

En este tipo de decisiones no se trata de elegir todo o nada, sino de contrastar beneficios y costes adicionales para afinar la decisión. En consecuencia, se dice de este tipo de análisis que son *marginales* porque se producen en el límite, esto es, por los pequeños detalles.

El **análisis marginal** sopesa los costes adicionales y los beneficios adicionales de una elección ya tomada.

ACTIVIDAD RESUELTA 3

Identifica los costes y beneficios adicionales para cada una de las decisiones citadas en las columnas de la izquierda.

		Solución: análisis marginal	
Decisión tomada	**Dilema**	**Coste adicional**	**Beneficio adicional**
Comprar un abrigo	Pagar 50 € más por un abrigo de igual calidad pero de mejor marca.	*50 €*	*Mayor estatus*
Viajar en avión dentro de un mes	Pagar 20 € más por un seguro que nos permitiría cancelar el viaje.	*20 €*	*Flexibilidad para cancelar el viaje*
Alquilar una habitación de hotel	Pagar 10 € más por incluir el desayuno	*10 €*	*Comodidad de desayunar en el hotel*

2.4. Los incentivos

Las ventajas e inconvenientes de las alternativas posibles pesan a la hora de tomar una decisión, pero nuestra conducta puede verse modificada por la existencia de *incentivos*.

Un **incentivo** es aquello que induce a una persona o agente a actuar de una manera determinada. Puede ser tanto una **recompensa** como un **castigo.**

Si un profesor le pide a sus alumnos que hagan un trabajo voluntario, probablemente solo lo presentarán algunos alumnos. El número de voluntarios aumentará seguramente si el profesor ofrece un incentivo positivo, como puede ser que el trabajo puntúe un extra en la nota de evaluación. Igualmente, conseguirá mayor participación con un incentivo negativo, como es penalizar a quienes no presenten el trabajo. También puede combinar ambos incentivos: pidiendo unos mínimos para conseguir la mayor participación posible y premiando mejores trabajos.

ACTIVIDAD RESUELTA 4

Tras ahorrar 400 €, Pablo estuvo pensando en comprarse una bicicleta de carreras que valía 350 € o una videoconsola con juegos de importe similar. Al final se decidió por esta última opción.

a) Explica la decisión de Pablo desde el punto de vista de la escasez.

b) ¿Cuál es el coste de oportunidad de comprar la videoconsola? ¿Y los costes irrecuperables?

c) En una tienda venden la videoconsola que quiere Pablo por 369 € con una garantía de 2 años, pero en otra tienda le amplían la garantía a 4 años pagando 399 €. Explica el dilema al que se enfrenta Pablo en términos de beneficios y costes adicionales.

d) Puesto que quería conservar algún ahorro, Pablo se había decidido por la opción más barata, la de la garantía de 2 años. Pero su padre entendió que era más conveniente ampliar la garantía, así que le ofreció a Pablo los 30 € de diferencia a cambio de ayudarle con el jardín un par de fines de semana. Si Pablo acepta la oferta de su padre, ¿cómo habrá variado su comportamiento?

Solución:

a) Pablo desearía comprarse la bicicleta y la videoconsola, pero se ve obligado a elegir porque su presupuesto, como el de todos, es limitado.

b) Costes de oportunidad y costes irrecuperables de la decisión de Pablo:

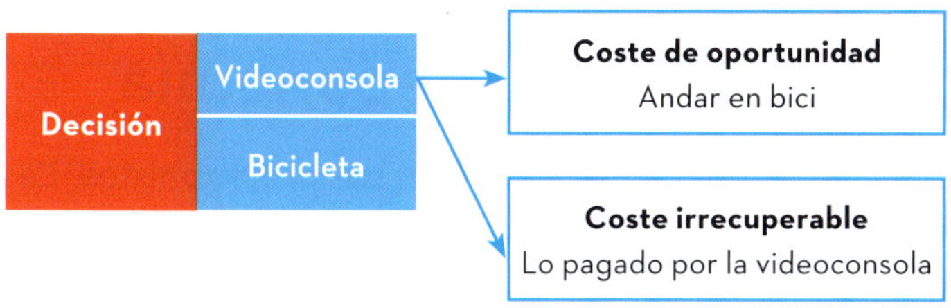

c) Análisis marginal:

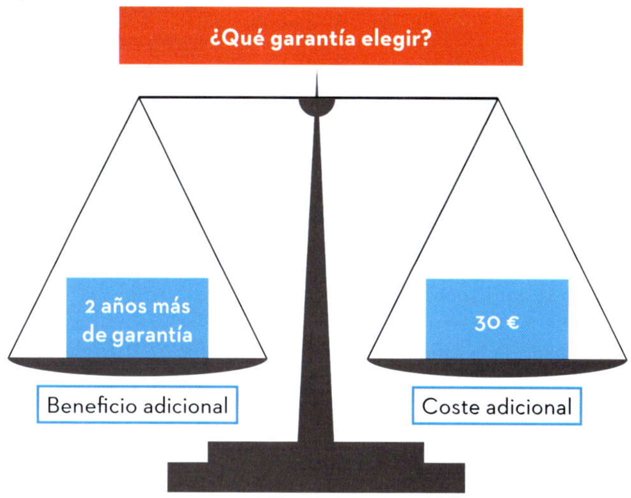

d) Pablo modifica su decisión sobre la garantía debido al incentivo que le supone poder conservar parte de sus ahorros, al ser su padre quien paga la garantía a cambio de ayudar con el jardín.

ACTIVIDADES

3. ¿En qué se diferencian las decisiones de las empresas y familias de las del sector público?

4. ¿Cuál es el criterio general de las personas a la hora de tomar decisiones? ¿Por qué no se cumple siempre?

3 El estudio de la economía

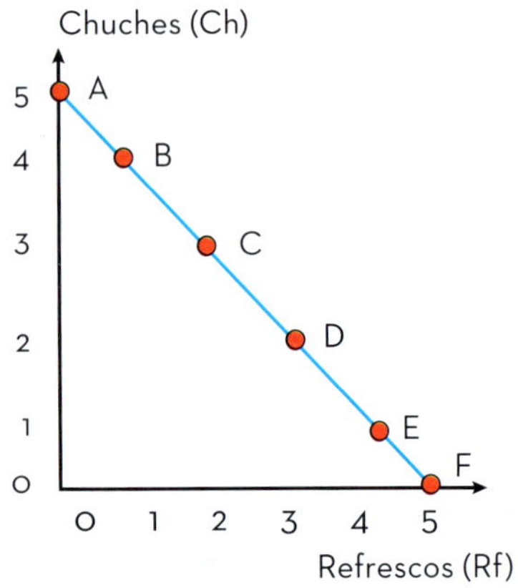

	Ch.	Rf.
Punto A	5	0
Punto B	4	1
Punto C	3	2
Punto D	2	3
Punto E	1	4
Punto F	0	5

Figura 1.5. Modelo económico del coste de oportunidad. Un alumno dispone de 5 € de presupuesto que puede gastar en lotes de chuches (1 €) o refrescos (1 €). Más chuches implica menos refrescos y viceversa. A pesar de que ha sido formulado para describir el comportamiento de una sola persona, este modelo es similar al que se utiliza para describir la forma en la que toman sus decisiones los países en términos de coste de oportunidad, lo cual es tanto como decir de millones de personas.

La economía es tan compleja como lo son las decisiones de millones de personas agrupadas en familias, empresas y gobiernos. Para su comprensión, los economistas emplean el llamado **método científico:** analizar de manera razonada el pasado para predecir el futuro mediante técnicas matemáticas y estadísticas.

Para simplificar la exposición del análisis o la predicción de los asuntos económicos es frecuente la utilización de gráficos llamados *modelos económicos*.

Un **modelo económico** es una representación gráfica simplificada que ilustra o predice el comportamiento de una realidad mucho más compleja.

Las representaciones gráficas en papel no permiten simbolizar un número amplio de variables. En la práctica, para una mayor claridad, lo normal es ilustrar el comportamiento de dos variables, mientras se supone que las demás permanecen constantes (Fig. 1.5).

Del mismo modo, y al igual que en otras disciplinas, dividimos la economía para un mejor estudio. Hay dos grandes criterios para clasificar el estudio de la economía: por un lado, en función de lo que se estudia *(microeconomía* y *macroeconomía)* y, por otro, según la finalidad del estudio *(economía positiva* y *economía normativa)*.

3.1. Microeconomía y macroeconomía

El contenido de la economía se estudia en relación con sus protagonistas. Las familias, las empresas y el sector público son tan importantes que condicionan su estudio en dos grandes ramas:

- La **microeconomía,** que se centra en el comportamiento individual de familias, empresas y sector público, y en cómo se relacionan entre sí.
- La **macroeconomía,** que estudia el comportamiento global de la economía como resultado de la interacción de los agentes económicos. Esta se mide a través de indicadores tales como: el nivel general de precios, las tasas de empleo, las exportaciones, etc.

Microeconomía			Macroeconomía		
Médico especialista (partes separadas)			Médico de familia (organismo en su conjunto)		
Otorrino	Traumatólogo	Cardiólogo	Pulso	Tensión	Temperatura

Tabla 1.3. Si la economía fuera un cuerpo humano, la **microeconomía** se encargaría del estudio de sus partes aisladamente (por ejemplo, cabeza, tronco y extremidades), así como de los nervios, venas y huesos que los relacionan. En cambio, la **macroeconomía** se ocuparía del estudio del organismo en su conjunto mediante el análisis de signos vitales, como el pulso, la temperatura o la respiración.

3.2. Economía positiva y economía normativa

Atendiendo a la finalidad de su estudio, podemos distinguir entre economía positiva y economía normativa, cuestiones que ya en la segunda mitad del siglo XIX se identificaban con el «ser» y con el «deber ser». Así, mientras que la **economía positiva** se refiere a «cómo son las cosas», la **economía normativa** se ocupa de los valores, de «lo que deberían ser las cosas» (Fig. 1.6).

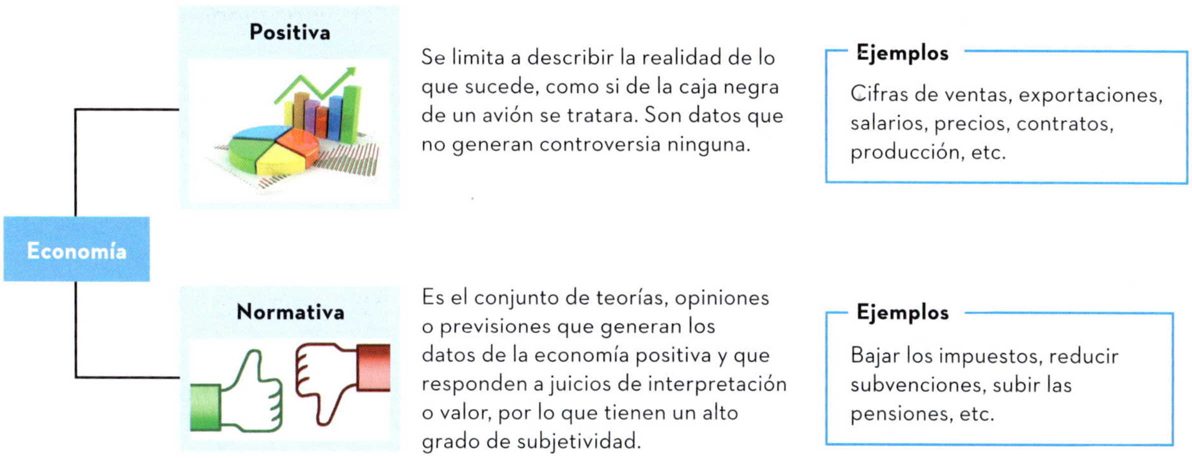

Figura 1.6. Economía positiva y economía normativa.

Periscopio 1

La controvertida economía normativa

Lee con atención los siguientes titulares de economía:

a) «En septiembre el paro ha disminuido en 100.000 personas.»

b) «Aumentan en un 10 % las ventas de coches de segunda mano.»

c) «El Gobierno congela el sueldo a los funcionarios públicos.»

d) «El Estado subirá los impuestos del tabaco y del alcohol.»

- Identifica cuáles de los siguientes titulares económicos hacen referencia a un enfoque positivo o normativo.
- Busca en Internet tres noticias de economía positiva y otras tres de economía normativa y explica el porqué de su clasificación en estas categorías.

IMPORTANTE

En la *economía normativa*, los sujetos de las decisiones son siempre alguna administración pública.

ACTIVIDADES

5. ¿Qué realidad representan los modelos económicos?

6. ¿De qué depende en última instancia la economía normativa que rige la vida económica de un país? ¿Por qué?

MAPA CONCEPTUAL

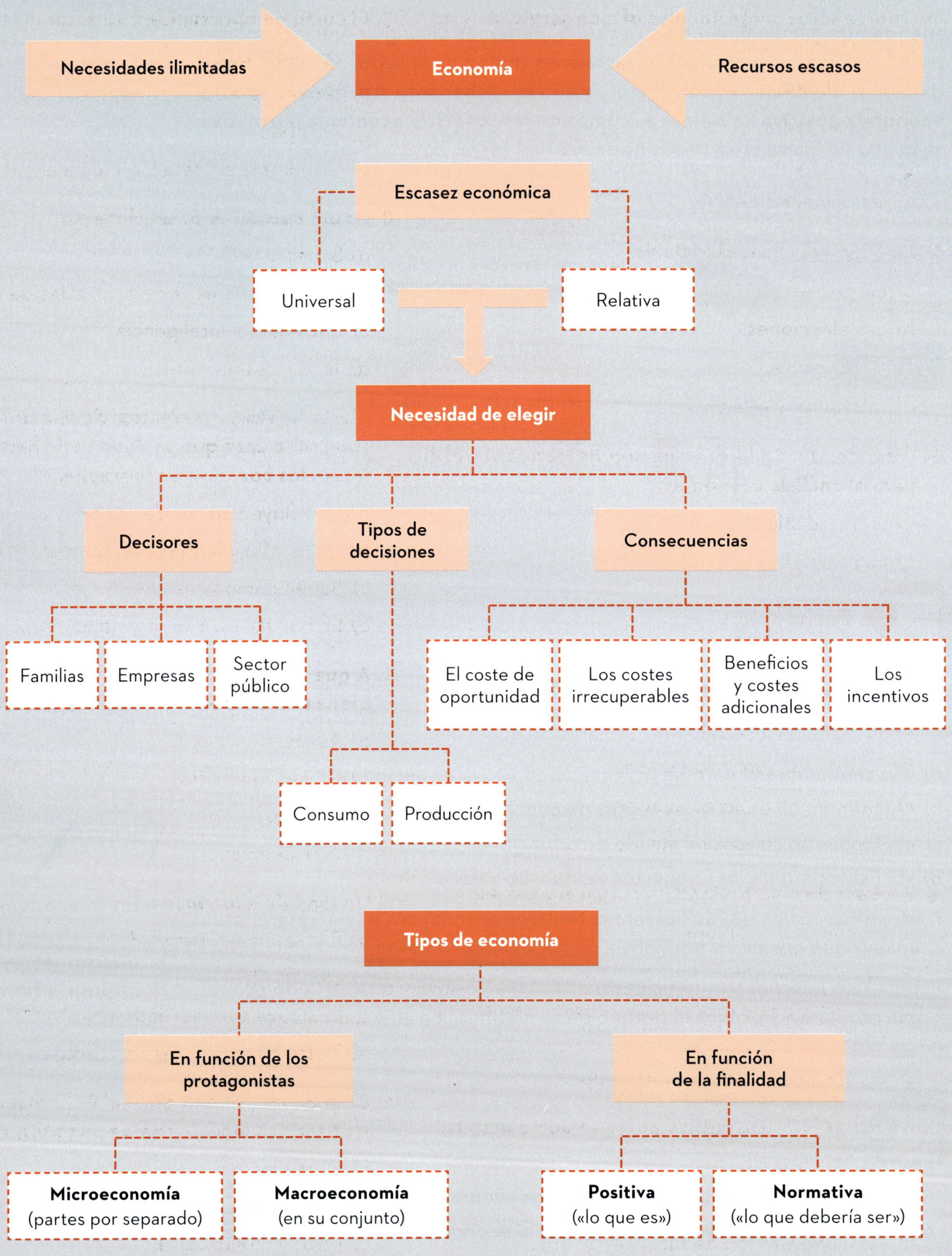

TEST DE REPASO

1. Uno de estos profesionales ofrece servicios (y no bienes). ¿Cuál es?

a) Un herrero.

b) Un abogado.

c) Un granjero.

d) Un pastelero.

2. La economía es la ciencia de:

a) La escasez.

b) Las elecciones.

c) La necesidad.

d) Todas son ciertas.

3. Cuál de las siguientes es una herramienta útil para el análisis económico?

a) La estadística.

b) La geología.

c) Los idiomas.

d) Todas son ciertas.

4. ¿Por qué tenemos la necesidad de elegir?

a) Porque somos egoístas.

b) Porque siempre hay escasez.

c) Porque somos seres humanos.

d) Porque no tenemos criterio.

5. El coste de oportunidad de comprar algo es:

a) Lo que pago por algo.

b) Lo que otros pagarían por algo.

c) Las otras cosas que podría comprar con ese dinero.

d) El uso que le doy a lo que compro.

6. Un incentivo para que mi perro se porte bien es:

a) Darle una salchicha.

b) Dejarle encerrado en el baño.

c) Poner un partido de fútbol en la tele.

d) Ladrar con él.

7. El coste de oportunidad de estar en clase es:

a) Ser más sabio.

b) Tener que estar aquí sentado.

c) Aprobar.

d) Quedarme en casa jugando a la consola.

8. La utilidad de estar en clase es:

a) Saber más.

b) Poder tener más oportunidades de trabajo.

c) Entrenar mi inteligencia.

d) Todas las anteriores.

9. Marta ha visto 40 minutos de una película horrorosa, pero cree que ya debe verla hasta el final. A Marta los costes irrecuperables:

a) Le influyen en sus decisiones.

b) No le influyen en sus decisiones.

c) Suben como la espuma.

d) Lo que es, es. Y lo que no es, no es.

10. A que tu profesor te ponga un positivo por hacer bien el test los economistas lo llamamos:

a) Aprobar.

b) Premio merecido.

c) Justicia.

d) Un incentivo.

11. Un modelo económico:

a) Representa la realidad.

b) Es la realidad.

c) Sustituye a la realidad.

d) Todas las anteriores son ciertas.

12. Cuando un político dice: «¡Todo el mundo debería tener vivienda!» realiza una afirmación de:

a) Economía positiva.

b) Economía normativa.

c) Economía evolutiva.

d) Economía irrecuperable.

ACTIVIDADES FINALES

Teoría

1. En términos generales, ¿crees que sufren la misma escasez de recursos un somalí y un noruego? ¿Y la misma escasez económica? Argumenta tu respuesta.

2. ¿Por qué se dice que la escasez económica es relativa aunque afecta tanto a ricos como a pobres?

3. Viktor Yanukovych era un tirano y era rico. Le gustaban los coches de lujo; tenía 10 Ferraris, 15 Lamborghinis y muchos más. Un día fue a comprar un Porsche Panamera pero le dijeron que el último ya había sido vendido. Entonces se echó a llorar.

   ¿Cómo explicarías su reacción a partir de lo aprendido en esta unidad?

4. ¿En todos los países se escoge según lo que se desea, aunque se disponga de abundantes recursos? Razona la respuesta.

5. Consumo y producción son las actividades económicas básicas. ¿Cómo se relacionan?

6. Describe el funcionamiento del coste de oportunidad que se produce en tu hogar cuando tus padres administran sus salarios para decidir el destino de los gastos.

7. En España, robar dinero público o «enchufar a los amigos»; es decir, la corrupción, nos cuesta a todos unos 40.000 millones de euros al año.

   Esto sería equivalente a construir y equipar de golpe más de 100 nuevos hospitales, que salvarían miles de vidas. ¿Con qué concepto económico relacionarías esta comparación?

8. Si es imposible recuperar ciertos costes tras una decisión errónea, ¿por qué esos costes irrecuperables pueden llegar a ser un problema a la hora de tomar nuevas decisiones?

9. ¿Por qué el análisis de los beneficios y costes adicionales de una decisión ya tomada recibe el nombre de *análisis marginal*?

10. ¿Qué tipo de incentivos conoces que puedan influir en una decisión? Pon un ejemplo de cada incentivo.

11. ¿Qué diferencia la microeconomía de la macroeconomía? ¿Y la economía positiva de la normativa?

12. Identifica qué rama de la economía (microeconomía o macroeconomía) estudia los siguientes fenómenos:

    a) Las subidas y bajadas de los precios.
    b) La competencia entre empresas.
    c) El consumo de las familias.
    d) Las cifras de paro y ocupación.
    e) Las decisiones del sector público.

13. Identifica cuáles de los siguientes titulares implican enfoques de economía positiva y cuáles de economía normativa:

    a) «Baja el número de contratos registrados en la Seguridad Social.»
    b) «Sube el precio de la gasolina.»
    c) «La Bolsa se da un batacazo.»
    d) «El Ayuntamiento contratará a parados para labores de jardinería.»
    e) «El gobierno autonómico suprime el Impuesto de Sucesiones.»
    f) «Disminuye el número de superficies de distribución en España.»
    g) «El turismo mejora sus cifras con respecto al año pasado.»

Práctica

14. **Copia la tabla siguiente en tu cuaderno y rellena los huecos que faltan en ella.**

Necesidad	Bien (tangible)	Servicio (intangible)
Ocio	---	---
Seguridad	---	---
Alimentación	---	---
Vivienda	---	---
---	Abrigo	---
---	---	Asistencia sanitaria

15. **Lee atentamente la siguiente lista: linterna, saco de dormir, mechero, agua, teléfono móvil, brújula, cuerda, crema solar, billete de 20 €, caja de galletas y navaja multiusos.**

Imagina que tuvieras que ir al desierto durante un par de días pero solo pudieras llevarte seis cosas en total: cinco de la lista y una más que tú creas oportuna.

Haz la selección empezando por aquella que creas más imprescindible, para acabar con la que lo sea menos. Después trabaja en grupo con tus compañeros para redactar una lista única.

16. **Identifica los costes y beneficios adicionales para cada una de las decisiones citadas en la siguiente tabla.**

Decisión tomada	Dilema
Comprar unas deportivas	Pagar 20 € más por unas deportivas de mayor calidad.
Viajar en avión	Pagar 10 € más para elegir asiento.
Comprar una televisión	Pagar 50 € más por una con mayor pantalla.

17. **Tras meditarlo, Susana prefirió gastarse el dinero de sus ahorros en una tableta informática en vez de en un teléfono móvil.**

a) Explica la decisión de Susana desde el punto de vista de la escasez.

b) ¿Cuál es el coste de oportunidad de comprar la tableta informática? ¿Y los costes irrecuperables?

c) En la tienda venden la tableta que quiere Susana por 400 € con una pantalla de 13 pulgadas, y también el mismo modelo pero con 14 pulgadas por 469 €. Explica el dilema al que se enfrenta Susana en términos de beneficios y costes adicionales.

d) Susana solo tenía ahorros para comprar la tableta de 13 pulgadas, pero acordó con su madre que ella pondría la diferencia para la compra del modelo superior siempre que no suspendiera ninguna materia en el trimestre. ¿Cómo ha variado Susana su comportamiento?

18. **¿Cuál es el coste de oportunidad de las siguientes decisiones?**

a) Salir con los amigos en vez de estudiar para el examen de economía.

b) Utilizar los ahorros para comprarse un móvil en vez de una tableta informática.

c) Bailar en la discoteca en vez de ir al cine.

d) Leer en la biblioteca en vez de nadar en la piscina.

e) Practicar ejercicio en vez de ver tus series preferidas en la televisión.

f) Comer en restaurantes de comida rápida en vez de seguir una dieta equilibrada.

Imprescindible · Necesario · Complementario

TALLER DE PRENSA

Busca en Internet un titular para cada uno de los conceptos a trabajar y completa la tabla en tu cuaderno, señalando en unas pocas líneas su interés en relación con lo estudiado en la unidad.

Concepto a trabajar	Titulares	Relación con lo estudiado en la unidad
Pobreza no es lo mismo que escasez económica	«Ahora quiero comprar un campo en Iowa» *La Nación* (2/2/2016)	Esta frase fue pronunciada por el multimillonario empresario y político norteamericano Donald Trump. Tiene de casi de todo, pero no por eso deja de sentir la escasez. Incluso quienes son ricos, siguen deseando cosas que no tienen. Por eso hay quien dijo: «no es más rico quien más tiene, sino quien menos necesita».
El coste de oportunidad	–	–
Beneficios y costes adicionales	–	–
Costes irrecuperables	–	–
Incentivos positivos	–	–
Incentivos negativos	–	–
Economía normativa	–	–

VOCABULARIO

Necesidad
Bien
Servicio
Economía
Escasez económica
Decisores o agentes económicos
Coste de oportunidad
Costes irrecuperables
Beneficios y costes adicionales
Análisis marginal
Incentivo
Modelo económico
Microeconomía
Macroeconomía
Economía positiva
Economía normativa

JUEGO ECONÓMICO

El curso perfecto

Has empezado un nuevo curso y quieres que sea perfecto. Para ello tendrás que repartir tu tiempo entre cuatro áreas de tu vida: *estudiar, divertirte, hacer deporte* y *cultivar tus hobbies*. Pero ¡cuidado! En cualquier momento te pueden poner a prueba en cualquiera de ellas.

Objetivos

Trabajar el concepto de *coste de oportunidad* representado por el número de cartas de estudio, *hobbies*, fiesta y deporte que el jugador debe optimizar. El objetivo del juego es sacar el máximo partido a los recursos y conseguir el curso perfecto.

Tiempo

Unos 15 minutos por partida.

Número de jugadores

El número ideal es 3 o 4.

Material

Una baraja española.

Reglas del juego

Preparación:

Se toma la baraja y se retiran ochos y nueves. Los oros representarán las horas de estudio, las copas el tiempo de fiesta o de conocer nuevos chicos y chicas, las espadas las horas dedicadas a jugar al rol y los bastos las horas dedicadas a jugar al fútbol.

El número de cada carta representa el número de horas dedicadas a cada actividad (por ejemplo: 5 de oros = 5 horas de estudio).

Inicio del juego:

Se toma la baraja y se reparten 5 cartas a cada jugador. El jugador a la derecha de quien reparte es la mano y comienza jugando. Luego se suceden el resto.

Ronda:

1. La mano decide qué actividad se va a realizar y declara: «hacemos un examen» (ir a oros), «monto una fiesta» (ir a copas), «jugamos al rol» (ir a espadas) o «echamos un partido de fútbol» (ir a bastos).
2. Entonces la mano tiene que echar sobre la mesa el número de horas que quiere dedicar a la actividad declarada (cartas de ese palo de la baraja). Las cartas pueden estar boca abajo, menos una que siempre tiene que ser del palo de la baraja que corresponde a la actividad declarada.
3. Los siguientes jugadores echan por orden sobre la mesa el número de horas (cartas) que quieren dedicar a esa actividad (oros, copas, espadas o bastos). Manteniendo, igualmente, al menos una boca arriba.
4. Finalizada la ronda, todas las cartas se ponen boca arriba y el jugador que sume más horas (que sume más puntos con las cartas del palo que corresponde a la actividad), gana la ronda y un punto.

Siguientes rondas:

1. Se reparten 2 cartas nuevas a cada jugador, la mano pasa al jugador siguiente y se repite la ronda.
2. La partida continuará hasta que se terminen las cartas del mazo.
3. Ganará el jugador que más puntos sume.

2 PRODUCCIÓN Y CRECIMIENTO

Cualquier bien o servicio es producto de una acción conjunta de trabajo, herramientas y otros materiales e instalaciones, que llamamos *recursos productivos* o *factores de producción*, combinados siguiendo un conjunto de instrucciones, parecidas a una receta de cocina, que se conocen como *tecnología*.

La cantidad disponible de recursos y el nivel de la tecnología que se utilice para combinarlos darán lugar a todo un conjunto *posibilidades de producción* en una economía: se podrá elegir entre fabricar más productos agrícolas o más bienes industriales, por ejemplo. Cuando la tecnología mejora o aumenta la cantidad de recursos económicos disponibles se hace posible un fenómeno de gran interés: el *crecimiento económico*.

AQUEL 22 DE DICIEMBRE...

Era el 22 de diciembre, María y Ana, dos amigas inseparables, estaban viendo juntas la tele. Cada una había comprado un billete de la lotería de Navidad. El 32012 para María y el 32013 para Ana. Con un poquito de suerte, alguna podría ganar el reintegro. Todo el mundo sabe que en la lotería nunca se gana.

El niño de San Ildefonso cantó los números: «¡Treinta y dos miiil... doooce!» María y Ana se agarraron a la silla sin dar crédito a sus ojos: «¡Cuatrocientos miiiil eeeuros!» María empezó a pegar saltos, las dos amigas se abrazaron. Fue una fiesta fenomenal. María se había hecho rica.

Al día siguiente, María se quedó en la cama viendo la tele. Tenía mucho dinero y ya no tendría que trabajar. María fue feliz durante un tiempo. Viajó y se compró cosas caras. Hasta invitaba a Ana todos los fines de semana.

Ana se quedó en su cuarto intentando pensar en algún negocio, en montar una tienda, en crear un taller... Algo. Necesitaba ponerse a ganar dinero. Era muy buena haciendo pasteles. ¿Por qué no montar una pastelería? Fue al banco y pidió un crédito, pero al no tener vivienda no se lo dieron. Probó de mil maneras. Pero finalmente no lo consiguió y nunca pudo montar su pastelería. Tuvo que trabajar de cajera.

Un buen día María vio un bolso precioso, se encaprichó y entró en la tienda a comprarlo. Lo cogió y entregó su tarjeta para pagarlo. El dependiente le miró muy serio: «No tiene saldo, señorita», le dijo.

El dinero se le había acabado. María soltó una lagrimita. Quizá podría ser cajera con su amiga.

Preguntas:

1. **María tenía dinero y Ana quería hacer pasteles. ¿Crees que podrían haber hecho un proyecto juntas?**
2. **¿Crees que montar tu propio negocio es mejor que trabajar para otras personas? ¿Por qué?**
3. **Imagina que ganas el Gordo de la lotería estando con un amigo. ¿Te limitarías a gastar el dinero como hizo María o emprenderías algún proyecto?**

Sumario

1 Los factores de producción: recursos naturales, trabajo y capital

Figura 2.1. Es posible clasificar los recursos naturales en *renovables* (sol, viento) y *no renovables* (carbón, petróleo, gas). Una tercera categoría, a medio camino entre ambas, porque son renovables pero solo si se gestionan de forma adecuada, es la de los recursos **vegetales y animales,** como por ejemplo los bosques o la pesca.

La producción está en el centro de toda actividad económica, puesto que es necesaria para que exista el consumo y, a su vez, mayor consumo propicia mayor producción, y viceversa. Pero la cantidad y calidad de lo que se produce están condicionadas por los medios o *recursos* que tengan las empresas a su disposición.

Los **recursos productivos** o **factores de producción** son los elementos básicos empleados en la producción y distribución de bienes y servicios.

1.1. Clasificación de los factores de producción

Los recursos productivos o factores de producción se clasifican en función de su origen:

- **Recursos naturales (tierra).** Provienen de la naturaleza. Este término se usa en un sentido amplio que abarca, además de la tierra cultivable y urbana, los recursos del suelo y del mar, así como los minerales o la pesca.
- **Trabajo.** Se refiere a toda actividad humana física o intelectual remunerada que interviene en el proceso productivo. Por muy mecanizadas o informatizadas que estén las sociedades modernas, no es posible manejar un ordenador o recoger la cosecha sin que intervenga al menos una persona.
- **Bienes de capital.** Se refiere a los bienes que son titularidad de la empresa, que se dividen en dos grandes grupos: por un lado, el *dinero,* y por otro, los *elementos físicos* o equipos utilizados en la producción y distribución de bienes y servicios (como edificaciones, maquinaria, mobiliario u ordenadores entre otros).

! IMPORTANTE

Algunos autores también mencionan un cuarto recurso: la **iniciativa empresarial.** Afirman que para que la producción o distribución funcionen no basta con reunir materias primas, trabajo y capital, sino que también hay que saber organizar los recursos y dirigir a los trabajadores, funciones que recaen sobre la figura del *empresario.*

1.2. La combinación de los recursos productivos

Todos los países disponen de una determinada dotación de recursos productivos (recursos naturales, trabajo y capital), pero ¿qué cantidad de bienes y servicios son capaces de producir con esos recursos? Y aun así, ¿depende todo de la cantidad de recursos? En realidad es tan importante la cantidad de recursos como la forma de combinarlos. Esa combinación de los recursos productivos, es decir, el método de producción empleado, marcará la diferencia en la producción; esto se conoce con el nombre de *tecnología.*

La **tecnología** es la forma en la que se combinan los distintos recursos productivos disponibles para obtener un bien o servicio.

ACTIVIDAD RESUELTA 1

Para realizar el mismo trabajo de economía, Paula presenta sus trabajos a mano, mientras que Samuel utiliza su ordenador. Identifica en cada caso los recursos productivos o factores de producción utilizados y describe el tipo de tecnología.

Solución:

	Trabajo	Capital	Descripción de la tecnología
Paula	Escribir a mano	*Papel, bolígrafo y rotuladores*	*Más trabajo que capital*
Samuel	Escribir mediante teclado y manipular equipos	*Ordenador, papel, impresora*	*Más capital que trabajo*

En ambos casos se utilizan los recursos productivos trabajo y capital para la presentación del trabajo, pero con tecnologías distintas.

1.3. El pago de los factores de producción

Los factores de producción pertenecen a las personas y estas los venden o alquilan a las empresas a cambio de un pago, denominado *renta*.

La **renta** representa el valor o el precio que se paga por la utilización de un recurso productivo en un periodo de tiempo determinado.

Figura 2.2. Fabricación artesanal de muebles.

La renta recibe diferentes nombres, en función del recurso productivo que la genere: **salario,** si procede del trabajo; **alquiler,** si proviene de los recursos naturales; e **interés,** cuando tiene su origen en el capital (Fig. 2.3).

Figura 2.3. Distintas denominaciones para el pago de los recursos productivos.

IMPORTANTE

En un sentido coloquial, se habla indistintamente de *tecnología* y *avances tecnológicos*. En consecuencia, se generaliza el error de creer que solo las nuevas tecnologías son tecnología. Los métodos de producción artesanales también son una forma de tecnología. Lo que sucede es que cada vez son más las tecnologías que utilizan más y mejores máquinas, en vez de mano de obra.

ACTIVIDADES

1. **Explica la frase de que todo el dinero es (bien de) capital, pero no todo el capital es dinero.**
2. **¿Cómo se relacionan la renta con la actividad productiva de las empresas?**
3. **Suiza o Japón son países ricos, aunque tienen escasos recursos naturales en comparación con otros países. En cambio, otros países son muy pobres a pesar de que disponen de abundantes recursos naturales. ¿Qué factores crees que explican esta contradicción?**

2 Los sectores económicos

Figura 2.4. Una cosechadora ahorra mucho trabajo en el campo. Es fabricada por trabajadores industriales y reparada por trabajadores del sector servicios.

Las actividades empresariales pueden subdividirse en función del tipo de proceso productivo o *sector económoco.*

> Los **sectores económicos** hacen referencia a la división de la actividad económica de un territorio de acuerdo con los distintos tipos de procesos productivos.

A su vez, los sectores económicos son de tres tipos:

a) **Sector primario.** Extrae recursos o materias primas de la naturaleza a través de actividades tales como la agricultura, la ganadería, la minería o la pesca. Hoy en día, en España, los productores afrontan serios problemas porque sus ingresos apenas cubren los costes de producción.

b) **Sector secundario.** También llamado **sector industrial,** transforma las materias primas en productos elaborados. Son relevantes la construcción, la industria y la energía. Las crisis de los años setenta y ochenta motivaron el cierre y la reconversión de actividades con un importante peso en la economía española, como las textiles, las navales o las siderometalúrgicas. Hoy en día, la industria española se enfrenta a varios **problemas** importantes:

- **La factura energética.** La dependencia de los combustibles fósiles importados es la tónica actual, la aportación de las energías renovables como la solar o eólica todavía es mínima y la nuclear tiene sus riesgos.
- **La deslocalización.** Con este nombre se conoce el traslado de empresas a otros países para ahorrar u obtener ventajas frente a otras empresas.
- **El déficit tecnológico.** España está a la cola de la Unión Europea en inversión en investigación, desarrollo e innovación (I+D+i), lo cual da lugar a altos costes por la utilización de tecnología extranjera importada.
- **El pequeño tamaño empresarial.** La escasa dimensión de las empresas españolas (más del 99 % de las empresas son **pymes,** de las cuales la mayoría son pequeñas empresas) les impide acceder a buenas fuentes de financiación o a internacionalizar sus actividades.

c) **Sector terciario.** Presta servicios a la población o a otras empresas. Son las más numerosas: banca, Internet, transporte, turismo y un largo etcétera. El enriquecimiento de las sociedades occidentales, gracias a la incorporación de la mujer al mercado laboral y el aumento de la productividad de sus trabajadores ha propiciado una creciente demanda de servicios tales como el ocio, la cultura o la salud. En el desarrollo del sector terciario han representado un papel muy importante, entre otros elementos:

- **El turismo.** Con cifras que superan los 60 millones cada año, España es, tras Francia, el segundo mayor destino turístico del mundo.
- **La externalización de servicios.** Hoy en día las grandes empresas subcontratan servicios a otras más pequeñas para los que antes disponían de personal en plantilla, tales como la limpieza, la seguridad o la asistencia médica.

VOCABULARIO

Internacionalizar. Implica que una empresa opere en los mercados de otros países aparte del suyo propio.

Pyme. Acrónimo que se refiere a las pequeñas y medianas empresas.

Periscopio 1

Procesos de deslocalización y similares

Entre otros factores, las empresas se **deslocalizan** a otros países para ahorrar en costes, acceder a mejores infraestructuras o disponer de más personal cualificado. También se deslocalizan para obtener alguna ventaja competitiva, entendiendo por tal la que les reporta una mejor posición para competir frente a otras empresas.

La transferencia de actividades productivas, capitales y empleo que ello supone suele tener una fuerte repercusión económica para los países afectados cuando las empresas que hacen las maletas son multinacionales que arrastran con ellas miles de empleos e inversiones.

Pero de igual forma que cabe lamentarse de que las empresas se marchen de un país, es motivo de celebración ser el país elegido para la ubicación de una gran empresa. Un proceso similar es la **relocalización,** que se produce cuando las empresas retornan a los países de los cuales previamente se habían deslocalizado.

Busca «Tu_ciudad», «Tu_comunidad_autónoma», *deslocalización, relocalización, factores*

- Señala otros factores que influyan sobre una empresa a la hora de ubicarse en un determinado país.
- Identifica empresas que hayan elegido tu comunidad autónoma o ciudad para ubicarse, así como las repercusiones económicas que han tenido y los factores que han pesado en dicha decisión.
- Identifica empresas que se hayan deslocalizado de tu comunidad autónoma o ciudad para ubicarse en otros países, así como los factores que han pesado en dicha decisión y las repercusiones económicas que ha tenido.

IMPORTANTE

En las sociedades desarrolladas, la mecanización y la productividad del campo han propiciado este trasvase de población a la ciudad y la necesidad de aumentar la oferta de servicios que se conoce con el nombre de **terciarización.**

¿SABÍAS QUE...?

En España, la transferencia de competencias a las 17 comunidades autónomas ha propiciado el incremento de servicios públicos que anteriormente se proporcionaban de forma centralizada.

ACTIVIDADES

4. **¿Qué factores han propiciado la terciarización de sociedades occidentales como la española?**

5. **¿Por qué para los países es un problema la escasa inversión que se realiza en I+D+i?**

6. **¿Qué ventajas e inconvenientes crees que presenta para una gran empresa la política de externalizar servicios que antes estaban integrados en la propia empresa?**

3 La frontera de posibilidades de producción

IMPORTANTE

Los **modelos económicos** representan la realidad económica de forma simplificada.

El potencial de un corredor olímpico es el límite al que este podría llegar en su carrera deportiva si aprovechara al máximo su capacidad. De igual forma, todas las sociedades tienen una producción potencial; es decir, el límite de producción de bienes y servicios que podrían alcanzar si aprovecharan al máximo: los *recursos productivos* y la *tecnología* de la que disponen.

El límite de la producción potencial se denomina *frontera de posibilidades de producción (FPP)* y para alcanzarlo es imprescindible organizar los recursos disponibles de forma óptima, aprovechándolos al máximo.

> La **frontera de posibilidades de producción (FPP)** refleja las cantidades máximas de bienes y servicios que es capaz de producir una sociedad en un determinado periodo de tiempo a partir de unos recursos productivos y con una tecnología dada.

Cada vez que un país opta por utilizar recursos escasos en la producción de un bien está renunciando a las posibles alternativas. Es decir, cada elección tiene asociado un **coste de oportunidad,** tal como vimos en la unidad anterior.

Para ilustrar el concepto de la FPP, vamos a analizarlo gráficamente mediante un modelo económico que ejemplifica también el coste de oportunidad. Para ello lo habitual es suponer un país que produce dos bienes o servicios determinados, cuando lo cierto es que cualquier país fabrica miles cada año, cuando no millones. El método que utilizamos para representar gráficamente la FPP es el siguiente (Fig. 2.5):

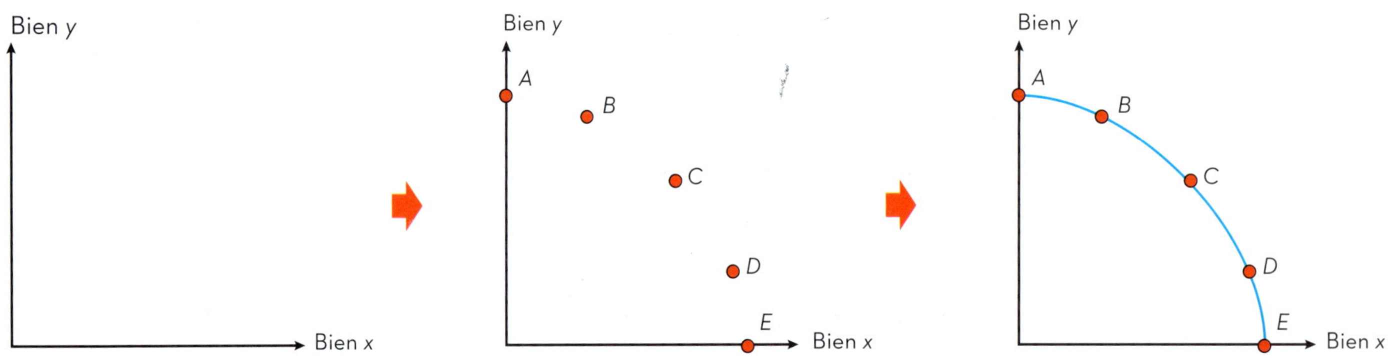

a) En un diagrama de ejes representamos los bienes o servicios.

b) A continuación, anotamos las combinaciones y las representamos con una letra (A, B, C, D...), cada una de las cuales indica una combinación eficiente en la medida en que los recursos disponibles son aprovechados al máximo.

c) Uniendo los puntos así obtenidos, trazamos la FPP. Los puntos situados por encima de la FPP representan combinaciones *inalcanzables*, mientras que los que están por debajo de la misma representan combinaciones posibles pero *ineficientes*.

Figura 2.5. Representación gráfica de la FPP.

ACTIVIDAD RESUELTA 2

Ana es una estudiante de Bachillerato que reparte las 20 horas de las que dispone a la semana entre estudiar (e) y ayudar a sus padres en el pequeño negocio familiar que tienen (t). Según la experiencia que ha ido adquiriendo, Ana ha reflejado en la Tabla 2.1 las distintas combinaciones posibles, medidas en términos de resultados: por un lado, la nota media académica, y por el otro, el dinero que consigue como pago por su trabajo.

Combinación	A		B		C		D		E	
Reparto	(e)	(t)	(e)	(t)	(e)	(t)	(e)	(t)	(e)	(t)
20 horas	20	0	15	5	10	10	5	15	0	20
Nota media	8		7		5		3		0	
Euros	0		20		35		45		60	

Tabla 2.1. Repartos posibles de horas de estudio (e) y de trabajo (t).

a) Describe el método para representar gráficamente la FPP punto por punto.

b) ¿En qué puntos de la gráfica alcanza Ana su potencial, es decir, es eficiente?

c) ¿Qué cabría interpretar si en vez de alcanzar los puntos de la FPP, Ana se quedara en el punto Z (20 € y un 3 de nota media)?

d) De acuerdo con la FPP, ¿es posible para Ana alcanzar el punto H (35 € y un 8 de nota media)?

e) ¿Cuál es el coste de oportunidad para Ana de obtener una nota de 8?

f) Relaciona la FPP de Ana con los siguientes conceptos: *escasez* de recursos, *coste de oportunidad* y *producción potencial.*

Solución:

Una vez representada gráficamente la FPP (Fig. 2.6), obtenemos los resultados siguientes:

a) Representación de la FPP de Ana para 20 horas semanales de tiempo:

- En el diagrama de ejes representamos los dos bienes de Ana, por un lado los euros fruto del trabajo y por otro la nota media.
- Los puntos donde se cruzan las distintas variables indican las combinaciones eficientes, que representamos con las letras A, B, C, D y E.
- Uniendo los puntos A, B, C, D y E se traza la FPP.

b) Ana es eficiente; es decir, alcanza su producción potencial, en cualquiera de las combinaciones que muestra la FPP (A, B, C, D y E), donde utiliza sus recursos de forma óptima.

(Continúa)

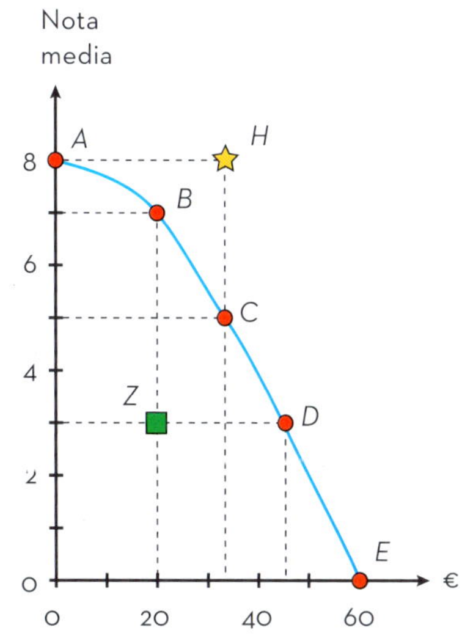

Figura 2.6. Frontera de posibilidades de producción de Ana.

ACTIVIDAD RESUELTA 2 (Continuación)

c) Por debajo de la FPP, en la combinación Z, Ana es ineficiente. Aquí sus resultados (20 €, de nota 3) están por debajo las combinaciones eficientes, y es que, de acuerdo a su potencial:

- Los 20 € se corresponden con 5 horas trabajadas, pero estudiando 15 horas debería haber tenido un 7 en el examen, tal como refleja el punto B. Existen muchos factores que pueden explicar su bajo rendimiento. Por ejemplo, sus malas notas podrían deberse a una mala concentración, a distracciones o a no estudiar en un lugar adecuado.
- Si solo ha estudiado 5 horas para el examen el 3 de nota es normal, pero trabajando 15 horas debería haber conseguido 45 €, tal como indica el punto D, cuando en realidad se quedó en 20 €. Sus ingresos menores que lo esperado pueden deberse, por ejemplo, a ausencias del trabajo.

d) Por encima de la FPP, combinaciones como H son inalcanzables con la actual asignación de recursos. En el punto H, Ana conseguiría el dinero equivalente a 10 horas de trabajo, pero ella necesita por lo menos estudiar 20 horas para conseguir un 8 en el examen de Economía. Y el total de los recursos de Ana suman 20 horas, no 30 horas, que son las que le haría falta para conseguir 35 € trabajando y un 8 en el examen.

e) Para obtener una nota de 8, Ana debería renunciar a trabajar en el negocio familiar y estudiar durante las 20 horas de que dispone a la semana.

f) La FPP representa los conceptos siguientes (Tabla 2.2):

Conceptos representados en la frontera de posibilidades de producción (FPP)	
• **La escasez de recursos.** Los recursos son limitados pero susceptibles de usos alternativos,	20 horas disponibles a la semana
• **El coste de oportunidad.** Solo es posible obtener cantidades adicionales de un bien o servicio transfiriendo recursos de la producción de otro.	Más sueldo = Menos nota y viceversa
• **La producción potencial.** Las combinaciones A, B, C, D o E de ambos ejemplos muestran la producción máxima que Ana es capaz de obtener con unos recursos y una tecnología dadas, siempre que se utilicen de manera eficiente.	

Tabla 2.2. Conceptos representados en la FPP.

ACTIVIDADES

7. ¿Cómo representa la FPP el concepto de coste de oportunidad de una economía?

8. En relación con la Actividad resuelta 2, extrapola los resultados de Ana en el punto Z a los de la economía de un país. Explica qué factores crees que pueden ocasionar que un país como España, por ejemplo, no alcance su frontera de posibilidades de producción.

9. ¿De qué factores dependen las posibilidades de producción de una economía?

4 El crecimiento económico

Con unos recursos productivos y una tecnología dados, las sociedades alcanzan una determinada producción de bienes y servicios. La magnitud que mide el valor de dicha producción es el *Producto Interior Bruto (PIB).*

El **PIB** es el valor de la producción de bienes y servicios de una sociedad en un periodo de tiempo determinado.

La producción de un país, y por tanto su PIB varía de un año a otro. Por ejemplo, si aumenta la cantidad de recursos productivos disponibles o mejora la tecnología (los métodos de producción), también pueden aumentar las posibilidades de producción. Cuando esto sucede se habla de *crecimiento de la economía*, o se dice que el país crece económicamente.

El **crecimiento económico** es el incremento del valor de la producción de bienes y servicios de una sociedad en un periodo de tiempo determinado.

Hay dos maneras de crecer económicamente, en *cantidad* y en *calidad:*

a) **Aumentando los recursos productivos (cantidad).** Para incrementar la producción de bienes hacen falta más recursos, más trabajadores, más instalaciones, más dinero, etc.

b) **Mejorando la *productividad* (calidad).** Con los mismos medios; es decir, con el mismo número de recursos productivos, pueden producirse más unidades. Por ejemplo, para aumentar su productividad un país puede formar mejor a sus trabajadores o implantar nuevos avances tecnológicos. Todo ello mejorará los resultados que proporcionan las combinaciones disponibles de recursos productivos.

VOCABULARIO

Productividad. Relación entre la cantidad de bienes y servicios producidos y los recursos empleados en su producción.

¿SABÍAS QUE...?

De igual forma que hay factores que contribuyen a aumentar la productividad de los países, también hay factores que hacen que disminuya. Por ejemplo, instalaciones o tecnología anticuadas, o la inadecuada formación de los trabajadores.

4.1. Relación entre la FPP y el crecimiento económico

Las posibilidades de producción de un país se incrementan con el crecimiento económico. En consecuencia y tal como podemos ver en la Figura 2.7, la frontera de posibilidades de producción (FPP) se desplaza hacia la derecha (FPP').
Con todo, no hay que confundir las posibilidades de producción con el PIB:

- Las **posibilidades de producción** ilustran la producción potencial siempre que se aprovecharan de forma óptima los recursos. Pero por poner solo un ejemplo, en todos los países existen recursos que no se utilizan, como por ejemplo los trabajadores en paro.
- El **PIB** indica el valor de lo realmente producido en un país, de tal forma que, de acuerdo con lo expuesto en el apartado anterior, el PIB es un punto que siempre queda por debajo de la FPP.

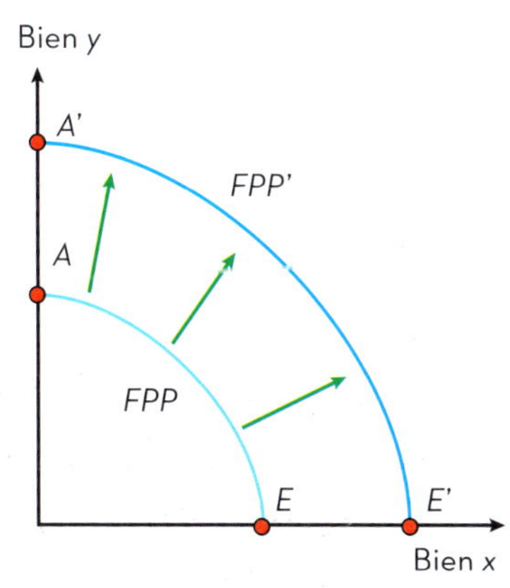

Figura 2.7. El crecimiento económico supone un desplazamiento de la FPP hacia arriba y a la derecha.

ACTIVIDAD RESUELTA 3

Rafa estudia 4 folios en 2 horas, mientras que Diana estudia 4 folios en 1 hora:

a) Compara los resultados de estos dos estudiantes en términos de producción y productividad.

b) Dados los factores que se indican a continuación para que Rafa y Diana puedan mejorar su capacidad de estudio, indica en cada caso si se trata de factores que aumentan la productividad o de factores que incrementan la cantidad de los recursos productivos: estudiar más horas, esquematizar los contenidos, pasar a limpio los ejercicios, acondicionar el lugar de estudio y asistir a una academia.

Solución:

a) La producción de Rafa es igual que la de Diana (4 folios), pero en términos de productividad, Diana aprovecha mejor su tiempo de estudio (4 folios/hora) que Rafa (2 folios/hora).

	Junio		
	Horas de estudio (recurso productivo: trabajo)	Folios estudiados (producción)	Productividad (folios/hora)
Rafa	2	4	4/2 = 2 folios/hora
Diana	1	4	4/1 = 4 folios/ hora

b) Medidas para mejorar el estudio diario:

Estudiar más horas	*Incremento de recursos productivos.*
Esquematizar los contenidos	*Mejora de la productividad.*
Pasar a limpio los ejercicios	*Mejora de la productividad.*
Cambiar de lugar de estudio	*Mejora de la productividad.*
Asistir a una academia	*Incremento de recursos productivos.*

> **! IMPORTANTE**
>
> No confundas los términos *productividad* y *producción*. La **producción** es una medida absoluta (km, m, €) y la **productividad** es una medida que relaciona dos magnitudes distintas (km/h, m/s, €/hora).

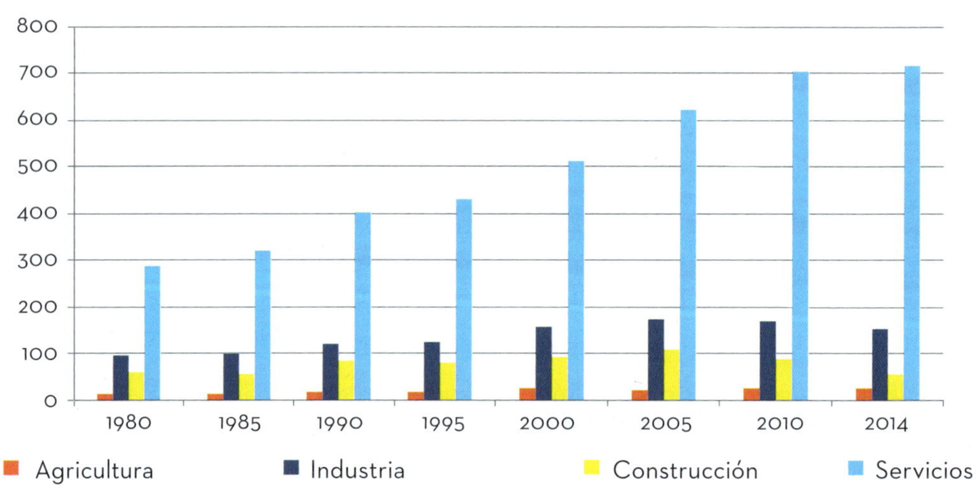

Figura 2.8. PIB español por ramas de actividad, en millones de euros. (Fuente: AMECO).

ACTIVIDAD RESUELTA 4

Marta es estudiante de ESO. Las Matemáticas y la Lengua son las dos asignaturas que más trabajo le cuestan, pero su horario está repleto, y no puede dedicar más tiempo a estudiar Matemáticas si no es a costa de reducir su tiempo de estudio en Lengua, y viceversa. Durante el primer trimestre del curso, las distintas posibilidades de notas que podía obtener según distribuyese su tiempo de estudio entre ambas asignaturas eran las siguientes:

Nota en Matemáticas	8	7	5	3	0
Nota en Lengua	0	3	5	7	8

Ahora bien, durante las Navidades, Marta se apuntó a un curso intensivo de técnicas de estudio que mejoró bastante su eficacia a la hora de estudiar estas dos asignaturas, de modo que, aunque no pudo aumentar sus horas de estudio, sus posibilidades de notas en ambas asignaturas, según el tiempo que dedicase a su estudio, pasaron a ser las siguientes:

Nota en Matemáticas	10	9	6	3	0
Nota en Lengua	0	3	6	9	10

a) Construye la FPP de Marta antes y después de recibir el curso.

b) La mejora en las posibilidades de Marta de obtener nota ¿debe entenderse como crecimiento en cantidad o en calidad?

Solución:

a) En la Figura 2.9 se representan gráficamente las posibilidades de Marta antes (FPP) y después (FPP') del curso de técnicas de estudio.

b) Marta no ha aumentado sus horas de estudio: el crecimiento que observamos en sus posibilidades de obtener nota en Matemáticas y Lengua se debe al aumento en su productividad que le ha proporcionado el curso de técnicas de estudio. Por tanto, hablamos de crecimiento en calidad, no en cantidad.

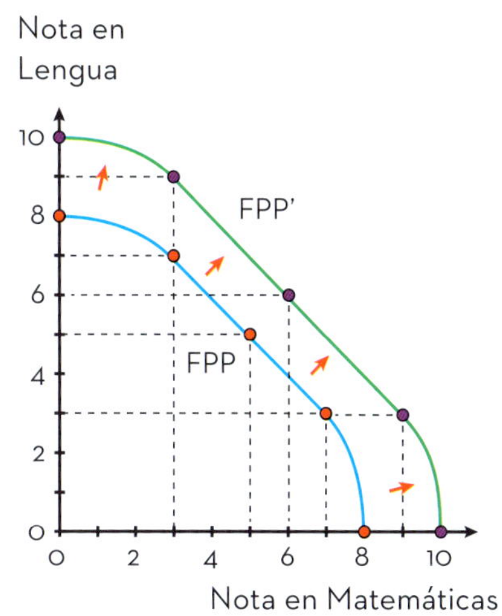

Figura 2.9. Frontera de posibilidades de nota de Marta.

ACTIVIDADES

10. **¿Por qué el PIB es una medida relativa sobre la calidad de vida de un país?**

11. **¿Qué es el crecimiento económico? ¿De qué factores depende que un país crezca económicamente? Explícalos.**

12. **Indica otros factores que podrían mejorar la capacidad de estudio de un alumno.**

13. **En relación con el gráfico de la Figura 2.8, señala:**

a) ¿Qué sector es el que reporta menor valor a la economía española? ¿Y el que aporta más valor?

b) ¿Por qué crees que en este gráfico se desglosa el subsector de la construcción del sector secundario?

MAPA CONCEPTUAL

Recursos productivos
(Renta)

- Recursos naturales (alquiler)
- Trabajo (salario)
- Capital (intereses)

Sectores económicos

- **Primario** — Naturaleza
- **Secundario** — Transformación
- **Terciario** — Servicios

Posibilidades de producción

LA FPP representa

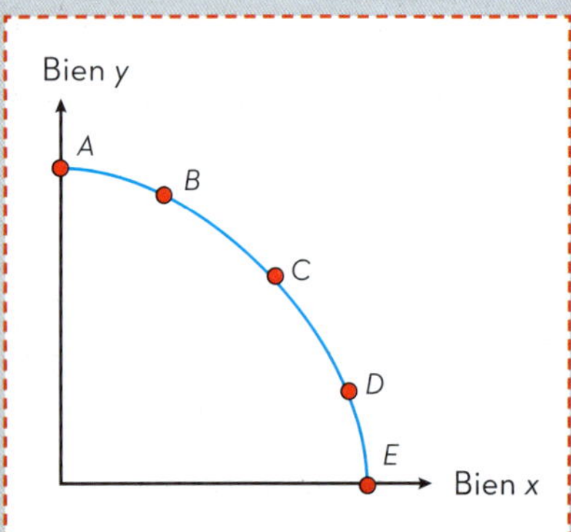

- La escasez de recursos
- El coste de oportunidad
- La producción potencial

Crecimiento económico

- Más recursos productivos (cantidad)
- Mayor productividad (calidad)

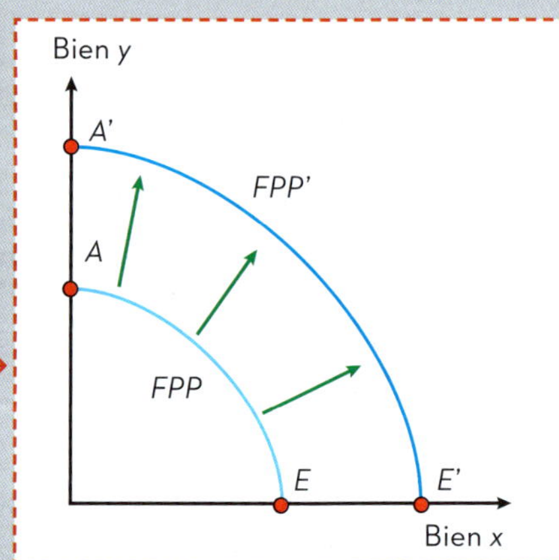

Medido por el PIB

TEST DE REPASO

1. Los factores productivos son:

a) Aire, mar y tierra.

b) Tierra, capital y trabajo.

c) Empresarios y trabajadores.

d) Dinero.

2. Todo factor productivo recibe:

a) Una prestación.

b) Una paga.

c) Una renta.

d) Un beneficio.

3. No es una renta:

a) El salario.

b) Los intereses.

c) Los alquileres.

d) Los impuestos.

4. Una frutería pertenece al sector:

a) Primario.

b) Secundario.

c) Terciario.

d) Cuaternario.

5. La mayoría de las empresas españolas son:

a) Pequeñas.

b) Medianas.

c) Grandes.

d) Multinacionales.

6. Cuando una empresa contrata a otra un servicio está:

a) Diversificando.

b) Perpetrando.

c) Deslocalizando.

d) Externalizando.

7. Cuando una empresa se marcha a otro país para producir más barato está:

a) Huyendo.

b) Perpetrando.

c) Deslocalizando.

d) Externalizando.

8. Cuando produzco todo lo que puedo, estoy:

a) En mi producción potencial.

b) Por debajo de mi producción potencial.

c) Por encima de mi producción potencial.

d) Agotado.

9. Cuando estoy por debajo de la curva FPP estoy:

a) En mi producción potencial.

b) Por debajo de mi producción potencial.

c) Por encima de mi producción potencial.

d) Descansado.

10. Cuando vas en bici y un oso te persigue:

a) Te vuelves más productivo dando pedales.

b) Te vuelves menos productivo dando pedales.

c) Estás por debajo de tu FTP.

d) Depende del hambre del oso.

11. Si Juan ha hecho 4 ejercicios en media hora y María ha hecho 3 en 15 minutos:

a) Juan ha sido más productivo.

b) María ha sido más productiva.

c) Los dos han sido igual de productivos.

d) No lo podemos saber.

12. Entre EEUU y España:

a) EEUU tiene más PIB que España.

b) España tiene más PIB que EEUU.

c) Los dos tienen el mismo PIB.

d) Depende de quién gobierne.

ACTIVIDADES FINALES

Teoría

1. ¿Qué tipos de renta conoces?

2. Si comparásemos la misma empresa hoy y hace cincuenta años, ¿qué cambios crees que veríamos en lo que se refiere a los recursos productivos que emplea para desarrollar su actividad?

3. ¿Cuál es la característica principal que diferencia al sector secundario del primario y el terciario?

4. ¿Qué opinión te merece la deslocalización de empresas españolas hacia el exterior? Expón también tu opinión sobre la de empresas que se han localizado en España, como fue el caso de la industria automovilística que se instaló en nuestro país a partir de los años sesenta.

5. ¿Qué son las posibilidades de producción? ¿Cómo se relaciona este concepto con la producción potencial?

6. ¿Cómo se incrementan las posibilidades de producción de los países?

7. ¿Por qué es importante la variación del PIB de un año para otro?

8. ¿Cuál es la diferencia entre los términos *producción* y *productividad*? Pon un ejemplo con algún deporte que practiques o te guste..

9. ¿Por qué en un país el PIB no alcanza nunca la FPP?

Práctica

10. Clasifica los siguientes recursos productivos en su categoría correspondiente: aceite, dinero, máquinas, madera y labor de artesanía.

11. Indica en tu cuaderno, para cada uno de los siguientes negocios, qué factores o recursos productivos se necesitan para su producción:

a) Una panadería.

b) Una carpintería.

c) Un supermercado.

d) Una caja de ahorros.

e) Una academia de enseñanza.

Para ello, realiza en tu cuaderno un cuadro como el de la Tabla 2.3 y rellénalo con tus respuestas.

	Factores de producción		
	Tierra	Trabajo	Capital
Ejemplo: locutorio de Internet	*Luz, agua*	*Personal con conocimientos informáticos*	*Local, ordenadores, dinero*
Una panadería	–	–	–
Una carpintería	–	–	–
Un supermercado	–	–	–
Una caja de ahorros	–	–	–
Una academia de enseñanza	–	–	–

Tabla 2.3. Factores de producción en función de la actividad económica.

12. **Ecolandia es un país que emplea todos sus recursos disponibles para producir dos bienes: tanques y tractores. Las combinaciones de producción, medidas en unidades producidas son las que muestra la siguiente tabla:**

	A	B	C	D	E
Tanques	0	1	2	3	4
Tractores	2.000	1.500	1.000	500	0

a) ¿Cuál es el coste de oportunidad de producir un tanque?

b) Representa gráficamente la FPP de esta economía.

c) ¿En qué puntos de la gráfica alcanza Ecolandia su producción potencial?

d) Señala algún punto ineficiente en la gráfica y comenta a qué factores puede obedecer el que no alcance su producción potencial.

e) Explica por qué hay ciertas combinaciones que resultan inalcanzables y señálalas en la gráfica.

f) Utilizando la FPP de este ejemplo como referencia, explica a tus compañeros los siguientes conceptos económicos: *escasez de recursos, coste de oportunidad* y *producción potencial.*

13. **Un ceramista trabaja cinco días a la semana a razón de ocho horas diarias. Si su producción diaria es de 24 piezas, ¿cuál es su producción semanal? ¿Cuál es su productividad por cada hora de trabajo?**

14. **La siguiente tabla refleja el trabajo desarrollado por dos panaderos. Su jornada laboral en el mes de octubre era de cuatro horas al día:**

	Octubre	
	Tartas por día	Productividad
Luis	24 tartas	?
Tomás	20 tartas	?

a) ¿A cuántas unidades asciende la producción diaria de esta panadería?

b) Calcula la productividad por hora de cada uno de los panaderos.

c) En noviembre, la empresa amplió el contrato a Luis, con lo que pasó a trabajar ocho horas diarias, mientras que Tomás continuó con la misma jornada de trabajo. Ese mes, Luis elaboró 32 tartas al día y Tomás, 24.

Confecciona una tabla similar a la anterior y calcula la producción y la productividad del mes de noviembre.

d) La producción del mes de noviembre creció respecto a la del mes de octubre. ¿Cuál es la causa del crecimiento?

15. **Ordena de mayor a menor importancia, de acuerdo con tu criterio personal, las siguientes medidas para impulsar el crecimiento económico:**

a) Impartir cursillos de formación a los trabajadores.

b) Fomentar inversiones que permitan la obtención o la implantación de avances tecnológicos.

c) Suscribir acuerdos con otros países para explotar sus recursos naturales.

d) Favorecer la inmigración de mano de obra cualificada.

e) Atraer a inversores extranjeros con la posibilidad de obtener altos beneficios.

Contrasta tu respuesta con la de varios compañeros y después saca tus propias conclusiones sobre los problemas a los que se enfrenta cualquier Gobierno para impulsar el crecimiento económico en su país.

Imprescindible · Necesario · Complementario

TALLER DE PRENSA

Busca en Internet un titular para cada uno de los conceptos a trabajar y completa la tabla en tu cuaderno, señalando en unas pocas líneas su interés en relación con lo estudiado en la unidad.

Concepto a trabajar	Titulares	Relación con lo estudiado en la unidad
El espíritu emprendedor	«Aleix Valls: "Ser emprendedor es algo muy duro pero muy sexy desde fuera"» *ABC* (24/2/2016)	Un emprendedor ha de trabajar muy duro, pero con su empeño y esfuerzo transforma el mundo, al crear empleo, riqueza y bienestar. ¿Te atreves a ser uno?
El escaso esfuerzo en I+D+i español (en comparación con otros países)	–	–
La importancia del turismo	–	–
Repercusiones de la deslocalización	–	–
El paro u otros factores que impiden a los países alcanzar su producción potencial	–	–
Productividad española frente a la de otras economías	–	–
Importancia relativa del crecimiento económico (ya que solo mide la producción)	–	–

VOCABULARIO

- Factor de producción o recurso productivo
- Recursos naturales
- Trabajo
- Bienes de capital
- Tecnología
- Renta
- Sector económico
- Sector primario
- Sector secundario
- Sector terciario
- Deslocalización
- Relocalización
- Internacionalizar
- Pyme
- Frontera de posibilidades de producción (FPP)
- Producto Interior Bruto (PIB)
- Productividad
- Crecimiento económico

JUEGO ECONÓMICO

El juego de las parejas

Vamos a hacer un juego para repasar el vocabulario económico. A continuación te mostramos 24 términos de contenido económico ordenados por parejas que tendrás que intercambiar dos a dos, hasta formar 12 parejas.

Objetivos

Aprender *vocabulario económico* fundamental de una forma divertida. También refuerza los lazos entre los alumnos y el sentimiento de grupo, tan importante a principios de curso.

Tiempo

En unos 15 minutos se podría jugar una partida. El juego se puede repetir varias veces.

Número de jugadores

Participa toda la clase a la vez dividida en equipos de 2-3 alumnos.

Material

Una hoja de papel por equipo.

Reglas del juego

Cada equipo toma el folio y lo divide en 24 partes iguales. En cada unos de los trozos copia los 24 términos.

Todos los equipos dejan los 24 recortes encima de la mesa del profesor, boca abajo. Este los revuelve. A continuación cada equipo va a la mesa y toma 24 trozos al azar.

Durante 10 minutos los alumnos deben intercambiar sus términos libremente con el resto de equipos. El objetivo es formar 12 parejas (o el mayor número posible).

El primer equipo que lo consiga, gana la partida.

Recursos naturales...	...Factor productivo tierra
Trabajadores...	...Factor productivo trabajo
Dinero para montar una empresa...	...Factor productivo capital
Una granja...	...Sector primario
Una fábrica...	...Sector secundario
Una tienda...	...Sector terciario
Son el 90 %...	...Pequeñas empresas
Muestra mi coste de oportunidad...	...Frontera de posibilidades de producción
Cuando estudio sin música...	...Mejora mi productividad
Si estudio más horas...	...Dedico más recursos
Mide el valor de todo lo que producimos...	...PIB
Cojo 10 setas en 5 horas...	...Mi productividad es 2

3 MERCADOS Y EMPRESA

La empresa es la *unidad básica de producción*. En ella se toman decisiones fundamentales, como qué producir y a qué precios vender. Existen varias formas de combinar recursos para obtener bienes o servicios. Las empresas elegirán aquella que les permita reducir sus costes al mínimo y obtener el máximo beneficio.

A través de estas decisiones, las empresas interactúan con las familias en los mercados donde se venden y compran sus productos, en un proceso continuo de tanteo por el cual se van modificando las decisiones de producción y los precios de venta. Y al mismo tiempo, las empresas negocian con las familias la contratación de recursos productivos en el mercado de factores de producción. Con el dinero que las familias obtienen por ello (salarios, intereses y alquileres), comprarán a las empresas sus productos. Y todo vuelve a empezar...

Sumario

a EL NUEVO TESORO DEL EMPERADOR

El emperador Napoleón III estaba sentado en su trono cuando llegó la siguiente audiencia. Era un hombre bajito, canoso, que traía algo entre sus manos. Se acercó al monarca y las abrió. Ante los ojos del soberano apareció un pequeño lingote blanco y ligero que brillaba como un espejo. «Es *aluminium*, señor, el mineral más precioso y difícil de producir del mundo», le dijo el pequeño hombre. Napoleón III lo tomó y lo levantó sorprendido: apenas pesaba. «¡Es extraordinario! ¿Cuánto cuesta?». «Más que el oro y la plata, señor», contestó el hombre. «Es suyo, se lo regalo». Y se marchó.

Se acercaba la Exposición Universal de 1855 y Napoleón III encargó un nuevo estand para mostrar al mundo su nuevo tesoro. En él, y bajo varias cúpulas de cristal, estaría ese lingote precioso para que el mundo pudiera admirarlo. Además, encargó dos lingotes más, no importaba el coste. Pagaría cualquier cosa. Con él haría cubiertos: tenedores y cuchillos que solo otros reyes y emperadores que pasaran por su palacio podrían utilizar en las comidas. Los demás invitados tendrían que comer con cubiertos de plata.

En 1886, todo cambió. En un laboratorio, un joven llamado Paul Héroult introdujo unos cables eléctricos en una solución mineral. El *aluminium* empezó a aparecer ante sus ojos. Primero unos gramos, después unos kilos. Al poco decenas, cientos, millones de kilogramos de aluminio inundaban las tiendas y las ferreterías.

Entonces un día, algún rey tomó el cubierto plateado para cenar, «¿Qué porquería de baratija es esta?», preguntó. «Aluminio», respondió su criado. «¡Quítalo de mi vista inmediatamente!», ordenó el poderoso señor.

Preguntas:

1. **¿Por qué crees que era tan caro el aluminio a mediados del siglo XIX?**
2. **¿Por qué crees que bajó su precio de esa manera pocos años después?**
3. **¿Se te ocurre algún bien que hoy sea caro y valioso como un tesoro, pero que dentro de unos años vaya a ser barato y abundante?**

1 ¿Qué tecnología utilizar?

El proceso productivo consiste en la transformación de *recursos productivos* o *factores de producción* en bienes o servicios mediante la **tecnología**.

Factores de producción
Tierra
(recursos naturales)
trabajo y capital
(equipo, instalaciones y dinero)

→

Proceso productivo
Tecnología
(forma de combinar los recursos)

→

Productos finales
Bienes
Servicios

Figura 3.1. El proceso productivo y la tecnología.

Cuando las empresas eligen qué bien o servicio desean lanzar al mercado, deben determinar qué cantidad producir y qué tecnología utilizar. Este proceso se compone de dos pasos:

1.º Elegir tecnologías eficientes.

2.º Elegir la más barata de las tecnologías eficientes.

1.1. Elegir tecnologías eficientes

Desde un punto de vista racional, si existen varias tecnologías para producir un determinado bien, las empresas optarán por la que sea *eficiente*, es decir, por aquella que emplee menos recursos.

Una tecnología es **eficiente** cuando utiliza la menor cantidad posible de recursos productivos para obtener una determinada cantidad de producción.

IMPORTANTE

En la actualidad se suele asociar **tecnología** con máquinas, cuando la utilización de estas últimas solo constituye una de las alternativas productivas posibles. Esta confusión se debe a que las máquinas suelen ser la opción más eficiente y económica. Pero la **formación de los trabajadores** también es tecnología: una plantilla cualificada es más productiva que una fuerza de trabajo sin formación.

ACTIVIDAD RESUELTA 1

Old Balance es una empresa que puede fabricar zapatos de deporte con las tecnologías A, B y Z, de acuerdo con lo expuesto en la siguiente tabla. Determina si hay alguna de ellas que no sea eficiente, en función de los recursos productivos utilizados:

Tecnología	Trabajo (horas)	Capital (máquinas)	Pares de zapatos	Solución: ¿Eficiente?
Z	8	2	1.000	🔴
A	8	1	1.000	🟢
B	3	2	1.000	🟢

Solución:

La tecnología Z no es eficiente, ya que para producir 1.000 pares de zapatos utiliza las mismas máquinas que la tecnología A, pero emplea más horas de trabajo.

1.2. Eficiencia económica

Entre las tecnologías eficientes se elige la que sea más barata desde el punto de vista económico.

La **eficiencia económica** consiste en seleccionar la más barata de las tecnologías eficientes o, en todo caso, de las disponibles.

ACTIVIDAD RESUELTA 2

Old Balance, la empresa del Actividad resuelta 1, quiere determinar, en función de los costes, si interesa más producir con la tecnología A o con la tecnología B.

a) Calcula la productividad del recurso *trabajo* de la tecnología A.

b) Halla el coste total para cada una de las tecnologías, sabiendo que el coste del trabajo asciende a 20 €/ hora y el de las máquinas a 80 €/ máquina.

c) Indica cuál es la tecnología más económica.

Solución:

a) La productividad de un recurso productivo indica su rendimiento en relación con la producción obtenida.

$$\text{Productividad del trabajo } (P_L) = \frac{\text{Producción } (Q)}{\text{Unidades de trabajo } (L)} = \frac{Q}{L}$$

(medido en unidades físicas por hora trabajada)

$$P_L = \frac{1.000}{8} = 125 \text{ pares de zapatos por hora trabajada}$$

b)

Tecnología	Trabajo (horas)	Capital (máquinas)	Pares de zapatos	Coste trabajo (20 €/hora)	Coste capital (80 €/máq.)	Coste total (€)
A	8	1	1.000	160	80	240
B	3	2	1.000	60	160	220

c) *Tecnológicamente*, A y B son eficientes, pues alcanzan igual nivel de producción (1.000 pares de zapatos). En cambio, desde el punto de vista *económico*, la elegida sería la tecnología B, pues consigue el mismo nivel de producción que la A, pero a menor coste.

Figura 3.2. Los robots especializados son tan eficientes que han desplazado a los trabajadores de las tareas más pesadas y repetitivas.

ACTIVIDADES

1. **A la hora de producir, ¿por qué no basta con elegir las tecnologías eficientes?**

2. **Calcula la productividad del recurso capital de la tecnología A de la Actividad resuelta 2.**

2 Costes e ingresos: el beneficio empresarial

Figura 3.3. Estas bobinas de chapa suponen un coste variable para la fabricación de electrodomésticos, pero el almacén donde se guardan supone un coste fijo.

El incentivo para que las empresas produzcan lo que la sociedad demanda es el *beneficio empresarial*.

El **beneficio empresarial** (Bf) es la diferencia entre los ingresos totales (IT) que obtiene por la venta de sus productos y los costes totales (CT) en los que incurre para su producción.

$$Bf = IT - CT$$

2.1. Los costes de la producción

Para producir se emplean diferentes recursos productivos o factores de producción con un valor monetario cuantificable.

El **coste de la producción** es el valor monetario de los recursos utilizados para producir un bien o un servicio.

En relación con la cantidad que se produzca, los costes se pueden clasificar en:

- **Costes fijos (CF):** son aquellos que no varían aunque cambie la cantidad producida, como por ejemplo el alquiler del local o los gastos de mantenimiento de las instalaciones productivas.
- **Costes variables (CV):** son aquellos costes proporcionales al número de unidades que se producen, como por ejemplo las materias primas o el consumo de energía.
- **Costes totales (CT):** son la suma de los costes fijos y de los costes variables:

$$CT = CF + CV$$

IMPORTANTE

No todas las empresas buscan su propio beneficio. Las **empresas públicas** buscan el beneficio de toda la sociedad, y otras empresas buscan el interés social o, por lo menos, el de sus asociados.

2.2. Los ingresos

Las empresas venden los bienes y servicios resultantes de la producción a cambio de un precio, obteniendo así *ingresos*.

Los **ingresos** son el valor monetario que reciben las empresas por las ventas de sus bienes y servicios.

Los ingresos se obtienen multiplicando el número de unidades vendidas (Qv) por el correspondiente precio de venta (Pv).

$$IT = Qv \cdot Pv$$

ACTIVIDAD RESUELTA 3

Verdiflor regenta un puesto de venta de flores en el mercado local de Dos Hermanas, por el cual paga un alquiler mensual de 400 €. En cada ramo de flores, Verdiflor emplea materia prima por valor de 8 € y 10 € de trabajo asalariado.

Durante el mes de agosto, Verdiflor elaboró 100 ramos a 30 €/unidad. En el mes de septiembre solo elaboró 80 ramos a 25 €/unidad. En el mes de octubre, con el tirón del Día de Todos los Santos, Verdiflor elaboró 150 ramos que vendió a 40 €/unidad. Sabiendo que Verdiflor vende el total de su producción, calcula para cada mes:

a) Los costes totales.

b) Los ingresos totales.

c) El beneficio empresarial.

Solución:

a) Los costes variables los obtenemos multiplicado el coste de cada recurso (c/u) por la cantidad producida (Qp). Como los costes fijos no dependen de la cantidad producida (Qp) aplicamos directamente la cantidad total.

		Agosto			Septiembre			Octubre		
Costes		c/u	Qp	Totales	c/u	Qp	Totales	c/u	Qp	Totales
Variables	Flores	8	100	800 €	8	80	640 €	8	150	1.200 €
	Salario	10	100	1.000 €	10	80	800 €	10	150	1.500 €
Fijos	Alquiler			400 €			400 €			400 €
Costes totales (CT)				**2.200 €**			**1.840 €**			**3.100 €**

b) Los ingresos los obtenemos multiplicando el precio de venta (Pv) por la cantidad vendida (Qv) que, en este caso, coincide con la cantidad producida (Qp).

	Agosto			Septiembre			Octubre		
Ingresos	Pv	Qv	Totales	Pv	Qv	Totales	Pv	Qv	Totales
Ramos	30	100	**3.000 €**	25	80	**2.000 €**	40	150	**6.000 €**

c) El beneficio empresarial se calcula por diferencia entre los ingresos totales (IT) y los costes totales (CT).

	Agosto	Septiembre	Octubre
Beneficios totales (IT-CT)	3.000 − 2.200 = 800 €	2.000 − 1.840 = 160 €	6.000 − 3.100 = 2.900 €

ACTIVIDADES

3. **¿Qué relación podemos establecer entre el beneficio empresarial y la supervivencia de las empresas?**

4. ¿En qué casos puede ser negativo el beneficio empresarial?

3 Las funciones de las empresas

Desde el punto de vista económico, la principal función de las empresas es la que surge como responsables de la producción.

La **empresa** es una entidad especializada que coordina la producción de bienes y servicios.

Esta y otras funciones son las que podemos ver en la Tabla 3.1:

Funciones de las empresas	Descripción	Ejemplo
Coordinar la producción	Suministran los bienes y servicios que satisfacen las necesidades de las sociedades.	Si las familias demandan calzado, las empresas suministran zapatos, sandalias, botas, deportivas, etc.
Crear o añadir valor	Al transformar materias primas, las empresas crean o aumentan la utilidad de los bienes.	Tela, hilo y botones por separado no nos dan la utilidad para vestirnos que nos da una camisa.
Crear empleo y generar riqueza	Aparte de la creación de empleo, las grandes empresas generan un «efecto dominó» favorable en las zonas donde se instalan, gracias a las compras que realizan a otras empresas.	En Vigo, Citroën emplea a miles de trabajadores y compra volantes, tapizados o asientos a otras empresas de la zona.
Mejorar el bienestar de las sociedades	Gracias a la búsqueda de nuevos productos, así como de tecnologías más eficientes, las empresas crean innovaciones tecnológicas que son el motor del progreso económico.	El coche, la nevera o la aspirina fueron en su día grandes inventos de los que hoy disfrutamos todos a precios asequibles, cuando en su día fueron bienes de lujo.

Tabla 3.1. Desde un punto de vista económico, las empresas desempeñan importantes funciones. Sin embargo, a título individual, su principal objetivo es **maximizar beneficios** para poder seguir desarrollando su actividad.

En la inmensa mayoría de los países, las empresas suministran los bienes y servicios a través de los **mercados.** Pero antes de hablar sobre el papel de las empresas en los mercados es necesario comprender el funcionamiento de estos.

Periscopio 1

Te proponemos identificar empresas que contribuyan a la creación de riqueza o empleo en el entorno de tu ciudad o comunidad autónoma.

- Recaba información sobre las ventas y número de empleados tanto de las empresas grandes como de las que se ven favorecidas por la actividad de las primeras.

Busca «Tu_ciudad», «Tu_comunidad_autónoma», *empleo, riqueza, empresa*

ACTIVIDADES

5. Razona qué sucedería en el mercado si no existieran las empresas.

6. ¿Cómo llegan las empresas a convertirse en generadoras de empleo y riqueza en sus zonas de influencia?

4 Mercados, empresas y familias

En la inmensa mayoría de los países, familias, empresas y sector público se relacionan a través de los *mercados*, lugares predeterminados donde compradores y vendedores se ponen de acuerdo sobre un bien o servicio a intercambiar.

El **mercado** es el conjunto de actividades de compraventa de un determinado bien o servicio realizadas por vendedores y compradores.

Tradicionalmente, el mercado era el lugar físico donde se vendían y compraban productos. Sin embargo, el desarrollo de tecnologías de la comunicación como el correo, el telégrafo, el teléfono o, en la actualidad, Internet, han hecho nuestra vida más fácil, ya que a veces no tenemos que desplazarnos a un lugar físico para comprar o vender productos.

En consecuencia, el término *mercado* ha asumido nuevos significados, pero ya sea un lugar físico o no, hoy en día en todo mercado identificamos tres elementos (Fig. 3.4).

Figura 3.4. Elementos de los mercados. La mayoría de los vendedores son empresas, y la mayoría de los compradores son consumidores agrupados en familias.

4.1. La demanda y la oferta

Cada mercado recibe el nombre del producto que se intercambia en él: por ejemplo, el mercado de electrodomésticos, el mercado de la vivienda, el mercado de la música, el mercado de trabajo, etc. No obstante, para que exista intercambio tiene que haber un posicionamiento previo sobre lo que quieren y ofrecen ambas partes. Por ejemplo, cuando queremos un refresco tenemos cierta idea sobre el precio que estamos dispuestos a pagar e, igualmente, las cafeterías o tiendas saben qué precio cobrar aproximadamente si no quieren que vayamos a la competencia. Quienes quieren el refresco se postulan como demandantes y los bares o tiendas como ofertantes.

Desde el punto de vista económico, existe *demanda* cuando se desea comprar un bien o servicio determinado, y *oferta* cuando se desea vender. Son la cara y la cruz de la misma moneda: el mercado. Representan visiones opuestas:

- La **demanda** representa la perspectiva desde el punto de vista de los consumidores.
- La **oferta** desde la perspectiva la de las empresas.

IMPORTANTE

La excepción a la asignación de bienes y servicios a través del mercado se produce en los países comunistas o marxistas, donde la asignación la decide unilateralmente un poder central.

Figura 3.5. ¿Alguna vez has intercambiado cromos? Los mercados son parte de nuestra vida, pero no todos necesitan dinero para funcionar.

VOCABULARIO

Demanda. Cantidad de un bien o servicio que están dispuestos a adquirir los demandantes *a un precio determinado.*

Oferta. Cantidad de un bien que las empresas están dispuestas *a producir a un precio determinado.*

IMPORTANTE

Aunque existen otros factores, el **precio** es el principal elemento que tienen en cuenta consumidores y empresas para tomar una decisión en lo que respecta a cantidades demandadas y ofertadas.

Figura 3.7. Normalmente, cuanto más escaso es un bien, más valioso resulta. El mercado de obras de arte es un buen ejemplo de ello: cuando muere un artista sus obras se revalorizan, por ser únicas e irrepetibles.

IMPORTANTE

El precio para el cual se estabiliza el mercado, que es donde coinciden los planes de los consumidores y de las empresas, se llama **precio de equilibrio.**

4.2. La ley de la oferta y la demanda

Los demandantes acuden al mercado con la intención de adquirir el bien o servicio que les interesa a cambio de dinero, de tal forma que el precio es el principal factor para realizar el intercambio. Por su parte, los vendedores, normalmente empresas, ofrecen sus productos en el mercado a cambio de un precio. Cuanto más alto sea el precio mayor será el beneficio que obtienen las empresas, de tal forma que tienen mayores incentivos para ofertar mayor cantidad al mercado. En consecuencia se cumple (Tabla 3.2):

	Precio	Cantidad
Para los consumidores	A mayor precio...	...menor demanda
	A menor precio...	...mayor demanda
Para las empresas	A mayor precio...	...mayor oferta
	A menor precio...	...menor oferta

Tabla 3.2. La ley de la oferta y la demanda.

En todo caso, en lo que respecta a cantidades demandadas y ofertadas, como consumidores y empresas persiguen objetivos contrarios, se suelen producir dos situaciones de inicio: el *exceso de demanda* o el *exceso de oferta* (Fig. 3.6).

a) **Exceso de demanda**

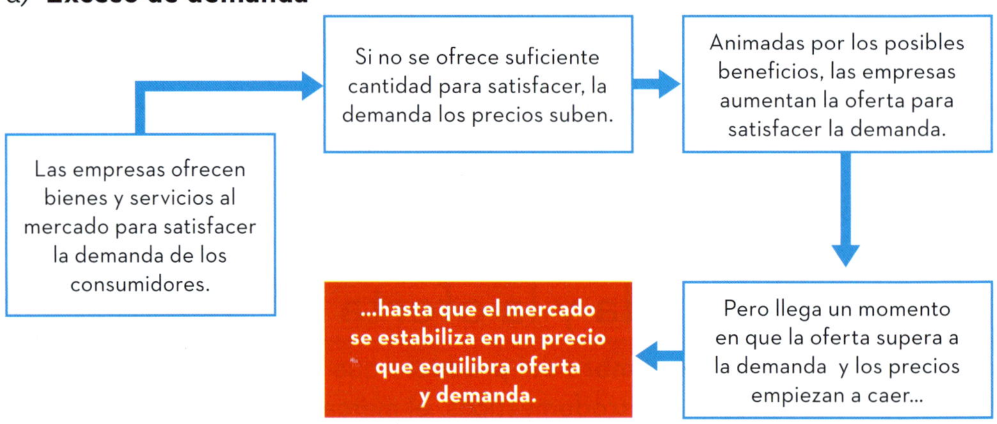

b) **Exceso de oferta**

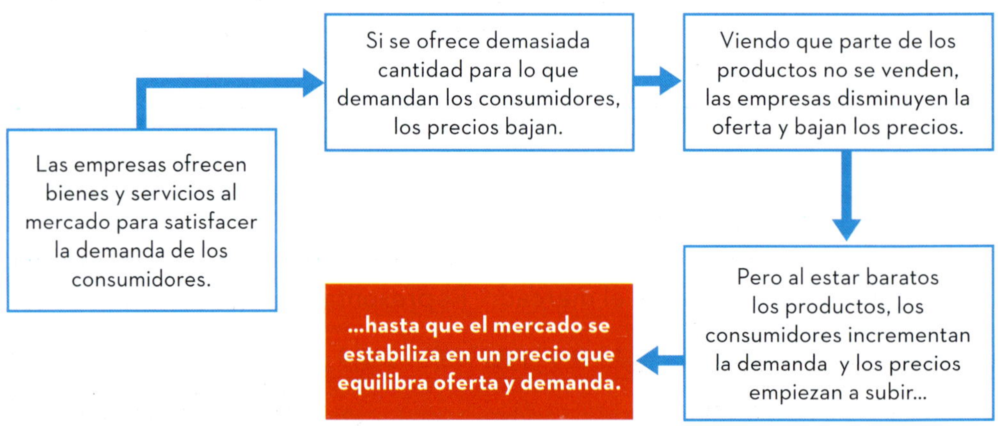

Figura 3.6. Proceso de ajuste de un mercado hasta llegar a un equilibrio.

ACTIVIDAD RESUELTA 4

Tras consultar a consumidores y empresas acerca de sus intenciones de compra y venta de sandías en el mercado de Villalpando, se ha construido la Tabla 3.3, que expresa las distintas cantidades que unos y otros están dispuestos a demandar y ofrecer según el precio. Por ejemplo, en la primera fila, para un precio de 5 € los consumidores solo están dispuestos a comprar 80 sandías, mientras que, por su parte, las empresas estarían en condiciones de ofertar 200 sandías por ese precio.

a) Describe el comportamiento de consumidores y empresas a medida que sube o baja el precio de la sandía.

b) ¿A qué precios se produce el exceso de demanda?

c) ¿Cómo se comporta el mercado cuando el precio de la sandía es de 4 €? ¿Y de 3 €?

Precio de la sandía	Cantidad demandada de sandías por día	Cantidad ofertada de sandías por día
5 €	80	200
4 €	100	150
3 €	130	130
2 €	180	80
1 €	250	0

Tabla 3.3. Oferta y demanda de sandías en el mercado de Villalpando.

Solución:

a) Cuanto mayor es el precio menor cantidad demandan los consumidores, y viceversa. Por su parte, las empresas ofertan mayor cantidad cuanto mayor es el precio, y viceversa.

b) El exceso de demanda se produce cuando la cantidad demandada por los consumidores es superior a la cantidad ofertada por las empresas, de tal forma que se produce cuando la sandía está a 1 o a 2 €.

c) A 4 € la situación es de exceso de oferta, de tal forma que las empresas tendrán que bajar el precio para vender los excedentes. A 3 € coinciden los planes de consumidores y empresas, por lo que ese será el *precio de intercambio* o *equilibrio*.

ACTIVIDADES

7. En relación con la Actividad resuelta 4:

a) ¿A qué precios tiene lugar el exceso de oferta?

b) ¿Cómo se comporta el mercado cuando el precio de la sandía es de 2 €?

REFLEXIÓN

¿Somos moda o seguimos la moda?

Aparte del precio, uno de los factores que influye para comprar un artículo o una prenda es la **moda.** ¿Somos conscientes de que sistemáticamente adoptamos las tendencias que muchas veces alientan los fabricantes o tenemos criterio propio a la hora de tomar decisiones?

¿SABÍAS QUE...?

Ya en el siglo XVIII, Adam Smith definió el funcionamiento del mercado como una **«mano invisible»** donde empresas y consumidores llegan al equilibro como por arte de magia.

Recurso productivo	Remuneración o renta
Recursos naturales	Alquiler
Trabajo	Salario
Capital	Interés

REFLEXIÓN

¿Cuál debe ser el grado de intervención del sector público?

Este es uno de los debates económicos más antiguos y polémicos. Frente a quienes opinan que el sector público debería intervenir lo menos posible en los asuntos de los particulares (empresas y familias), están quienes creen que el Estado debe actuar para corregir los abusos o desigualdades.

4.3. El flujo circular de la renta

En general, según lo que se intercambia en ellos, existen dos grandes tipos de mercados:

- El **mercado de bienes y servicios.** Las empresas, a cambio de un precio, proporcionan a las familias los bienes y servicios que demandan.
- El **mercado de recursos productivos.** Las familias, generalmente a cambio de un salario e intereses, aportan el trabajo y capital que las empresas demandan.

La relación que se establece entre familias y empresas es **circular**: el dinero que cobran los consumidores por el trabajo realizado en las empresas, o el dinero prestado a ellas, retorna posteriormente a estas cuando compran los bienes y servicios que necesitan. Para que todo transcurra con normalidad, el sector público establece las normas y vigila su cumplimiento (Fig. 3.8).

El **flujo circular de la renta** es el conjunto de relaciones que caracteriza el intercambio de bienes y rentas entre familias y empresas a través de los mercados, todo ello regulado por el sector público.

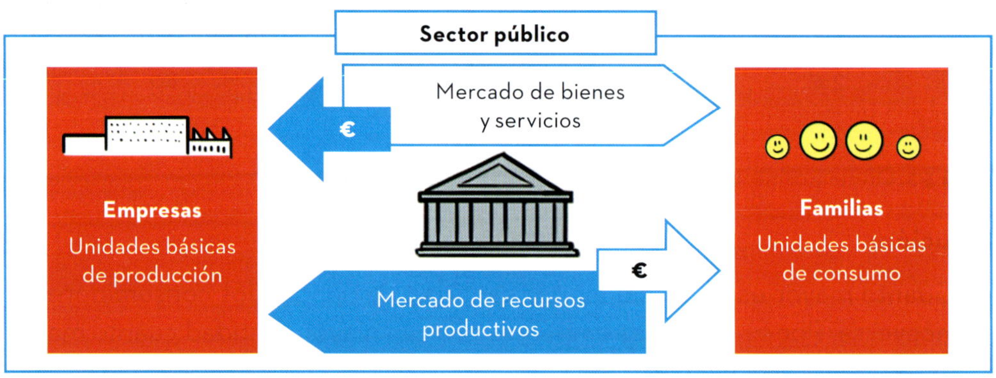

Figura 3.8. Flujo circular de la renta.

Periscopio 2

La intervención del sector público

Lee con atención los siguientes titulares de economía:

a) «El Gobierno quiere reducir el gasto en comedores sociales.»

b) «Aumenta el número de subvenciones por creación de empresas.»

c) «La Junta bajará los impuestos autonómicos.»

d) «Ayudas de 3.000 € por nacimiento de hijo.»

Busca: *Gobierno, gasto, medida, apoyo, aumentar, reducir*

- Identifica si se trata de medidas que aumentan o disminuyen la intervención del sector público en la economía.
- Busca en Internet tres noticias de economía que, en la línea de las anteriores, supongan una mayor o menor intervención del sector público en la economía.

ACTIVIDAD RESUELTA 5

Imagina que Marta Valiente y El Corte Francés son, respectivamente el único consumidor y la única empresa de una economía. Marta trabaja en El Corte Francés a cambio de un salario y El Corte Francés le suministra a Marta todos los bienes y servicios que ella necesita. Supongamos que el único recurso productivo que existe es el trabajo y no hay sector público. Representa el flujo circular de la renta entre Marta y El Corte Francés, identificando:

a) Las unidades básicas de consumo y producción.

b) Los flujos de dinero.

c) Los mercados que intervienen.

Solución:

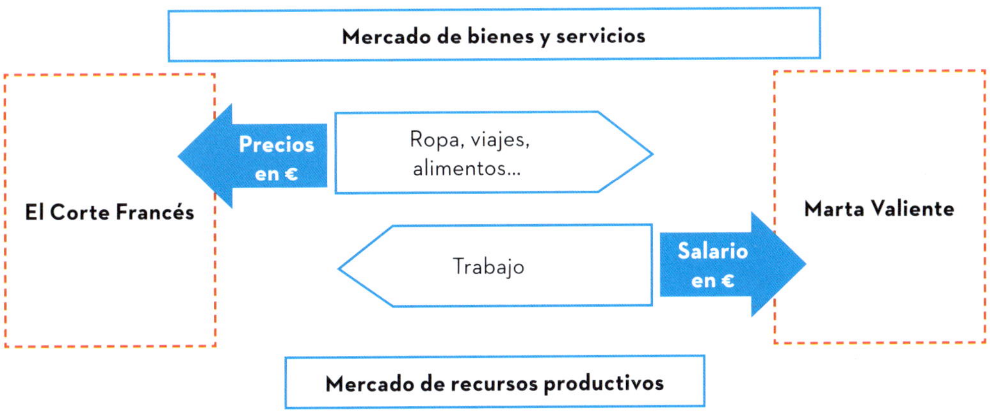

¿SABÍAS QUE...?

Como si se tratara de una **simbiosis,** empresas y familias se complementan para que funcione la actividad económica.

ACTIVIDADES

8. **¿Cómo han cambiado los mercados con el desarrollo de Internet?**

9. **Para los consumidores, a la hora de demandar cantidades en el mercado de un producto que les interesa, ¿qué tipo de relación hay entre precio y cantidad? Explícalo.**

10. **¿Cómo se comportan los precios en una situación de exceso de demanda?**

11. **¿Por qué se dice que es circular la relación entre familias y empresas?**

12. **¿Cómo crees que afecta el desempleo al flujo circular de la renta? Razona la respuesta.**

13. **En relación con la Actividad resuelta 5, responde:**

a) ¿Cómo afectaría al esquema la existencia de un sector público?

b) Indica qué normas y funciones le atribuirías a un sector público para mejorar la relación entre Marta y El Corte Francés.

MAPA CONCEPTUAL

Factores de producción
Tierra, trabajo y capital

→ **Proceso productivo**
Tecnología

→ **Productos finales**
Bienes y servicios

Costes de producción

$Bf = IT - CT$

$BF = (Q_v \cdot P_v) - (CF + CV)$

Tecnología

Eficiencia tecnológica + **Eficiencia económica**

Coste → $BF = (Q_v \cdot P_v) - (CF + CV)$

Funciones de las empresas

- Coordinar la producción
- Crear o añadir valor
- Crear empleo y generar riqueza
- Mejorar el bienestar de las sociedades

Mercado

Vendedores — Bienes o servicios — **Compradores**

Ley de la oferta y la demanda

Las empresas ofrecen bienes y servicios al mercado para satisfacer la demanda de los consumidores.

- Si no se ofrece suficiente cantidad para satisfacer la demanda los precios suben. → Animadas por los posibles beneficios, las empresas aumentan la oferta para satisfacer la demanda. → Pero llega un momento en que la oferta supera a la demanda y los precios empiezan a caer... → **Precio de equilibrio**
- Si se ofrece demasiada cantidad para lo que demandan los consumidores los precios bajan. → Viendo que parte de los productos no se venden, las empresas disminuyen la oferta y bajan los precios. → Pero al estar baratos los productos, los consumidores incrementan la demanda y los precios empiezan a subir... → **Precio de equilibrio**

Flujo circular de la renta

Empresas
Unidades básicas de producción

€ — Mercado de bienes y servicios

Mercado de factores de producción — €

Familias
Unidades básicas de consumo

Sector público

TEST DE REPASO

1. La tecnología sirve para:

a) Combinar recursos y productos.

b) Combinar producción y obtener recursos productivos.

c) Combinar recursos productivos y obtener producción.

d) Tener más recursos.

2. Una tecnología es eficiente cuando:

a) Obtiene más producción con más recursos.

b) Obtiene más producción con los mismos recursos.

c) Obtiene más recursos con menos producción.

d) Obtiene más recursos con más producción.

3. Si dos trabajadores recogen 1.000 plátanos entre los dos trabajando 10 horas cada uno:

a) La productividad es de 50 plátanos/hora.

b) La productividad es de 1.000 plátanos.

c) La productividad es de 100 plátanos/hora.

d) La productividad es de 500 plátanos/hora.

4. Cuando una empresa tiene tantos costes como ingresos:

a) Obtiene un beneficio pequeño.

b) Obtiene pérdidas pequeñas.

c) Obtiene tantos beneficios como costes e ingresos.

d) No obtiene beneficios.

5. Cuando un bar sirve muchos refrescos:

a) Aumentan sus costes fijos.

b) Aumentan sus costes variables.

c) Disminuyen sus costes fijos.

d) Disminuyen sus costes variables.

6. Cuando una empresa obtiene más ingresos:

a) Tiene más beneficios.

b) Tiene más costes.

c) Tiene tantos costes como beneficios.

d) No se puede saber.

7. Para crear valor una empresa tiene que:

a) Añadir utilidad a las cosas.

b) Poner los precios muy caros.

c) Usar ofertas para vender más.

d) Pagar salarios bajos.

8. ¿Cuál de estas afirmaciones se ajusta mejor a la definición de mercado?

a) Es un sitio con tiendas.

b) Es el lugar, físico o no, donde se intercambia.

c) Son los vendedores.

d) Son los compradores.

9. Si la oferta sube:

a) Los precios suben.

b) Los precios se quedan igual.

c) Los precios bajan.

d) No se puede saber.

10. Si los precios suben:

a) La cantidad demandada sube.

b) La cantidad demandada se queda igual.

c) La cantidad demandada baja.

d) No se puede saber.

11. El mercado de trabajo donde se contratan trabajadores:

a) Forma parte del mercado de recursos.

b) Forma parte del mercado de bienes.

c) Forma parte del mercado de servicios.

d) Forma parte del mercado financiero.

12. Las familias son:

a) El sector público.

b) Las unidades básicas de producción.

c) Las unidades básicas de consumo.

d) Las unidades básicas que te mandan hacer los deberes.

ACTIVIDADES FINALES

Teoría

1. **En relación con las Actividades resueltas 1 y 2, describe con tus propias palabras:**

a) ¿Por qué las tecnologías A y B son más eficientes que la Z?

b) Al final, ¿por qué B fue la tecnología seleccionada a pesar de que produce lo mismo que la A?

2. **Se dice que la contaminación es una de las facturas que tenemos que pagar por la rapidez con que las sociedades occidentales han logrado su desarrollo económico. ¿A qué crees que se refiere esta afirmación? Razona en términos de costes.**

3. **¿Qué relación establecerías entre nuevas tecnologías y productividad?**

4. **¿Es cierto que una mayor producción implica mayores beneficios? Razona la respuesta.**

5. **¿Cuál es la gran diferencia entre los costes fijos y variables?**

6. **¿Cómo crean valor añadido las empresas? Pon un ejemplo.**

7. **¿Cómo mejoran las empresas el bienestar de las sociedades?**

8. **¿Qué elementos necesita todo mercado para ser considerado como tal?**

9. **¿Por qué se dice que la oferta y la demanda son la cara y la cruz de la misma moneda?**

10. **Para las empresas, a la hora de ofertar en el mercado cantidades de un producto que interesa, ¿qué tipo de relación hay entre precio y cantidad? Explícalo.**

11. **¿Cómo se comportan consumidores y empresas en una situación de exceso de oferta?**

12. **¿Por qué suben los precios cuando hay exceso de demanda? ¿Cómo reaccionan las empresas?**

13. **En lo que respecta a la oferta y a la demanda, ¿cuándo alcanza el equilibrio un mercado?**

14. **Describe con tus propias palabras el flujo circular de la renta.**

15. **¿Cómo y por qué el sector público regula las relaciones e intercambios que se producen entre familias y empresas?**

Práctica

16. **Torcaz del Norte es una empresa que puede fabricar tuercas con las tecnologías A, B y C, de acuerdo con lo expuesto en la siguiente tabla:**

Tecnología	Trabajo (horas)	Capital (máquinas)	Tuercas
A	8	4	64.000
B	4	6	64.000
C	8	6	64.000

a) Razona cuáles son las tecnologías más eficientes.

b) Calcula el coste total para cada una de las tecnologías, sabiendo que el coste del trabajo asciende a 100 €/hora y el de las máquinas a 175 €/hora.

c) Indica cuál de las tecnologías anteriores es la más económica.

17. **Indica si son fijos o variables los siguientes costes mensuales que corresponden a una panadería:**

- **El alquiler del local.**
- **La harina.**
- **El gas.**
- **El salario del panadero.**
- **La luz.**
- **El pago de la hipoteca del local.**
- **El agua.**

18. **Por cada 10 sillas que produce en su taller de carpintería, Gabriel Garzón emplea materia prima por valor de 40€ y 20 € de trabajo asalariado.**

Durante el mes de agosto fabricó 100 sillas a 15 €/unidad. En el mes de septiembre solo produjo 90 sillas a 12 €/u. En el mes de octubre, Gabriel elaboró 140 sillas que vendió a 18 €/u.

Sabiendo que Gabriel paga un alquiler de 400 €/mes y vende toda su producción, calcula para cada mes:

a) Los costes totales.

b) Los ingresos totales.

c) El beneficio empresarial.

19. **Según la Tabla 3.1 de la unidad, indica qué función cumplen las empresas en los siguientes casos:**

a) La compra de tornillería por parte de Ikea a empresas más pequeñas.

b) El invento del ordenador personal en 1981 por parte de IBM.

c) La instalación de hoteles en la costa levantina para atender la demanda turística.

d) La transformación de madera en muebles por parte de un carpintero.

20. **Consultados consumidores y empresas acerca de sus intenciones de compra y venta de quesos en el mercado de Arzúa, se ha construido la siguiente tabla, que expresa las distintas cantidades que unos y otros están dispuestos a demandar y ofrecer según el precio.**

Precio de (€)	Cantidad demandada por día	Cantidad ofertada por día
5	150	35
10	125	70
15	100	100
20	75	130
25	50	160

A partir de la tabla anterior, contesta las preguntas siguientes:

a) Describe el comportamiento de consumidores y empresas a medida que sube o baja el precio del queso.

b) ¿A qué precios tiene lugar el exceso de demanda? ¿Y el exceso de oferta?

c) ¿Cómo se comporta el mercado cuando el precio del queso es de 20 €? ¿Y cuando es de 10 €? ¿Y de 15 €?

d) Indica, para cada precio, la situación en la que se encuentra el mercado: exceso de demanda, equilibrio o exceso de oferta.

21. **Identifica si las siguientes medidas implican una mayor o menor intervención en la economía por parte del sector público:**

a) El establecimiento de un precio máximo para el pan.

b) Reducir los requisitos para abrir un estanco.

c) La reducción de los impuestos sobre el alcohol.

d) Aumentar el volumen de obras públicas.

e) Incentivar la compra de tractores.

f) Suprimir las ayudas por adquisición de vivienda.

22. **Averigua en Internet:**

a) Casos de empresas que hayan creado empleo recientemente en tu ciudad o comunidad autónoma.

b) Empresas que desarrollen actividades de voluntariado o de interés social en tu ciudad o comunidad autónoma.

Imprescindible   Necesario   Complementario

TALLER DE PRENSA

Busca en Internet un titular para cada uno de los conceptos a trabajar y completa la tabla en tu cuaderno, señalando en unas pocas líneas su interés en relación con lo estudiado en la unidad.

Concepto a trabajar	Titulares	Relación con lo estudiado en la unidad
Tecnología e inventos	«La ultra alta definición y las pantallas curvas se imponen» *El País* (19/2/2016)	Cada vez que se desarrolla una nueva tecnología aparecen nuevos productos. Los consumidores tiran sus viejos cacharros y acuden a comprar las novedades. La innovación es una aliada inseparable del crecimiento económico. Sin embargo, esto causa una mayor presión sobre los recursos del planeta, crecientemente escasos.
Los costes ocultos de la producción empresarial	–	–
El papel económico de las empresas (en relación con el Apartado 3 de la unidad)	–	–
La influencia de las empresas en las modas	–	–
Situaciones de exceso de demanda o exceso de oferta	–	–
La mano invisible del mercado	–	–
El grado de intervención del sector público (en relación con el flujo circular de la renta)	–	–

VOCABULARIO

- Eficiencia
- Eficiencia económica
- Beneficio empresarial
- Coste de producción
- Costes fijos
- Costes variables
- Ingresos
- Empresa
- Mercado
- Demanda
- Oferta
- Flujo circular de la renta

JUEGO ECONÓMICO

El juego de la empresa campeona

Dispones de una dotación inicial de factores productivos y dinero. Mediante compras e intercambios tratarás de ajustar esta para conseguir la mayor producción posible.

Objetivos

Comprender qué es y cómo actúa una *función de producción*. El interés del juego está en que, dependiendo de la función de producción que te toque, te interesará tener diferentes combinaciones de capital y trabajo.

Tiempo

Una partida puede durar entre 15 y 20 minutos.

Número de jugadores

Toda la clase.

Material

Unos folios de papel con las imágenes que te mostramos.

Reglas del juego

Preparación:

a) **Los factores productivos de cada jugador.**

Los jugadores se dividen en equipos de 3 o 4 jugadores. Cada equipo representa una empresa. Toman dos folios y recortan cada uno en 10 partes iguales, haciendo un total de 20.

En cada una de las 20 partes dibujan una de las imágenes que se muestran (trabajador, máquinas y billetes de 1.000 €), en la combinación que quieran. Por ejemplo: 10 trabajadores, 5 máquinas y 5 billetes de 1.000 euros.

Una vez hecho esto dejan las 20 cartas sobre la mesa y el profesor les retira 6 al azar, que coloca encima de su mesa.

b) **El profesor escribe la función de producción en la pizarra.**

Una vez los jugadores tienen sus 14 cartas restantes, el profesor dibuja en unos papeles tantas funciones de producción como equipos y las reparte al azar entre estos en secreto.

Las funciones son las siguientes:

$Q = K \cdot L$ $Q = (K^2 \cdot L)/8$

$Q = (K + L) \cdot 4$ $Q = (L^2 \cdot K)/8$

Donde: Q = Producción; K = Número de máquinas; L = número de trabajadores.

Comienzo del juego:

El profesor da comienzo al juego. Los jugadores pueden intercambiar cartas entre equipos, o bien comprar al profesor una carta por 3.000 euros.

Una vez finalizado el tiempo de la partida, por ejemplo 15 minutos, todos los jugadores han de detenerse y calcular su producción. El equipo que más ha producido gana.

Ejemplo:

El equipo A tiene 10 máquinas y 7 trabajadores.
Y una función: $Q = K \cdot L$; $Q = 10 \times 7 = 70$
El equipo B tiene 8 máquinas y 8 trabajadores.
Y una función: $Q = (L^2 \cdot K)/8$; $Q = 64 \times 8/8 = 64$
Ganaría el equipo A.

4 LA EMPRESA EN SU CONTEXTO

En esta unidad vamos a estudiar el interior de las empresas. El primer paso para comprender su funcionamiento consiste en observar el tipo de normas que las rigen, es decir, su *forma jurídica*.

Una mirada más de cerca a las empresas nos revela que se componen de muchos elementos, incluido su *entorno:* de la relación con ese entorno se derivarán responsabilidades. Todos los elementos de la empresa se combinan en su estructura productiva, por la cual se organiza la creación de bienes o servicios. Pero es necesario conocer también la estructura financiera de las empresas, que vendrá determinada por las proporciones en que combinen sus propios recursos con préstamos para financiar sus actividades.

SOBRE LAS CONSECUENCIAS DEL AMOR DE LA BELLA SHIVA

En un lejano rincón del Camerún, a los pies de una montaña, vivían los pacíficos y primitivos hombres dowayos. Su vida era feliz y tranquila. Últimamente, sin embargo, un pequeño conflicto había enturbiado la paz de esta buena gente. Bimba y Bambu, dos jóvenes de la tribu, se habían enamorado de la bella Shiva y, de acuerdo a la tradición de este pueblo, para conquistarla debían cantarle cada anochecer canciones de amor a pleno pulmón, a la puerta de su choza.

Ya fuera porque la pobre llevaba una semana sin poder dormir o porque era una chica muy materialista, Shiva, decidida a poner fin a esta disputa, pronunció una promesa fatal: «Me casaré con aquel de vosotros que encuentre la forma de hacerse rico.»

Entonces, poseídos por el deseo de ver cumplida esta promesa, ambos jóvenes partieron de viaje al encuentro de algo que les permitiera hacerse ricos. Bimba fue el primero. Llegó a una pequeña ciudad donde había una armería y en ella un hombre blanco que vendía un extraño artefacto llamado *metralleta*. «Esto me hará rico», pensó Bimba, y volvió a su aldea. Bambú llegó por su parte a una plantación donde la gente usaba algo llamado *pesticida*. Lo tomó entusiasmado. «Esto me hará rico», pensó Bambú, y volvió a su aldea.

Al llegar a su pueblo, Bimba sacó la metralleta, fue hasta el lugar donde vivían las cebras. Las mató a todas. Vendió su carne y se hizo rico. Bambú cogió el pesticida. Lo vertió en el río. Vio que todos los peces flotaban. Los recogió y los vendió, y se hizo rico. La bella Shiva se casó con los dos.

Tiempo después el pueblo entero, sin pesca ni caza, se murió de hambre. Bimba, Bambú y Shiva, al ser ricos, se pagaron un billete de avión de primera clase y emigraron a un país lejano donde vivieron en la playa.

Preguntas:

1. **¿Crees que la promesa de Shiva estuvo bien?**
2. **Bimba y Bambú se hicieron ricos, pero no fueron socialmente responsables. ¿Qué crees que significa «no ser socialmente responsable»?**
3. **¿Crees que en nuestro mundo civilizado existen también Bimbas y Bambúes?**

Sumario

1 Tipos de empresas

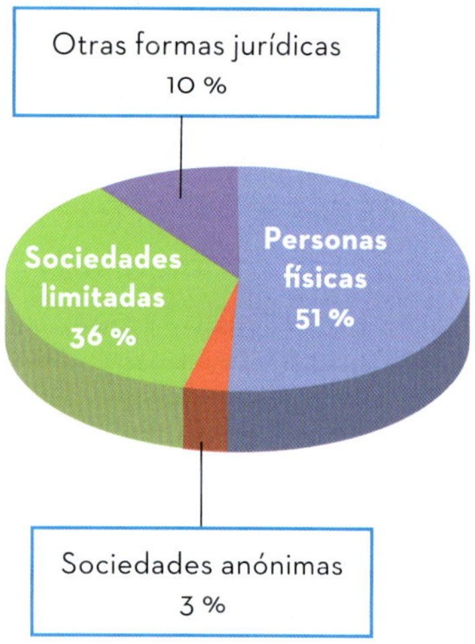

Figura 4.1. En España hay algo más de tres millones de empresas. Más de la mitad son empresas individuales. Popularmente se les conoce con el nombre de autónomos.

Existen diversas formas de clasificar las empresas. Como por ejemplo:

a) **La actividad a la que se dedican.** En función del tipo de actividad, tal como vimos en la Unidad 2, es posible distinguir tres sectores de actividad empresarial: *primario, secundario* y *terciario*.

b) **La propiedad de los recursos productivos.** Dependiendo de quiénes sean los propietarios de los recursos productivos, las empresas pueden ser *privadas* o *públicas* (por ejemplo, Adif o Correos).

c) **La forma jurídica.** A efectos prácticos es la clasificación más importante, porque la forma jurídica debe ser la adecuada al tipo de empresa que necesitan sus propietarios.

1.1. La forma jurídica

En primer lugar es necesario explicar qué entendemos por *forma jurídica*.

> La **forma** o **personalidad jurídica** supone que una entidad tiene personalidad propia, independiente de la personalidad de los individuos que la componen.

¿SABÍAS QUE...?

Las sociedades limitadas también pueden ser unipersonales.

Dicha personalidad confiere a las empresas la capacidad de ser titulares de derechos y obligaciones, como si de personas se tratara. La clasificación de las empresas conforme a la forma jurídica es la más extendida por sus implicaciones prácticas en lo que se refiere a sus características y forma de funcionamiento. Así, se distingue entre:

- **Empresas individuales,** que no tienen forma jurídica.
- **Sociedades,** que sí tienen forma jurídica.

La Tabla 4.1. recoge las características que distinguen a los principales tipos de empresa.

Tipos de empresas según la forma jurídica		Aportaciones mínimas de constitución	Responsabilidad legal	Capital dividido
Empresas individuales	Empresario individual (autónomo)	No hay	Ilimitada	No
	Emprendedor de responsabilidad limitada		Ilimitada con la excepción de la vivienda	
Sociedades	Sociedad anónima (SA)	60.000 €	Solo patrimonio empresarial	**Acciones** (transmisión libre)
	Sociedad limitada (SL o SRL)	3.000 €		**Participaciones** (transmisión limitada)
	Sociedad limitada nueva empresa (SLNE)	3.012 € - 120.202 €		
	Cooperativas	Mínimo fijado en estatutos	Límite según capital aportado	Cada cooperativista tiene un voto

Tabla 4.1. Características de las formas jurídicas más importantes.

1.2. Elección de la forma jurídica

La elección de una u otra forma jurídica dependerá de las características que necesiten los propietarios o socios para su empresa. Para ello debemos tener en cuenta estos factores:

- **Aportaciones mínimas de constitución.** No existen para las empresas individuales, pero suelen existir mínimos en las sociedades.
- **Responsabilidad legal.** En general es ilimitada en las empresas individuales y limitada en la sociedades.
- **Toma de decisiones.** Esto no supone problemas en las individuales. En las sociedades las votaciones para tomar decisiones se hacen según el porcentaje de propiedad. La forma más problemática para llegar a un acuerdo es la cooperativa, donde cada cooperativista tiene un voto con independencia del capital aportado por él.
- **Transmisibilidad de la propiedad.** La transmisión es libre únicamente en las sociedades anónimas.
- **Pago de impuestos.** En general las sociedades pagan un 25 %, mientras que las empresas individuales pueden llegar a pagar el 50 %. Cuando los beneficios son bajos interesa más la empresa individual y, cuando los beneficios son altos, es mejor la sociedad.

IMPORTANTE

- Tanto las acciones como las participaciones son títulos representativos del porcentaje de propiedad de una empresa que se diferencian en el grado de transmisibilidad.
- La SLNE es una variedad de la SL que se constituye de forma telemática y con menos burocracia.
- A diferencia de las demás sociedades, en las cooperativas prima el interés social frente a la obtención de beneficios.

ACTIVIDAD RESUELTA 1

Determina qué tipo de empresa, en función de la forma jurídica, es la más conveniente para cada uno de los casos que se citan en la columna de la izquierda:

Tipos de empresa		**Solución:** posible forma jurídica
Empresa de venta *online* con pocos recursos, pocos beneficios al principio y donde interesa dejar la vivienda al margen del negocio.	→	*Emprendedor de responsabilidad limitada.*
Empresa familiar donde se prevén beneficios altos desde el principio.	→	*Sociedad limitada o SLNE, con capital dividido en participaciones de transmisión restringida.*
Empresa de maquinaria con grandes necesidades de capital, donde no es relevante quiénes sean los socios y se prevén beneficios altos.	→	*Sociedad anónima con capital dividido en acciones.*
Empresa donde lo relevante es que todos tengan el mismo poder de decisión y donde la obtención de beneficios no es importante.	→	*Cooperativa.*

ACTIVIDADES

1. ¿Qué se pretende al otorgarle personalidad jurídica a una empresa?
2. ¿En qué se diferencia el empresario individual del emprendedor de responsabilidad limitada?
3. ¿Son lo mismo las acciones de las sociedades anónimas que las participaciones de las sociedades limitadas? Razona la respuesta.

2 Elementos de la empresa

VOCABULARIO

Activo. Bien o derecho de cobro con valor económico.

Productos sustitutivos. Aquellos que tienen características similares a otro, con lo que pueden reemplazar su consumo total o parcialmente. Por ejemplo, viajar en tren en vez de en autobús.

Toda empresa debe contar con una serie de elementos básicos para funcionar correctamente. Podemos identificar cuatro grandes grupos: el *equipo humano*, los *bienes de capital*, la *organización* y el *entorno*.

A. El equipo humano

Son todas las personas directamente vinculadas con la empresa: propietarios, trabajadores, directivos, administrativos, etc.

B. Los bienes de capital

Recordamos que los bienes de capital son aquellos que tiene una empresa para desarrollar su actividad. Se dividen en:

- El **Activo no corriente,** formado por los bienes o equipos destinados a contribuir en la actividad productiva de forma permanente (máquinas, mobiliario de oficina, etc.).
- El **Activo corriente,** formado por los bienes que se renuevan cada poco tiempo (materias primas, material de oficina) y los que están en constante circulación, como el dinero.

C. La organización de las empresas

La división en áreas funcionales especializadas es la forma habitual de organización en la empresa moderna. En general son las siguientes (Tabla 4.2):

Aprovisionamiento	Controla la compra de materiales, así como su almacenaje.
Producción	Elabora el producto que constituye el objeto de la actividad empresarial mediante la transformación de materias primas y otros bienes.
Recursos humanos	Organiza y gestiona el equipo humano.
Marketing	Se encarga de todo lo relacionado con la comercialización y distribución del producto.
Financiación e inversión	Capta los fondos necesarios para la adquisición y mantenimiento de las inversiones e infraestructuras necesarias.
Dirección	Organiza y coordina las restantes áreas para alcanzar los objetivos fijados.

Tabla 4.2. Áreas funcionales más habituales en una empresa.

La estructura de la empresa se representa mediante un *organigrama*, un gráfico que incluye los puestos de trabajo agrupados en departamentos, los cargos directos y las relaciones jerárquicas.

Un **organigrama** es la representación gráfica de la estructura de una empresa.

En un organigrama las relaciones de autoridad y subordinación se muestran de arriba a abajo, de tal forma que quien está más arriba tiene más autoridad y quienes están a la misma altura tienen la misma autoridad (Fig. 4.2).

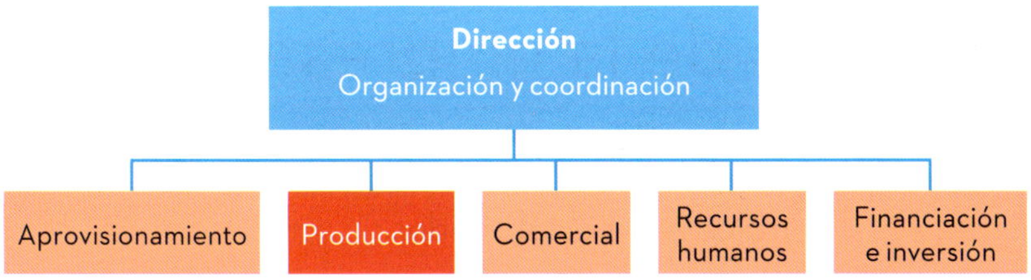

Figura 4.2. Organigrama por áreas funcionales. Este reparto de funciones es típico de una empresa industrial. En las empresas comerciales o de servicios, el área de producción no existe como tal, ya que no transforman productos, sino que los distribuyen, en el primer caso, o prestan un servicio, en el segundo.

ACTIVIDAD RESUELTA 2

Frutas Almanzor es un negocio donde trabaja toda la familia Almanzor. Aunque todos trabajan en la tienda tienen funciones especializadas: Juan es el hijo mayor y se ocupa del almacén y del suministro de fruta. Marta, la hermana pequeña, prepara el escaparate, realiza buzoneo en los barrios colindantes y negocia con la radio las cuñas publicitarias. Amaro, el padre, es quien trata todo lo relacionado con los empleados, que son cinco en total. Carmen, la madre, es quien dirige y toma las decisiones del negocio.

a) Identifica las funciones de los miembros de la familia Almanzor en el negocio familiar.

b) Represente en un organigrama las funciones descritas.

Solución:

a)
- No están identificadas las funciones de producción ni la de financiamiento e inversión.
- Aprovisionamiento: Juan.
- Comercial: Marta.
- Recursos humanos: Amaro.
- Dirección: Carmen.

b) Organigrama por funciones de Frutas Almanzor:

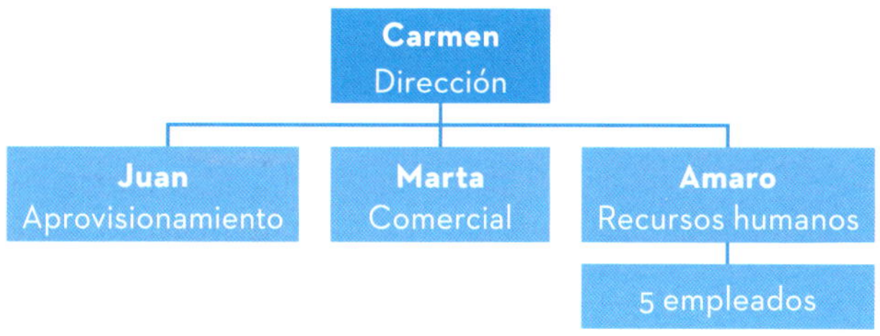

D. El entorno

La empresa no es un ente aislado sino que se desenvuelve en un mundo cada vez más globalizado, en el que las fronteras entre naciones se difuminan. Forma parte de su entorno cualquier factor externo capaz de condicionar la actuación de la empresa. Según su grado de influencia, podemos distinguir entre:

- **Entorno general.** Es el grupo de factores que afectan por igual a cualquier tipo de empresa y, en general, pueden ser: culturales, económicos, político-legales o tecnológicos.

  Un cambio de Gobierno, la subida del precio de la energía o una huelga general son ejemplos de hechos que afectan al entorno general de una empresa.

- **Entorno específico.** Comprende aquellos factores que influyen en el funcionamiento de una empresa en concreto. Los más importantes tienen que ver con la rivalidad en el sector donde compite la empresa: el número de competidores, los clientes, los proveedores y la amenaza de **productos sustitutivos.**

  Por ejemplo, para un supermercado, una huelga de transportistas, una subida del precio de las hortalizas o una campaña publicitaria agresiva de otro supermercado de la misma localidad afectan al entorno específico de esta empresa.

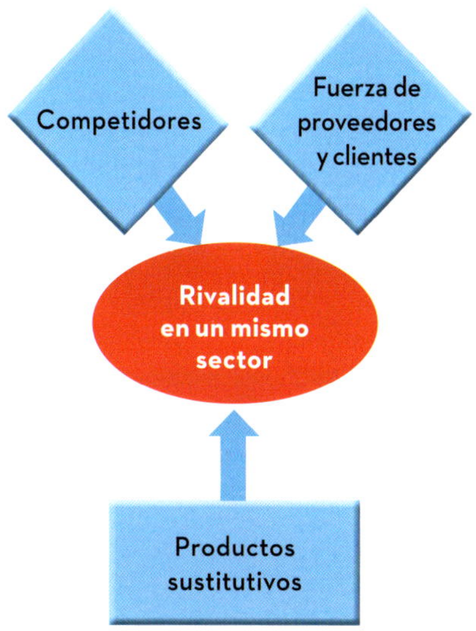

Figura 4.3. Esquema de las tres fuerzas competitivas que condicionan la rivalidad en un mismo sector y, por tanto, los beneficios de las empresas presentes en este.

ACTIVIDAD RESUELTA 3

El instituto privado Minerva es una cooperativa que suministra un servicio: la enseñanza. Identifica los elementos que la configuran conforme a los cuatro criterios establecidos: equipo humano, bienes de capital, organización y entorno.

Solución:

Equipo humano	Profesores, personal administrativo, alumnos, personal de la cafetería.	
Bienes de capital	Activo no corriente	Edificio, pupitres, encerados, ordenadores, patio, fotocopiadoras.
	Activo corriente	Folios, tizas, bolígrafos, DVD para grabar.
Organización	Equipo directivo, claustro de profesores, consejo escolar, departamentos.	
Entorno	General	Nuevas leyes educativas, huelga general, subvenciones.
	Específico	Otros centros de enseñanza, *catering* del comedor, papelerías que venden material, personas en edad escolar del barrio.

Periscopio 1

Elementos de la empresa

Elige una empres de tu vecindario y enumera cada uno de los elementos que la componen:

- Equipo humano.
- Bienes de capital.
- Organización por funciones.
- Entorno: general y específico.

Puedes ayudarte de Internet para contestar. Por ejemplo, para una empresa de fontanería podríamos buscar:

Busca «Empresa X», *entorno, organigrama, funciones*, «equipo humano»

ACTIVIDADES

4. ¿Cuál es la forma más habitual de organizar la empresa moderna?
5. ¿En qué se diferencia el entorno general del específico? Pon ejemplos que dejen clara la diferencia entre ambos tipos de entorno.
6. Cita productos sustitutivos de los siguientes bienes o servicios: gasolina, margarina, naranjas, café, ir al cine.

3 La responsabilidad social corporativa

En la actualidad, es habitual por parte de las empresas diseñar estrategias de responsabilidad social en respuesta a las influencias y demandas que reciben por parte de la sociedad. Al adoptar voluntariamente la responsabilidad social corporativa (RSC), las empresas invierten en su futuro, y esperan que el compromiso que adoptan voluntariamente contribuya a incrementar su rentabilidad.

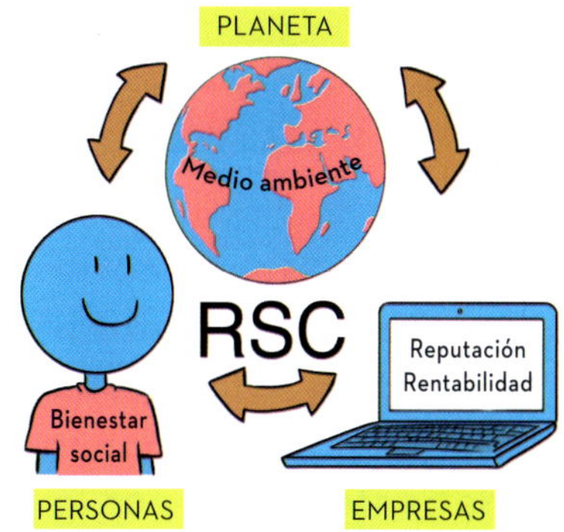

Figura 4.4. La RSC se preocupa por la interacción de la empresa con su entorno social y medioambiental.

La **responsabilidad social corporativa (RSC)** es la integración voluntaria por parte de las empresas de las preocupaciones sociales y medioambientales que nacen de su entorno.

La RSC va más allá de la ética y la responsabilidad empresarial, porque incluye:

a) Las preocupaciones de la sociedad, además de las de la propia empresa.

b) A toda la sociedad, en tanto que, además de a los propios trabajadores y propietarios, implica a proveedores, clientes, los medios de comunicación, el medio ambiente o la opinión pública.

Figura 4.5. Áreas de actuación de la RSC.

ACTIVIDAD RESUELTA 4

Clasifica las medidas de la columna de la izquierda en el correspondiente área de actuación de la RSC:

Medidas		**Solución:** Ámbitos de la RSC
Creación de un departamento de atención al cliente.	→	*Clientes.*
Emisión de comunicados a la prensa de forma periódica.	→	*Medios de comunicación.*
Guarderías en el lugar de trabajo.	→	*Empleados.*
Trabajar únicamente con proveedores certificados con la etiqueta ecológica.	→	*Medio ambiente y proveedores.*

ACTIVIDADES

7. ¿Qué es lo que lleva a las empresas a adoptar voluntariamente la RSC?

8. En la actualidad, ¿qué tipo de preocupaciones integran la RSC?

4 Financiación empresarial

> ! **IMPORTANTE**
>
> Aunque no tenga coste de utilización, a la **autofinanciación** se le supone que debe proporcionar una rentabilidad por lo menos equivalente a la que se podría obtener con esos recursos en el exterior de la empresa.

Toda empresa necesita recursos con los que financiar las inversiones que requieren sus actividades. Atendiendo a su procedencia, los recursos que utiliza la empresa se clasifican en *internos* y *externos*. A su vez, podemos clasificar los recursos internos y externos en función de:

- El **plazo de devolución de los recursos,** que puede ser en el propio año (a corto plazo) o más adelante (a largo plazo).
- El **coste de utilización de los recursos,** si es el caso, medido en forma de intereses por el alquiler de recursos externos.

4.1. Recursos internos

Los **recursos internos,** también llamados **autofinanciación,** son los más estables de los que dispone la empresa, ya que no deben devolverse ni tienen asociado un coste de utilización. Principalmente están formados por las *reservas* o beneficios no distribuidos, es decir, los ahorros de la empresa.

Recurso	Descripción	Plazo devolución
Reservas	Las reservas son los ahorros de la empresa, beneficios no distribuidos que se quedan en la empresa para financiar nuevas inversiones y, por tanto, favorecer el crecimiento de la empresa.	A largo plazo (>12 meses)

4.2. Recursos externos sin coste

Figura 4.6. Bolsa de Madrid. En estos mercados solo pueden conseguir financiación las grandes empresas. Quienes adquieren acciones se convierten en socios o accionistas de la empresa cuyos títulos compran.

Generalmente, las empresas necesitan más recursos de los que proporciona la financiación propia. En primer lugar, tratan de utilizar recursos que no tengan coste de utilización. Son los siguientes (Tabla 4.3):

Recurso	Descripción	Plazo de devolución
Crédito comercial	Llamado normalmente *crédito,* es la financiación automática que consigue la empresa cuando deja a deber las compras que realiza a sus proveedores: hasta que paga la factura, la empresa puede disponer de los materiales o suministros adquiridos y del dinero correspondiente.	Corto plazo (≤12 meses)
Fondos espontáneos	Son recursos de los que la empresa dispone porque todavía no los ha utilizado para el fin previsto como, por ejemplo, las cantidades que la empresa debe a la Agencia Tributaria y a la Seguridad Social, o los salarios pendientes de abono a los trabajadores.	
Ampliación de capital	Los propietarios pueden dar entrada a nuevos propietarios o socios, los cuales aportan recursos a cambio de derechos tales como la posibilidad de ejercer la gestión empresarial y participar en el reparto de dividendos (beneficios). Las grandes empresas recurren a la **Bolsa** para conseguir los recursos que necesitan.	Sin plazo de devolución

Tabla 4.3. Recursos externos sin coste.

4.3. Recursos externos con coste

Si no es posible utilizar recursos sin coste, las empresas, al igual que los particulares recurren al sistema bancario para conseguir dinero prestado. Ese dinero prestado puede ser un *préstamo* propiamente dicho o una *póliza de crédito*.

	Préstamo	Cuenta de crédito
Definición	Son cantidades de dinero con las que las empresas financian sus actividades. La devolución debe hacerse de acuerdo con los intereses, plazos y condiciones pactados.	
Objetivo	Proyectos de inversión a largo plazo.	Actividades a corto plazo.
Plazo de devolución	$>$ 12 meses.	$\leq$ 12 meses.
Retirada de dinero	De una sola vez.	De forma escalonada.
Pago de intereses	A lo largo de la vida del préstamo, sobre el total pendiente.	Al finalizar el plazo pactado, sobre el dinero utilizado y también sobre el no utilizado.
Admite ingresos	No.	Sí.

Tabla 4.4. Definición y características de los préstamos y cuentas de crédito.

IMPORTANTE

Sobre las características de los préstamos volveremos a hablar en la Unidad 6.

VOCABULARIO

Bolsa. Mercado especializado en la compraventa de valores.

ACTIVIDAD RESUELTA 5

Carlo Inglés tiene unos almacenes en Madrid que gestiona de acuerdo con las siguientes características:

- Cobra en efectivo a los clientes y paga a los proveedores en 90 días.
- El tiempo medio de venta de las mercancías es de 40 días.
- El precio de venta al público es cuatro veces el coste de la mercancía.

Se pide:

a) A juzgar por los datos, ¿necesita Carlo de algún tipo de financiación externa para llevar su empresa? ¿Por qué?

b) Razona si lo descrito en esta actividad es aplicable a todas las empresas.

Solución:

a) No. Carlo vende las mercancías a sus clientes en un plazo medio de 40 días, de tal forma que durante los restantes hasta llegar al plazo de 90 días, paga los otros gastos (salarios, luz, agua, alquileres, etc.) con un dinero que no es suyo, el cual incluso puede poner en el banco a generar intereses. Cumplidos los 90 días, paga el importe aplazado, no ha pedido dinero para otros gastos y ha obtenido beneficios sin poner un solo euro.

b) No, no lo es. No todos los proveedores conceden crédito, y quienes lo conceden suelen hacerlo únicamente a las empresas grandes.

ACTIVIDADES

9. **A pesar de su idoneidad, ¿por qué muchas empresas no utilizan el crédito comercial como fuente de financiación?**

10. **¿Qué inconveniente crees que presenta la entrada en la empresa de nuevos socios o propietarios?**

5 Obligaciones de las empresas

El papel de las empresas en el engranaje del sostenimiento del sector público se concreta a través del cumplimiento de dos clases de obligaciones: por un lado, las que les atañen directamente y, por otro, las que realizan como intermediarias en las obligaciones de otros. Las principales obligaciones se recogen en la Figura 4.7:

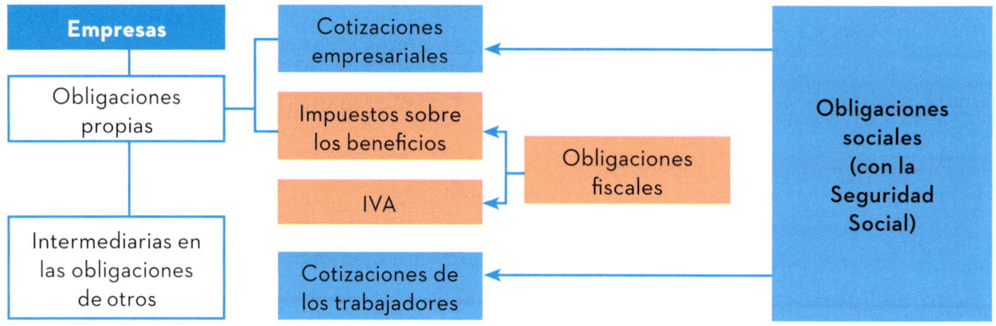

Figura 4.7. Obligaciones de las empresas.

5.1. Obligaciones sociales

Para tener derecho a la mayoría de las prestaciones del sector público (sanidad, medicinas, paro, invalidez, etc.), empresa y trabajadores se reparten el pago de aportaciones periódicas llamadas *cotizaciones sociales*.

Las **cotizaciones sociales** a la Seguridad Social son aportaciones periódicas que pagan empresa y trabajador para que este tenga derecho a determinadas prestaciones por parte del sector público.

5.2. Obligaciones fiscales

Pagar impuestos no debe entenderse como una obligación, sino como una cuestión de justicia. Con los impuestos se construyen hospitales, carreteras y se mejora la educación pública, por solo citar unos cuantos ejemplos. Las empresas, al igual que las personas, viven en sociedad y consumen o utilizan bienes suministrados por el Estado, como por ejemplo carreteras, justicia o subvenciones. Por ello deben contribuir con sus impuestos al bienestar general.

Cuando pensamos en obligaciones fiscales pensamos en impuestos, y es normal que así sea, porque son los principales instrumentos de recaudación, pero los *impuestos* son una clase de **tributos,** al igual que las *tasas:*

- Los **impuestos** son pagos exigidos por el sector público sin que exista una contraprestación directa para quien los paga.
- En cambio, las **tasas** se pagan como contrapartida a la prestación de un servicio público, como la entrada a un museo, la expedición de un título o la utilización del autobús urbano.

VOCABULARIO

Seguridad Social. Acción protectora pública que tiene por objeto garantizar la asistencia y prestaciones para todos los ciudadanos ante situaciones de necesidad. El gasto es financiado con las aportaciones periódicas (cotizaciones) de los trabajadores y autónomos.

IMPORTANTE

Sobre los ingresos públicos y los tributos volveremos a hablar en la Unidad 10.

VOCABULARIO

Fiscal. Todo lo relacionado con la obtención de recursos para el mantenimiento de lo público.

Tributos. Ingresos públicos cuyo pago es obligatorio para los ciudadanos.

Los impuestos se pueden clasificar del modo siguiente (Tabla 4.5):

Clases de impuestos		
En función de lo que gravan	Directos	Gravan personas y empresas
	Indirectos	Gravan determinados actos
En función del porcentaje aplicado	Progresivos	Aplican un porcentaje variable
	Proporcionales	Aplican un porcentaje fijo

Tabla 4.5. Clases de impuestos.

IMPORTANTE

El tipo impositivo del IS ronda el 25 %, mientras que el del IRPF oscila entre el 19,5 % y el 46 %. En consecuencia, cuando los empresarios y autónomos obtienen muchos beneficios constituyen una sociedad.

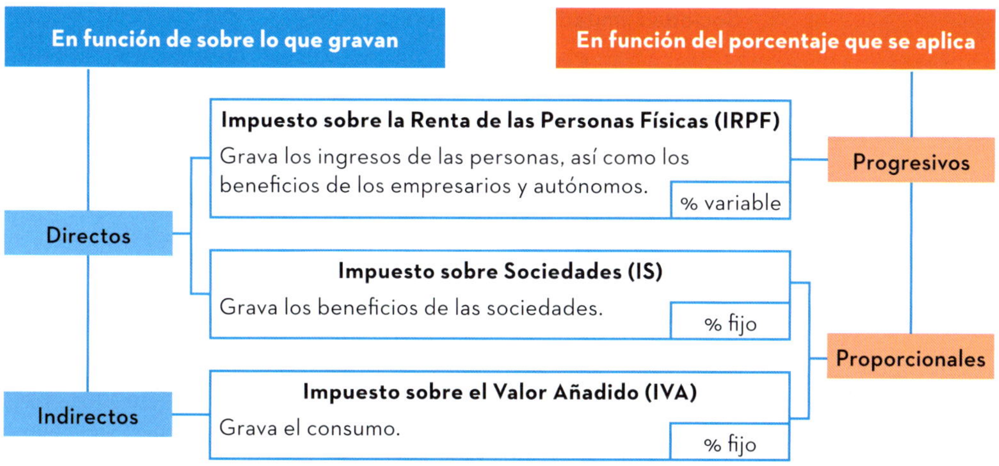

Figura 4.8. Principales impuestos en España.

ACTIVIDAD RESUELTA 6

Clasifica las obligaciones empresariales citadas en la columna izquierda de acuerdo con los criterios citados en el resto de la tabla.

	Solución: obligaciones		**Solución:** tipo de impuesto			
	Nombre propio	Terceros	Directo	Indirecto	Progresivo	Proporcional
Impuesto de Sociedades	🟢	🟠	🟢	🟠	🟠	🟢
IVA	🟠	🟢	🟠	🟢	🟠	🟢
IRPF	🟢	🟠	🟢	🟠	🟢	🟠
Cotización trabajadores	🟠	🟢				
Cotización empresarios	🟢	🟠				

ACTIVIDADES

11. ¿Qué obligaciones tienen las empresas como intermediarios de otros?
12. ¿Cuál es la diferencia entre impuestos directos e indirectos?
13. ¿Por qué crees que en las sociedades democráticas es progresivo el porcentaje del Impuesto sobre la Renta de las Personas Físicas (IRPF)?

MAPA CONCEPTUAL

Tipos de empresas según la forma jurídica	
Empresas individuales	Empresario individual (autónomo)
	Emprendedor de responsabilidad limitada
Sociedades	Sociedad anónima (SA)
	Sociedad limitada (SL o SRL)
	Sociedad limitada nueva empresa (SLNE)
	Cooperativas

Organización empresarial

Dirección

Organización y coordinación

- **Aprovisionamiento**
- Producción
- **Comercial**
- **Recursos humanos**
- **Financiación e inversión**

Responsabilidad social corporativa

Financiación empresarial

Recursos internos	Sin coste	Reservas
Recursos externos	Sin coste	Ampliación de capital
		Crédito comercial
		Fondos espontáneos
	Con coste	Préstamo
		Cuenta de crédito

En función de sobre lo que gravan

- **Directos**
  - **Impuesto sobre la Renta de las Personas Físicas (IRPF)**: Grava los ingresos de las personas, así como los beneficios de los empresarios y autónomos. % variable
  - **Impuesto sobre Sociedades (IS)**: Grava los beneficios de las sociedades. % fijo
- **Indirectos**
  - **Impuesto sobre el Valor Añadido (IVA)**: Grava el consumo. % fijo

En función del porcentaje que se aplica

- **Progresivos**: Impuesto sobre la Renta de las Personas Físicas (IRPF)
- **Proporcionales**: Impuesto sobre Sociedades (IS), Impuesto sobre el Valor Añadido (IVA)

TEST DE REPASO

1. Una empresa individual:

a) Tiene personalidad jurídica.

b) No tiene personalidad jurídica.

c) Tiene responsabilidad.

d) No tiene responsabilidad.

2. La transmisión de la propiedad es libre:

a) Para la sociedad limitada.

b) Para la cooperativa.

c) Para la sociedad anónima.

d) Para todas las anteriores.

3. El activo corriente:

a) Es barato.

b) Es caro y selecto.

c) Se renueva cada poco tiempo.

d) Se renueva cada mucho tiempo.

4. El departamento que se encarga de captar y administrar los fondos necesarios para la empresa es el de:

a) Producción.

b) Recursos humanos.

c) Dirección.

d) Finanzas.

5. En el organigrama de una empresa:

a) Se representan las partes del cuerpo.

b) Se representan las relaciones de autoridad.

c) Se representan los productos.

d) Se representan los competidores.

6. Un elemento del entorno general de tu instituto sería:

a) Una guerra entre venusinos y mercurianos.

b) Una subida general de los impuestos.

c) Una subida del precio de los libros.

d) Que tu compañero copie en un examen.

7. Un elemento del entorno específico de tu instituto sería:

a) Una guerra entre venusinos y mercurianos.

b) Una subida general de los impuestos.

c) Una subida del precio de los libros.

d) Que tu compañero copie en un examen.

8. Una empresa socialmente responsable se preocupa de los efectos que su actividad tiene sobre:

a) Sus empleados.

b) Sus clientes.

c) Su entorno.

d) Todas las anteriores son ciertas.

9. La autofinanciación de una empresa depende de:

a) Los beneficios.

b) Los préstamos.

c) Las donaciones.

d) El IVA.

10. Una forma de financiación externa en la que se puede utilizar el dinero de forma escalonada sería:

a) Un préstamo.

b) Una póliza de crédito.

c) Un impuesto.

d) Un crédito comercial.

11. El dinero que pagamos para que el ayuntamiento recoja la basura es:

a) Un impuesto.

b) Un beneficio.

c) El IVA.

d) Una tasa.

12. Un ejemplo de impuesto indirecto sería:

a) El IVA.

b) El Impuesto sobre Sociedades.

c) Una tasa.

d) El IRPF.

ACTIVIDADES FINALES

Teoría

1. ¿Por qué la forma jurídica es el criterio más relevante de clasificación de empresas?

2. Desde el punto de vista de la responsabilidad, ¿cuál es la ventaja de las sociedades sobre las empresas individuales?

3. ¿Por qué en la cooperativa puede ser difícil llegar a un acuerdo?

4. ¿Qué área de la organización no caracteriza a las empresas comerciales?

5. ¿Qué representa un organigrama? ¿Cómo se construye?

6. ¿Qué son las reservas de una empresa? ¿Por qué suelen ser la primera opción para las empresas cuando necesitan financiación?

7. Para la campaña de invierno una empresa estima que va a necesitar en torno a 20.000 € y va a disponer de ellos de forma escalonada a lo largo de varias semanas en función de la marcha de las ventas. ¿Qué tipo de financiación bancaria le recomendarías? ¿Por qué?

8. ¿Cómo contribuyen las empresas a la riqueza nacional?

9. ¿Por qué es un fraude pedirle a un profesional como un fontanero o un electricista que no emita factura para ahorrar algo de dinero?

10. Existen impuestos especiales sobre el tabaco o las bebidas alcohólicas. ¿Son impuestos directos o indirectos? ¿Por qué?

11. ¿Qué tipo de tributo pagaremos con motivo de la expedición de nuestro título de ESO?

12. ¿Qué empresas pagan sus impuestos mediante el Impuesto de Sociedades? ¿Y mediante el Impuesto sobre la Renta de las Personas Físicas?

Práctica

13. Clasifica 5 empresas de tu localidad conforme a los siguientes criterios: en función del tipo de actividad, propiedad de los recursos productivos y forma jurídica.

14. Determina qué tipo de empresa, en función de la forma jurídica, es la más conveniente para cada uno de los casos siguientes:

    a) Empresa de amigos que estiman que en poco tiempo obtendrán altos beneficios.

    b) Empresa unipersonal con pocos beneficios al principio y cuyo propietario tiene vivienda a su nombre.

    c) Empresa que se quiere organizar para que sus integrantes puedan comprar barato.

    d) Empresa de transportes por carretera donde lo importante es la aportación de dinero, y no la personalidad de los aportantes.

15. Identifica como mínimo tres elementos de activo corriente y tres elementos de activo no corriente en las siguientes empresas: un kiosco, un supermercado, una granja y un taller de carpintería.

16. Representa el organigrama de las siguientes empresas, las cuales tienen una dirección central y varios departamentos organizativos:

    a) Talleres Quepa, SL, que se organiza por funciones relacionadas con la mecánica y mantenimiento del automóvil: chapa, pintura, electricidad y recambios.

    b) Eumasa, SA, operadora turística que se organiza por su presencia en las comunidades autónomas de Cataluña, Madrid, Región de Murcia, Andalucía y Comunidad Valenciana.

    c) Galapagar, SL, superficie de distribución que se organiza por secciones: bazar, alimentación y bebidas.

d) Izaguirre, mayorista de distribución que se organiza en función de los siguientes productos: jamón, mermelada, queso y marisco.

e) La Mariscada, mayorista de distribución que tiene la misma cartera de productos que Izaguirre, pero que además se organiza por su presencia en las siguientes comunidades autónomas: Extremadura, Castilla y León, Galicia y Principado de Asturias.

17. Clasifica las medidas dentro de la correspondiente área de actuación de la RSC:

a) Periodo de baja maternal para las trabajadoras superior al que marca el convenio colectivo del sector.

b) Trabajar únicamente con proveedores locales.

c) Destinar una parte de los beneficios a una ONG elegida por los clientes.

d) Invertir en paneles solares para generar energía eléctrica.

e) La emisión de boletines informativos de RSC a prensa y particulares.

f) Trabajar únicamente con madera certificada procedente de fuentes controladas.

g) Repartir parte del beneficio entre los trabajadores.

18. En relación con la RSC comenta los siguientes titulares:

a) «Los esfuerzos de Google por el reciclaje y el ahorro de energía disminuyen en un 50 % el gasto energético de sus centros de datos.»

b) «Xerox gasta más de un millón de dólares para que sus empleados puedan destinar tiempo de trabajo a labores de voluntariado.»

c) «La central térmica de As Pontes de García Rodríguez sigue siendo la más contaminante de España.»

d) «Los bancos mantienen las cláusulas suelo de las hipotecas a pesar del rechazo de sus clientes.»

19. Relaciona cada una de las siguientes frases con alguna de las formas de financiación empresarial:

a) Es la forma ideal de financiarse para las empresas que tienen gran poder de negociación con los proveedores.

b) Puede ser necesario compartir la gestión empresarial.

c) Se pagan intereses también sobre la cantidad no dispuesta.

d) Son los ahorros de la empresa.

e) La retirada de dinero se produce de una sola vez.

20. Clasifica los siguientes impuestos en directos/indirectos y progresivos/proporcionales:

a) Impuesto sobre la Renta de las Personas Físicas.

b) Impuesto sobre Sociedades.

c) Impuesto sobre el Valor Añadido.

21. Investiga en Internet:

a) Realiza el organigrama de una empresa de tu ciudad. Represéntalo en la pizarra y explica a tus compañeros la estructura de la empresa.

b) Averigua las principales medidas de RSC de dos grandes empresas de tu elección.

c) Obtén los nombres de grandes empresas que hayan salido recientemente a Bolsa para conseguir financiación.

Imprescindible Necesario Complementario

TALLER DE PRENSA

Busca en Internet un titular para cada uno de los conceptos a trabajar y completa la tabla en tu cuaderno; señala en unas pocas líneas su interés en relación con lo estudiado en la unidad.

Concepto a trabajar	Titulares	Relación con lo estudiado en la unidad
La importancia de la RSC	«Ser policía y conciliar la vida familiar, misión imposible» *El Boletín* (16/2/2016)	Lo que hacen las empresas tiene consecuencias que van más allá de su cuenta de resultados: afecta a la sociedad en la que se insertan, a las familias y al medio ambiente. Por eso debemos pedirles que sean socialmente responsables. Porque necesitamos un mundo mejor.
Evasión de impuestos	–	–
La Seguridad Social	–	–
La importancia de los impuestos en la sociedad	–	–
La Bolsa y la financiación de las grandes empresas	–	–

VOCABULARIO

Forma o personalidad jurídica
Empresa individual
Sociedad anónima
Sociedad limitada
Sociedad limitada nueva empresa
Cooperativa
Activo
Activo no corriente
Activo corriente

Organigrama
Entorno general
Entorno específico
Productos sustitutivos
Responsabilidad social corporativa (RSC)
Reservas
Crédito comercial

Fondos espontáneos
Ampliación de capital
Bolsa
Préstamo
Póliza de crédito
Cotizaciones sociales
Seguridad Social
Fiscal
Tributo
Impuesto
Tasa

JUEGO ECONÓMICO

La batalla de las flotas de empresas

En este juego realizarás una peculiar batalla de «barcos» representados por diferentes formas jurídicas de empresa. Mencionando las carateristicas legales de estas empresas a modo de cañonazos, los jugadores deberán tratar de hundir la flota contraria.

Objetivo

Memorizar de forma divertida los *rasgos legales fundamentales* de los diferentes tipos de empresas.

Tiempo

Una partida puede durar entre 10 y 15 minutos.

Número de jugadores

Dos.

Material

Los jugadores han de dibujar para sí un tablero de juego de 5x5 en el que dibujar sus barcos-empresa; *sociedad anónima* (ESA), *sociedad limitada* (SL) y *autónomo* o *empresa individual* (I). También deben dibujar uno igual para anotar los impactos en los barcos de sus compañeros.

	A	B	C	D	E
1	E	S	A		
2				S	L
3			S		
4	I		L		I
5		I			

Figura 4.9. Ejemplo de tabla con los barcos-empresa dispuestos según las reglas del juego.

Reglas del juego

Preparación:

Cada jugador tiene que colocar en su tablero un barco de sociedad anónima (ESA), dos sociedades limitadas (SL), y tres empresas individuales (I) por sus siglas y de acuerdo a las siguientes reglas:

1. Las siglas pueden escribirse en horizontal o en vertical.
2. Dos barcos-empresa no pueden colocarse pegados ni horizontal ni verticalmente, pero sí en diagonal (ver Fig. 4.9).

Desarrollo de la partida:

Por turnos, y echando a suertes quién dispara primero, el jugador ha de indicar unas coordenadas seguidas de un grito de disparo de entre los que recoge la Tabla 4.6. Por ejemplo, «A-1, ¡limitada!»

Si en esa casilla se encuentra una empresa con esa característica (es decir una SL o una ESA), el oponente dirá «impacto» y tachará la casilla correspondiente. En cualquier otro caso (si se trata de otro tipo de empresa o si no hay nada) dirá «agua».

El primer jugador que hunda todos los barcos-empresa del enemigo ganará la partida.

Grito de disparo	ESA	SL	I
¡Limitada! Responsabilidad limitada	Impacto	Impacto	Agua
¡Libre! Transmisión libre de la propiedad	Impacto	Agua	Impacto
¡Barata! Se necesita poco capital	Agua	Impacto	Impacto

Tabla 4.6. Gritos de disparo.

Propuesta de cine

El hombre del traje blanco

Director: Alexander MacKendrick

Año: 1951

País: Reino Unido

Sinopsis:

Sydney Stratton, un joven investigador, consigue inventar un tejido revolucionario de duración eterna que no se puede romper ni manchar. Sin embargo, pronto los empresarios ven peligrar sus negocios y los trabajadores sus empleos. Entonces las cosas se pondrán muy difíciles para él.

Claves de reflexión:

El hombre del traje blanco cuenta la historia de un hombre que tiene un invento extraordinario y lo utiliza como marco desde el que explorar la naturaleza del valor y del beneficio.

Muestra un mundo de la empresa complejo en el que participan diferentes agentes sociales, a menudo con intereses contrapuestos, que no siempre saben conciliar sus objetivos del presente con la sostenibilidad del futuro de todos. Y lo hace apelando al trabajo, a la técnica, a la ciencia y al optimismo.

Contenidos de la asignatura:

- Comprender el papel de la tecnología en el crecimiento económico.
- Reconocer los costes de oportunidad asociados al cambio tecnológico.
- Enfocar un mismo problema económico desde perspectivas de economía normativa y positiva.

Cuestiones:

a) El invento de Sydney Stratton hubiera cambiado el mundo para mejor. Entonces, ¿por qué fracasó?

b) Si fueras el mejor amigo de Sydney Stratton, ¿qué le hubieras aconsejado para tener éxito?

Noticia

El niño de 17 años que predijo la quiebra de una multinacional

HÉCTOR MARÍN. (Adaptado de *El Mundo*, 13/12/2015)

En su trabajo escolar, un chico de 17 años entrevió lo que la auditora Deloitte, con decenas de profesionales y recursos, no advirtió en sus informes sobre Abengoa ejercicio tras ejercicio: que Abengoa era una multinacional con pies de barro, camino de una suspensión de pagos. Entonces Pepe no era ni mayor de edad.

Se trataba tan solo de un ejercicio de colegio y nadie le pagó nada, más allá del 10 de su profesor (Deloitte ingresó 20 millones de euros por auditar 3 años las cuentas de Abengoa). Hoy Pepe tiene 18 años y estudia Medicina.

Cuestiones:

a) **Cuando una gran empresa quiebra, muchos colectivos salen damnificados: trabajadores, inversores, clientes y las comunidades donde realizan su actividad. ¿Sabrías explicar cuál es el perjuicio para cada uno de ellos?**

b) **¿Cómo crees que pudo ser posible que un chico descubriera en un trabajo escolar lo que una empresa llena de especialistas fue incapaz de ver?**

c) **¿Por qué crees que Pepe, que ha demostrado ser un gran economista, ha decidido estudiar medicina? ¿Hubieras hecho tú lo mismo?**

Cuestionario

1. El coste de oportunidad de tener muchas carreteras puede ser:

a) Conducir más rápido.

b) Tener menos atascos.

c) Construir menos hospitales.

d) Gastar dinero.

2. Un ejemplo de modelo económico es:

a) La frontera de posibilidades de producción.

b) El PIB español.

c) Un empresario modelo.

d) Un chico muy guapo con poco dinero.

3. Una afirmación de economía positiva podría ser:

a) Hay que garantizar el derecho a la vivienda.

b) Todo el mundo tiene que ganar una renta universal.

c) Los precios han aumentado un 10 %.

d) Es mejor subir el IRPF que el IVA.

4. No se trata de un factor productivo:

a) Paca, que es carpintera.

b) El dinero que tengo en el banco.

c) Las oficinas de mi empresa.

d) Unos pollos asados comprados en el bar.

5. El valor de lo que se produce en un país se denomina:

a) Inflación.

b) PIB.

c) IPC.

d) Liga BBVA.

6. Matar una mosca con una bomba atómica es:

a) Ineficiente.

b) Ineficaz.

c) Inacabado.

d) Inteligente.

7. El beneficio de una empresa es igual a:

a) Lo que vende.

b) Sus ingresos.

c) Sus ingresos menos sus costes.

d) Sus costes, quitando los ingresos.

8. Si la oferta aumenta:

a) Los precios bajan.

b) Los beneficios suben.

c) La calidad disminuye.

d) El desempleo aumenta.

9. Las empresas más grandes suelen ser:

a) Sociedades limitadas.

b) Cooperativas.

c) Empresarios autónomos.

d) Sociedades anónimas.

10. Un recurso interno de la empresa serían:

a) Las reservas.

b) Los créditos comerciales.

c) Los préstamos.

d) Los fondos espontáneos.

5 PLANIFICACIÓN FINANCIERA

A lo largo de nuestra vida tendremos que tomar algunas decisiones que supongan emplear una gran cantidad de dinero, como estudiar un máster o comprar un coche. Para ello tendremos que *ahorrar* y una herramienta de gran utilidad para conseguirlo es el *presupuesto,* que nos permitirá planificar nuestros ingresos y gastos, ayudándonos a controlar nuestra capacidad de ahorro.

Saber calcular y controlar nuestros ingresos y gastos es útil de cara a nuestras decisiones económicas más importantes, pero también en nuestro día a día, ya que nos ayuda a saber si llegaremos a fin de mes con nuestro sueldo o si vamos necesitar un *plan de pensiones* privado para mantener nuestro nivel de vida tras la jubilación.

EL TEST DE LA GOLOSINA

Al entrar en la habitación Paul y el Doctor Walsh se sentaron frente a frente. «¿Quieres esta golosina, Paul?» Paul tenía apenas 5 años y Walsh casi 50. Se miraron y entonces el doctor le dijo: «Tengo una golosina, Paul. Te la voy dejar aquí, encima de la mesa. Ahora me tengo que marchar 15 minutos, pero si cuando vuelva, no te la has comido, te daré otra más.»

Paul se quedó solo, delante de su golosina. Quería comérsela, pero quería aún más tener dos. Imaginó que no era de verdad, que era un caramelo de Harry Potter con algún sabor horrible. Se alejó y probó a pensar en otras cosas, quería aguantar. Los minutos pasaron y se hicieron largos. Paul esperó. Aguantó. Finalmente el señor Walsh volvió a entrar en la habitación. Vio que la golosina seguía sobre la mesa. «¿Has resistido la tentación? Bien, ahora tendrás dos golosinas. Buenos días, Paul.»

25 años después, Paul era ya un hombre. Tenía una vida feliz, un buen trabajo, conservaba una buena figura, disfrutaba de sus *hobbies* y cuidaba su salud. Su amiga Henrieta, sin embargo, no se sentía a gusto con su vida: no le gustaba su trabajo y no había sido feliz.

Hacía 25 años, Henrieta no pudo resistirse durante 15 minutos y comió aquella misma golosina del Doctor Walsh.

Por entonces, David Walsh se había convertido en un psicólogo famoso, autor del libro *El test de la golosina* y, según algunos, era capaz de conocer el destino de las personas desde su más tierna infancia, gracias a una golosina.

Preguntas:

1. **¿Por qué crees que los niños que renunciaron a la golosina años después fueron personas más felices?**
2. **¿Crees que ser capaces de ahorrar puede ayudarnos a tener una vida mejor?**
3. **Mirad en clase en Google el test de la golosina llamado «La prueba del *marshmallow*». ¿Crees que la fuerza de voluntad y la capacidad de planificar nuestro futuro pueden educarse o son tan solo cuestión de genes?**

Sumario

1 El ahorro

Vivir sin preocuparse del dinero es uno de los máximos sueños de cualquier persona. Sin embargo, el dinero no es ilimitado. No solo cuesta mucho ganarlo sino que además siempre disponemos de menos del que quisiéramos.

Para no tener preocupaciones de dinero las personas tratamos de minimizar gastos y de maximizar ingresos. Pero esto último no es tan sencillo porque el volumen de ingresos no suele depender de uno mismo. En cambio, lo que sí depende de nosotros es planificar y ahorrar para tener el dinero en el futuro.

IMPORTANTE

Ahorrar es como pagarse a uno mismo.

El **ahorro** es la parte de nuestros ingresos que no consumimos. Es el consumo futuro que realizaremos gracias al ingreso presente.

Lo contrario del ahorro es la deuda. La **deuda** es consumo presente gracias al ingreso futuro (Fig. 5.1).

Figura 5.1. Relación inversa entre ahorro y deuda.

1.1. Motivos para ahorrar

El dinero ahorrado es sinónimo de tranquilidad en la medida que permite disponer de dinero para:

- **Atender emergencias o imprevistos.** Tales como enfermedades, accidentes, averías o reparaciones en el hogar.
- **Hacer planes futuros.** Se trata de objetivos concretos, tales como comprarse un coche, viajar o costear los estudios de los hijos.
- **No tener deudas.** Y es que sin ahorro es posible que tengamos que pedir prestado para salir de una situación imprevista.
- **Evitar malvender inversiones.** Ya que puede ser necesario vender propiedades u otros bienes por debajo del valor deseado.
- **Anticiparse a situaciones laborales indeseadas.** La pérdida del trabajo podríamos haberla incluido en la categoría de imprevistos, pero merece una especial atención porque el trabajo es con mucha frecuencia la fuente de ingresos más importante para las personas, cuando no la única. Todo ello sin contar con el contexto laboral: sobre todo en tiempos de crisis, cualquier trabajador debería anticiparse a la posible pérdida de su puesto de trabajo.

1.2. ¿Cuánto hay que ahorrar?

Todos podemos ahorrar, pero no todos necesitamos ahorrar lo mismo. Las circunstancias personales y económicas condicionan la cuantía a ahorrar. En ese sentido, las consideraciones más relevantes suelen girar en torno a:

- **La estabilidad de los ingresos.** La estabilidad laboral suele ser un factor de primer orden y en ese sentido lo ideal es ser funcionario, pero no todos podemos acceder a la función pública que, además, está lejos de ser el empleo mejor remunerado.
- **La riqueza patrimonial.** En general, quienes tienen más propiedades sufren menos preocupaciones, pero tener muchos bienes no significa tener la vida resuelta. Si los bienes no generan renta suficiente para su propietario en forma alquileres o dividendos, ciertas situaciones pueden llevar a venderlos por debajo del valor de mercado o, en todo caso, del valor deseado.
- **La salud.** Quien no goza de buena salud puede necesitar más dinero para pagar la asistencia sanitaria y los gastos farmacéuticos que no cubra el sistema público de salud.

No obstante, en general se estima como razonable destinar un 10 % de los ingresos al ahorro mensual, aunque cualquier cantidad vale: 10 € al mes de ahorro son 120 € al año, 360 € en tres años, etc.

VOCABULARIO

Patrimonio. Conjunto de bienes, derechos y obligaciones titularidad de una persona o empresa.

ACTIVIDAD RESUELTA 1

Dados los objetivos marcados en las columnas de la izquierda, determina la cantidad a ahorrar mensualmente así como el plazo necesario.

Solución:

Objetivo (€)		Plazo (en meses)	Ahorro necesario (al mes)
Entrada para un coche	2.400 €	12	*200 €*
Entrada para una vivienda	12.000 €	30	*400 €*
Emergencias	2.700 €	18	*150 €*

¿SABÍAS QUE...?

Hay una **relación directa** entre la riqueza de un país y su capacidad de ahorro.

Los países más ricos ahorran más y durante más tiempo que los pobres, y ello les posibilita ser más ricos todavía. En cambio, los países pobres consumen prácticamente todo lo que ganan porque hay demasiadas necesidades básicas urgentes que atender.

ACTIVIDADES

1. Conforme a tu criterio, clasifica de mayor a menor importancia la lista de motivos para ahorrar del Apartado 1.1. Justifica tu respuesta.
2. De acuerdo con tus perspectivas laborales, así como tus circunstancias personales y de salud, ¿cuánto crees que necesitarás ahorrar?

2 ¿Cómo se elabora un presupuesto?

Seguramente, con motivo de algún objetivo concreto, ya habrás ahorrado alguna vez a lo largo de tu vida. Lo que es difícil es ahorrar de forma permanente a lo largo del tiempo. Y de igual forma que hemos ahorrado, otras veces nos hemos descuidado, o nos han surgido imprevistos, y hemos tenido problemas para llegar a fin mes, tener que pedir adelantos sobre la paga, etc. Podríamos habernos organizado mejor con un *presupuesto*, un plan de gastos e ingresos que utilizan tanto las empresas como los Gobiernos o cualquier persona interesada en gestionarse mejor.

El **presupuesto** es un plan financiero personalizado que nos ayuda a controlar los gastos y sacar el máximo partido a los ingresos.

Los pasos para elaborar un presupuesto son los siguientes (Fig. 5.2):

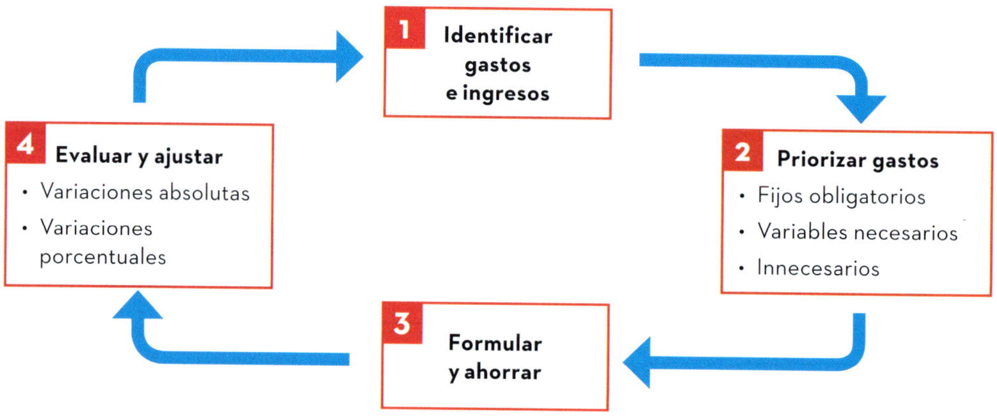

Figura 5.2. Pasos en la elaboración de un presupuesto.

2.1. Identificar gastos e ingresos

Los más habituales son los que puedes ver en la Tabla 5.1.

Ingresos	Gastos
Entradas de dinero	Salidas de dinero
Nómina	Vivienda
Pensión de la Seguridad Social (jubilados)	Compra
Pensiones alimenticias	Lujos
Intereses de cuentas bancarias	Vacaciones
Subvenciones	Pagos a plazos
Trabajos extras	Regalos
Cualquiera, por pequeño que sea	

Tabla 5.1. Estructura de ingresos y gastos en un presupuesto personal.

¿SABÍAS QUE...?

Al igual que las personas o las empresas, también los estados, comunidades autónomas y ayuntamientos (en nombre de los ciudadanos que representan) tienen sus prioridades a la hora de repartir su presupuesto entre los distintos usos posibles.

En la Unidad 10 estudiaremos los Presupuestos Generales del Estado.

2.2. Priorizar gastos

A pesar de que desearíamos que fuera el más alto posible, el volumen de ingresos no suele depender de nosotros. En cambio, sí podemos modificar el volumen de gastos. Algunos gastos son fijos, otros son susceptibles de variación y los restantes son innecesarios. Lo relevante, a efectos de establecer prioridades, es valorar en qué medida es prescindible cada uno de ellos. En atención a su naturaleza, podemos distinguir entre *gastos fijos obligatorios*, *gastos variables necesarios* y *gastos innecesarios*.

Lo primero es saber a qué tipo de gasto nos enfrentamos (Tabla 5.2):

Tipo de gasto	Concepto	Ejemplos	Prescindibles
Gastos fijos obligatorios	No se pueden dejar de pagar ni variar su importe.	Hipoteca, alquiler de la casa, préstamos bancarios.	🔴
Gastos variables necesarios	Los que se pueden reducir pero no eliminar.	Comida, recibos, ropa.	🟡
Gastos innecesarios	Los que se pueden eliminar.	Regalos, cine, comidas fuera de casa, viajes.	🟢

Tabla 5.2. Tipos de gastos según su grado de prescindibilidad.

Cuando hay que ahorrar, lo normal es eliminar los gastos innecesarios pues, tal como su propio nombre indica, podemos prescindir de ellos. Eliminando lo superfluo dispondremos de más dinero para atender los gastos que no pueden esperar: los gastos fijos obligatorios. Estos últimos son prioritarios porque, de entre todos los gastos, su impago es el que acarrea las mayores consecuencias negativas. Entre otras destacan:

- **El incremento de la deuda.** El impago supone la aplicación de gastos adicionales de **intereses de demora,** de tal forma que la deuda cada vez es mayor.
- **Juicios o demandas** para reclamarnos las deudas pendientes.
- **Embargo o pérdida de posesiones** que respondan del impago de las deudas.
- **El empeoramiento del historial crediticio** y, a veces, la inclusión en las listas de **morosos,** todo lo cual perjudica las opciones futuras de conseguir nuevos préstamos.

Siempre debemos priorizar el pago de los gastos fijos obligatorios, pero si por cualquier cosa tuviéramos dificultades para atender a este tipo de gastos, debemos plantearnos negociar con los **acreedores** para tratar de llegar a un acuerdo. En la práctica, lo último que desean los acreedores es demandar o embargar a quienes prestan dinero por dos razones fundamentales:

- Porque les reporta mala imagen.
- Porque supone incurrir en gastos que pueden tardar tiempo en recuperar.

En consecuencia, los acreedores suelen preferir aplazar algunos pagos hasta que mejore la situación económica del deudor.

VOCABULARIO

Intereses de demora. Son los que se aplican con motivo del retraso en el cumplimiento de un pago u obligación.

Historial crediticio. Información relevante sobre una persona a la hora de pagar sus deudas.

Moroso. Persona que se está retrasando en el pago de una deuda.

Acreedor. Persona con derecho a que se le pague una deuda.

2.3. Formular y ahorrar

Con la lista de ingresos y gastos identificados así como los gastos clasificados de acuerdo con su grado de prescindibilidad ya es posible formular un presupuesto. La meta general de cualquier presupuesto es que los ingresos cubran todos los gastos. Pero esto no es suficiente para ser un buen presupuesto.

> Un buen presupuesto debe incluir el **ahorro** como parte fundamental, en la medida en que nos proporcionará un fondo para imprevistos o hacer planes de futuro.

Con algo de esfuerzo y constancia veremos crecer los ahorros y, con el tiempo, seremos capaces de ahorrar más y mejor.

¿SABÍAS QUE...?

Charles Dickens ilustró con esta famosa cita lo difuso del límite que supone cumplir o no el presupuesto:

«Ingresos anuales 20, gastos anuales 19,6 = = felicidad.

Ingresos anuales 20, gastos anuales 20,6 = = miseria.»

2.4. Evaluar y ajustar

Para que un presupuesto sea efectivo no basta con formularlo cada cierto tiempo: además hay que revisarlo para que sea lo más realista posible. Las herramientas matemáticas que nos ayudan a mejorar nuestro próximo presupuesto son:

- Las **variaciones absolutas,** que cuantifican el dinero que hemos ahorrado o gastado de más.
- Las **variaciones porcentuales,** que miden los cambios entre los presupuestado y lo real en términos de porcentaje para así poder establecer comparaciones.

Nombre	Descripción	Fórmula
Variaciones absolutas	Son las diferencias de valor de una serie.	$\text{Var. abs.}_{01-02} = X_{02} - X_{01}$
Variaciones porcentuales	Mide en términos porcentuales cuál es la variación de un indicador con respecto a un periodo anterior.	$\text{Var. porc.}_{01-02} = \frac{X_{02} - X_{01}}{X_{01}} \cdot 100$

Tabla 5.3. Variaciones absolutas y variaciones porcentuales.

ACTIVIDADES

3. **¿Cuál de los cuatro pasos necesarios para elaborar un presupuesto te parece más importante? Justifica tu respuesta.**
4. **Cita hasta cinco contextos o situaciones a lo largo de la vida para los cuales suele ser necesario tener dinero y, en consecuencia, planificarse a través de un presupuesto para ahorrar.**

ACTIVIDAD RESUELTA 2

Paula trabaja de administrativa por 980 € al mes. Sus gastos presupuestados en euros para el mes de febrero son los siguientes: alquiler vivienda (440), luz (43), gafas (60), cine (14), compra (200), otros gastos prescindibles (20), préstamo (120), consumo de móvil (20). Paula ahorra cada mes 20 € que deposita en una cuenta bancaria que le renta 10 € cada mes. Una vez cumplido el presupuesto en febrero, Paula tuvo ocasión de reajustarlo después de comprobar que la compra y las facturas de móvil se le habían ido hasta los 220 € y 40 € respectivamente, aunque consiguió rebajar a 12 € los otros gastos prescindibles cuando en principio había presupuestado 20 €.

a) Identifica ingresos y gastos. Prioriza los gastos de acuerdo con su grado de prescindibilidad.

b) Formula el presupuesto de Paula para febrero teniendo en cuenta el ahorro de 20 €.

c) Calcula las variaciones absolutas y porcentuales para aquellos gastos que variaron sobre lo presupuestado.

d) Representa en un diagrama de pastel los gastos presupuestados y reales.

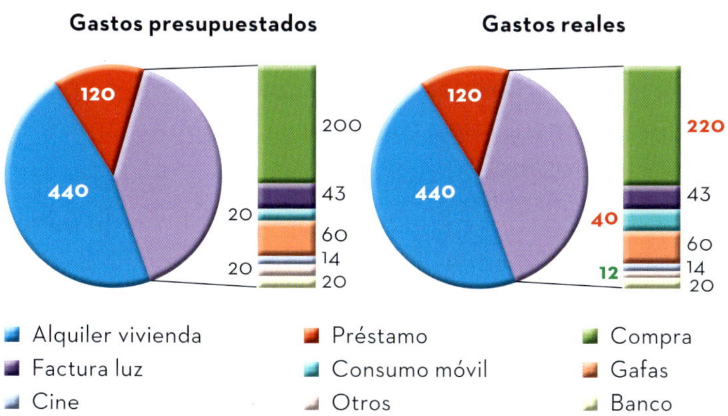

Figura 5.3. Diferencia entre los gastos presupuestados y los gastos reales.

Solución:

a) y *b)*.

Con los datos que se nos proporcionan confeccionamos el presupuesto siguiente:

Presupuesto de Paula para febrero			
Ingresos		**Gastos**	
Sueldo	980 €	**Gastos fijos obligatorios**	**560 €**
Intereses banco	10 €	• Alquiler vivienda	440 €
		• Préstamo	120 €
		Gastos variables necesarios	**323 €**
		• Compra	200 €
		• Factura luz	43 €
		• Consumo móvil	20 €
		• Gafas	60 €
		Gastos prescindibles	**34 €**
		• Cine	14 €
		• Otros	20 €
		Ahorro	**20 €**
		• Cuenta bancaria	20 €
Total ingresos	**990 €**	**Total gastos**	**937 €**

c) Variación absoluta compra $= 220 - 200 = 20$ €

Variación absoluta consumo móvil $= 40 - 20 = 20$ €

Ambos gastos se han incrementado 20 € sobre lo presupuestado, pero no es lo mismo. El gasto real de consumo de móvil (40 €) es el doble de lo presupuestado, pero ni mucho menos es así con la diferencia entre el gasto presupuestado y real de la cesta de la compra. Para que las variaciones sean relativas se utilizan las variaciones porcentuales.

Variaciones porcentuales:

- Var. porcentual compra $_{01-02} =$

$$= \frac{220 - 200}{200} \cdot 100 = 10\ \%$$

- Var. porcentual consumo de móvil $_{01-02} =$

$$= \frac{40 - 20}{20} \cdot 100 = 100\ \%$$

d) La diferencia entre los gastos presupuestados y los gastos reales se representa en la Figura 5.3.

3 Los planes de pensiones privados

El plan de ahorro por excelencia es el *plan de pensiones* y es que, a pesar de lo que piensa mucha gente, no se constituye solo para el caso de la jubilación.

Un **plan de pensiones** es un plan de ahorro que se constituye mediante aportaciones flexibles para los casos de jubilación, incapacidad, dependencia o fallecimiento.

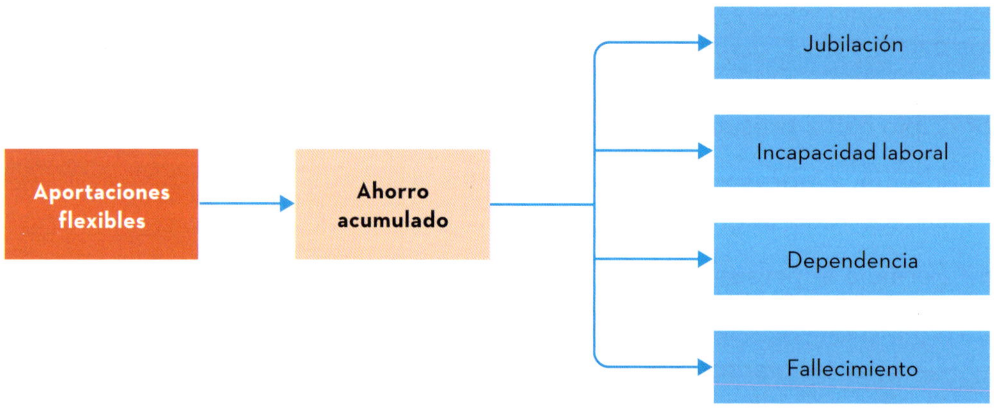

Figura 5.4. Las compañías que gestionan un plan de pensiones invierten el dinero, asumiendo muy poco riesgo, para proporcionar cierta rentabilidad a quienes los contratan.

Entre los motivos que muchas personas encuentran para contratar un plan de pensiones está la:

- **Flexibilidad.** Con el fin de adaptarse a cualquier tipo de economía y situación personal, las aportaciones son flexibles tanto en cuantía como en plazo. Dichas aportaciones pueden ser mensuales, trimestrales, una vez al año, etc., siempre a conveniencia del interesado.
- **Fiscalidad.** Las aportaciones realizadas permiten ahorrar a la hora de pagar el Impuesto sobre la Renta de las Personas Físicas (IRPF).
- **Polivalencia.** A pesar de que, en general, el objetivo de contratar un plan de pensiones es la jubilación, estos planes también cubren los supuestos de incapacidad laboral, dependencia y fallecimiento.

Las personas que intervienen en un plan de pensiones son las siguientes:

Promotor	Partícipe	Beneficiario
Persona que constituye el plan.	Persona física que realiza las aportaciones y en cuyo interés se crea el plan.	Persona física con derecho a recibir las prestaciones, haya sido o no el partícipe.

Tabla 5.4. Personas intervinientes en un plan de pensiones.

VOCABULARIO

Dependencia. Se produce cuando, por pérdida de autonomía mental o física, se necesita la asistencia continua de otra persona para realizar actividades básicas de la vida diaria.

3.1. ¿Qué pensión voy a necesitar?

A pesar de lo que hemos visto sobre la versatilidad de los planes de pensiones privados, la jubilación es el primer objetivo. En este sentido, las aportaciones a los planes de pensiones privados se realizan con la idea de mantener el tren de vida previo a la jubilación. Y es que, aunque las pensiones públicas son el pilar básico de la jubilación, suelen ser inferiores a los ingresos que se percibían en activo.

Si, llegada la jubilación, los gastos disminuyeran en igual medida que los ingresos, no sería necesario contratar un plan de pensiones privado, pero no suele ser así. Bien es cierto que, en general, la vivienda suele estar pagada y ya no hay hijos a cargo, pero lo cierto es que sin compromisos laborales y mucho tiempo libre es necesario determinar cuáles van a ser las necesidades económicas en esa etapa de la vida. Las consideraciones más habituales suelen girar en torno al *lugar de residencia, la salud* y el *tiempo libre*.

- **Lugar de residencia.** Ya sin ataduras laborales, es factible un cambio de residencia a un lugar de vacaciones, el pueblo natal o cerca de los hijos.
- **Salud.** Puede ser necesario pagar asistencia personal o un seguro privado que preste asistencia sanitaria y farmacéutica por problemas de salud no cubiertos por el sistema público de salud.
- **Tiempo libre.** Viajar, cultivar aficiones o estar con la familia suelen consumir buena parte del presupuesto.

Una vez hechas estas consideraciones será posible hacerse una idea de qué cantidad de ingresos serán necesarios cuando llegue la jubilación, pero antes habrá que saber a cuánto puede ascender la pensión pública.

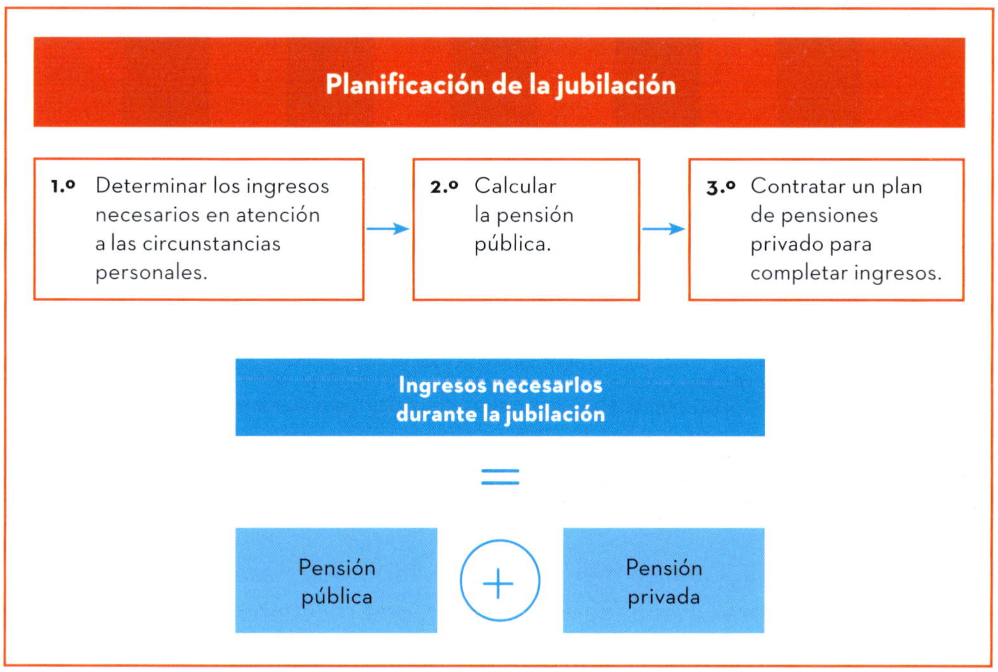

Figura 5.5. Pasos a seguir para planificar la jubilación.

IMPORTANTE

En general, se estima que para mantener el tren de vida previo a la jubilación son necesarios entre un 70 % y un 90 % de los ingresos previos.

REFLEXIÓN

¿Comprar o alquilar?

En España es tradición adquirir vivienda, concepto que se lleva buena parte de nuestros ingresos.

En cambio, nuestros vecinos europeos prefieren alquilar: por un lado no se anclan a una hipoteca y, por otro, les da mayor flexibilidad para cambiar de residencia o de trabajo.

3.2. Cálculo de la pensión total

VOCABULARIO

Bases de cotización. Cantidades fijadas por ley para determinar la cuantía de las aportaciones a la Seguridad Social. En general, son ligeramente superiores al salario mensual.

A partir de 2027, la edad de jubilación será de 67 años aunque podrá hacerse a los 65 si es que se ha cotizado a la Seguridad Social durante 38 años y 6 meses o más. Para calcular nuestra pensión total deberemos tener en cuenta:

- **Los años de cotización.** Se refiere a los años durante los cuales el trabajador contribuye al sistema público ya sea como trabajador por cuenta ajena o propia.
- **El periodo mínimo de cotización.** Para tener derecho a una pensión pública es necesario haber cotizado un mínimo de 15 años, aunque un mínimo de 2 años deben haber sido durante el intervalo de 15 años inmediatamente anteriores a la fecha de jubilación.
- **Las bases reguladoras**. Es el promedio de las **bases de cotización** de los 15 años previos a la jubilación.

La pensión pública de jubilación depende de los años cotizados y va desde el 50 %, si se cotizó durante 15 años, hasta el 100 % si lo hizo durante 35 años o más, tal como podemos ver en la Figura 5.6.

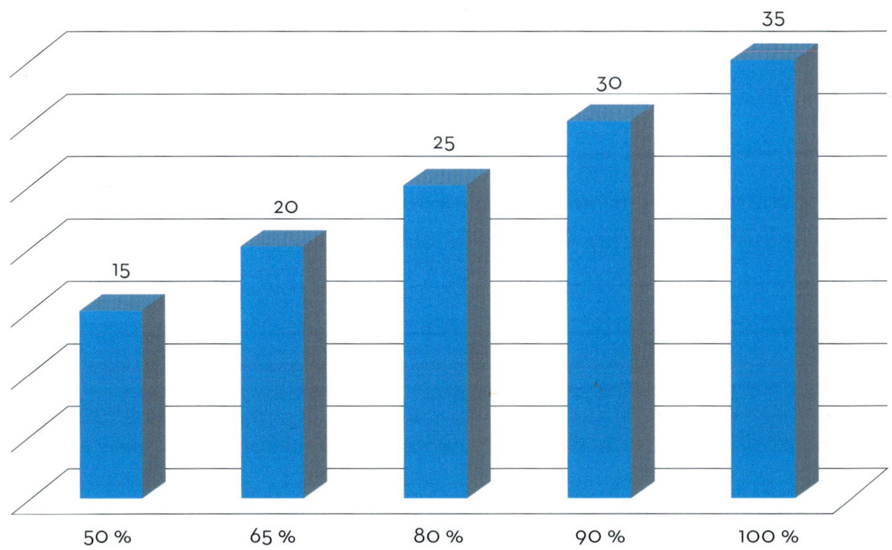

Figura 5.6. Escala (extractada) de porcentajes de pensión pública según los años cotizados que se aplican a las bases reguladoras para determinar el importe de la pensión pública.

Web

Puedes obtener más información sobre las pensiones en la web de la seguridad social:

www.seg-social.es

En función de la gráfica anterior, es fácil deducir que es importante cotizar el mayor número de años posible. Por este motivo, quienes hayan empezado tarde a cotizar tendrán que planificar mejor su jubilación. A la hora de pensar en tu jubilación recuerda, por lo tanto, estas dos cuestiones claves:

- **Nivel de salarios.** Cuanto menor sea el salario que hayamos percibido en nuestra vida laboral, menor será la pensión que recibamos.
- **Tiempo de cotización.** Cuanto menos tiempo hayamos cotizado, menor pensión recibiremos.

ACTIVIDAD RESUELTA 3

Dada la siguiente tabla:

Trabajador	Base reguladora	Salario previo	Años cotizados
Isabel	1.400 €	1.200 €	15
Jaime	1.600 €	1.400 €	20
Andrea	1.800 €	1.600 €	25

a) Calcula la pensión pública que correspondería a estos trabajadores.

b) Calcula la pensión privada que necesitarían estos trabajadores teniendo en cuenta que, en función de sus circunstancias personales, Isabel, Jaime y Andrea necesitarán el 90 %, el 80 % y el 100 % de los ingresos que percibían en activo.

Solución:

a) El cálculo de la pensión pública lo hacemos en función de la Figura 5.6.

Trabajador	Años cotizados	Base reguladora	Porcentaje	Pensión pública
Isabel	15	1.400 €	50 %	**700 €**
Jaime	20	1.600 €	65 %	**1.040 €**
Andrea	25	1.800 €	80 %	**1.440 €**

b) Cálculo de la pensión privada que necesitarán estos trabajadores para complementar la pensión pública en función de sus circunstancias personales:

Trabajador	Salario previo	Necesidades		Pensión pública	Pensión privada
Isabel	1.200	90 %	1.080	700	**+ 380**
Jaime	1.400	80 %	1.120	1.040	**+ 80**
Andrea	1.600	100 %	1.600	1.440	**+ 160**

ACTIVIDADES

5. ¿Por qué a las pensiones se les considera el plan de ahorro por excelencia?

6. A la hora de jubilarse, ¿cuáles son las consideraciones más habituales a tener en cuenta?

7. En lo que se refiere a recibir una pensión pública al final de tu vida laboral, ¿por qué es importante empezar a cotizar cuanto antes?

8. En la última etapa de la vida, ¿qué relación guarda la esperanza de vida con los ahorros disponibles?

9. Con independencia del tiempo cotizado, ¿por qué es importante trabajar en los quince años previos a la fecha de jubilación?

10. ¿Qué importe de pensión pública le correspondería a Julián que ha cotizado 20 años con una base reguladora de 1.500 €? ¿Y si el tiempo de cotización hubieran sido de 30 años?

11. Siguiendo con la actividad anterior, supongamos que Julián prevé que durante la jubilación sus necesidades mensuales serán de 1.600 €. Determina qué cantidades de pensión privada le harán falta para asegurarse esos ingresos mensuales, tanto si ha cotizado 20 años a la Seguridad Social como si ha cotizado 30.

12. A pesar de los avances en los últimos años, todavía existe una brecha salarial entre hombres y mujeres. Averigua en Internet en cuánto se cifra esta diferencia.

MAPA CONCEPTUAL

Ahorro

Motivos para ahorrar

- Atender emergencias o imprevistos
- Hacer planes futuros
- No tener deudas
- Evitar malvender inversiones
- Anticiparse a situaciones laborales indeseadas

Cuantía en función de:

- Estabilidad de los ingresos
- Riqueza patrimonial
- Salud

Pasos para elaborar un presupuesto

1 Identificar gastos e ingresos

2 Priorizar gastos

- Fijos obligatorios
- Variables necesarios
- Innecesarios

3 Formular y ahorrar

4 Evaluar y ajustar

- Variaciones absolutas
- Variaciones porcentuales

Planes de pensiones

Aportaciones flexibles → **Ahorro acumulado** → Jubilación / Incapacidad laboral / Dependencia / Fallecimiento

Ventajas: Flexibilidad · Fiscalidad · Polivalencia

Planificación de la jubilación

1.º Determinar ingresos necesarios en atención a circunstancias personales.

2.º Calcular la pensión pública.

3.º Contratar plan de pensiones privado para completar ingresos.

Ingresos necesarios durante la jubilación = **Pensión pública** + **Pensión privada**

TEST DE REPASO

1. ¿Cuales de las siguientes razones hacen que la gente ahorre más?

a) No saber qué podrá pasar en el futuro.

b) Ganar menos dinero que antes.

c) Estar seguro de lo que ocurrirá.

d) Una subida de los impuestos sobre la renta.

2. De las siguientes partidas, ¿cuáles representan ingresos para una familia?

a) Una factura.

b) Una nómina.

c) Un recibo.

d) Un tique de compra.

3. Cuando alguien no paga sus deudas normalmente el acreedor prefiere:

a) Enviar a un cobrador.

b) Denunciarlo a la policía.

c) Negociar.

d) Implorar al deudor.

4. Juan este año ha aumentado sus ingresos desde 25.000 € hasta 30.000 €. Esto representa:

a) Un incremento del 5 %.

b) Un incremento del 5.000 %.

c) Un incremento del 20 %.

d) Un incremento del 16,6 %.

5. Un plan de pensiones permite:

a) Gastar más dinero ahora.

b) Pagar más impuestos.

c) Llegar a viejo.

d) Ahorrar y obtener un rendimiento.

6. El número mínimo de años de cotización necesarios para recibir una pensión contributiva es de:

a) 15.

b) 10.

c) 35.

d) 38.

7. Tenemos un año de cotización cuando:

a) Trabajamos un año y ahorramos para ello.

b) Trabajamos un año legalmente, pagando nuestras cotizaciones a la Seguridad Social.

c) Trabajamos un año ilegalmente, pero la Seguridad Social no se da cuenta.

d) Pagamos el IRPF.

8. Los planes de pensiones privados:

a) Son el único ingreso que tendremos cuando estemos jubilados.

b) Sirven para poder pagar gastos de nuestros hijos.

c) Es una especie de préstamo que recibimos.

d) Son un complemento a las pensiones públicas de la Seguridad Social.

9. Que a una persona le embarguen su coche quiere decir:

a) Que le van a quitar el coche para cubrir un impago.

b) Que se siente embargado de amor por su coche.

c) Que su coche ha de regalarlo a alguien.

d) Que ha terminado de pagar su coche.

10. Un acreedor es:

a) Alguien a quien un acreedor debe dinero.

b) Alguien que no cree al otro, del griego *a-* = *no*.

c) Alguien a quien un deudor debe dinero.

d) Alguien muy rico.

11. En un presupuesto:

a) Se han de contabilizar los gastos e ingresos.

b) Se han de contabilizar todos los bienes de una persona.

c) Se han de contabilizar todos los bienes, pero también las deudas.

d) Se ha de conseguir siempre un saldo positivo.

12. La riqueza patrimonial:

a) Es el dinero que ganamos.

b) Es el dinero que debemos.

c) Mide el valor de nuestros bienes.

d) Mide cuántos impuestos pagamos.

ACTIVIDADES FINALES

Teoría

1. En relación con el ahorro, responde a las siguientes preguntas:

a) ¿Cómo se relacionan ahorro, deuda y consumo?

b) ¿Cómo contribuye el ahorro a nuestros planes de futuro?

c) ¿Cómo nos ayuda el ahorro a no tener deudas?

d) ¿Cómo puede contribuir el ahorro a evitar la venta indeseada de propiedades o bienes?

e) ¿Por qué uno de los imprevistos más importantes a tener en cuenta es anticiparse a una situación laboral indeseada?

f) ¿Cómo afecta la situación personal y económica a las necesidades de ahorro?

g) ¿Qué relación guarda la estabilidad laboral con la necesidad de ahorrar?

h) ¿Por qué tener muchas posesiones no garantiza que no se tenga que ahorrar?

2. En relación con el presupuesto y sus elementos, responde a estas preguntas:

a) ¿Qué diferencia los gastos fijos obligatorios de los variables necesarios?

b) ¿Por qué debemos priorizar el pago de los gastos fijos obligatorios?

c) En el presupuesto, ¿por qué es más importante prestar mayor atención a los gastos que a los ingresos?

d) ¿Por qué en el presupuesto se priorizan los gastos de acuerdo con su grado de prescindibilidad?

e) ¿Por qué ciertas deudas, como por ejemplo las bancarias, aumentan cuando las impagamos?

f) ¿Cuál es la consecuencia más negativa de impagar una deuda asociada al pago de un bien que nos hemos comprado?

g) ¿En qué se parecen el historial crediticio y el expediente académico?

h) ¿Cuál es la primera opción cuando hay dificultades para atender los gastos fijos obligatorios?

i) A la hora de ajustar el próximo presupuesto, ¿qué tipo de herramienta matemática es más útil? ¿Por qué?

3. En relación con los planes de pensiones privados, contesta a las siguientes preguntas:

a) ¿Para qué casos se contratan los planes de pensiones privados?

b) ¿Es posible que una persona que haya cotizado más de 15 años no tenga derecho a una pensión de jubilación? Razona la respuesta.

c) ¿Cómo influyen el periodo mínimo de cotización y las bases reguladoras en el importe de la pensión pública de jubilación?

4. Responde a las siguientes preguntas:

a) ¿Piensas en adquirir una vivienda cuando puedas o crees que es mejor alquilar?

b) ¿Te has planteado tener hijos en el futuro?

c) ¿Has pensado si vas a vivir siempre en tu ciudad o te gustaría cambiar si pudieras?

d) ¿Requieren desembolso económico las aficiones a las que dedicas tu tiempo libre? ¿Crees que tendrás las mismas aficiones o necesidades dentro de unos años?

e) ¿Hay alguna enfermedad hereditaria en tu familia que haga pensar que de mayor necesitarás asistencia personal o un seguro privado?

f) En términos de jubilación, ¿por qué lo ideal es cotizar 35 años o más?

g) ¿Qué dos colectivos deberían preocuparse más por ahorrar para completar la pensión pública?

Práctica

5. Según el caso, calcula el plazo en meses necesarios para lograr el objetivo deseado o el ahorro necesario en función del plazo:

Objetivo		Plazo en meses	Ahorro necesario
Moto	1.200 €	48	–
Videoconsola	400 €	20	–
iPhone	600 €	12	–
Verano	200 €	–	40 €
Hucha (ahorro)	360 €	–	30 €

6. Clasifica los siguientes gastos de acuerdo a su grado de prescindibilidad:

a) Consumo de móvil.

b) Comunidad de vecinos.

c) Fotocopias de apuntes de Economía.

d) Gasolina para la moto.

e) Impuesto de circulación de la moto.

7. Estos son los gastos presupuestados y reales en los que incurrió Marta en los meses de enero (gastos presupuestados) y febrero (gastos reales):

	Presupuestado	Real
Consumo móvil	30 €	40 €
Quedada con amigos	50 €	30 €

A partir de los datos anteriores:

a) Calcula las variaciones absolutas.

b) Calcula las variaciones porcentuales.

c) Comenta los resultados.

8. Álex trabaja de informático por 1.200 € al mes. Sus gastos presupuestados en euros para el mes de febrero son los siguientes: alquiler vivienda (518), agua (32), TV por cable (15), compra (230), otros gastos innecesarios (25), préstamo (230), consumo del móvil (30). Álex ahorra todo lo que no gasta en una cuenta bancaria que le renta 8 € cada mes. Una vez cumplido el presupuesto en enero, Álex tuvo ocasión de reajustarlo después de comprobar que la compra y la factura de móvil se le habían ido hasta los 220 € y 40 € respectivamente. Aparte, tuvo que ampliar los megas con su operador de Internet y el gasto se le fue hasta 21 €, cuando en principio había presupuestado 15 €. A partir de esta información:

a) Identifica ingresos y gastos. Prioriza los gastos de acuerdo con su grado de prescindibilidad.

b) Formula el presupuesto de Álex para febrero teniendo en cuenta el ahorro.

c) Calcula las variaciones absolutas y porcentuales para aquellos gastos que variaron sobre lo presupuestado.

d) Ayúdate de una hoja de cálculo para representar en un diagrama de pastel los gastos presupuestados y reales.

9. Si Antonio ha contratado un plan de pensiones privado en el Banco Mediterráneo para que se beneficie su esposa Clara en caso de que él fallezca, identifica al promotor, al partícipe y al beneficiario.

10. Dada la siguiente tabla:

Trabajador	Base reguladora	Salario previo	Años cotizados
Laura	1.300 €	1.250 €	20
Enrique	1.500 €	1.400 €	25
Adrián	1.700 €	1.500 €	30

a) Calcula la pensión pública que correspondería a estos trabajadores.

b) Calcula la pensión privada que necesitarían estos trabajadores teniendo en cuenta que, en función de sus circunstancias personales, Laura, Enrique y Adrián necesitarán el 80 %, el 100 % y el 95 % de los ingresos que percibían en activo.

Imprescindible · Necesario · Complementario

TALLER DE PRENSA

Busca en Internet un titular para cada uno de los conceptos a trabajar y completa la tabla en tu cuaderno, señalando en unas pocas líneas su interés en relación con lo estudiado en la unidad.

Concepto a trabajar	Titulares	Relación con lo estudiado en la unidad
Las virtudes del ahorro	«Jesús Cortés: "He dedicado mis ahorros para grabar mi disco"» *Diario de Almería* (2/3/2016)	Ahorrar tiene un coste. Consumiremos menos hoy para poder consumir otra cosa mañana. ¿Pero por qué no soñar con hacer algo grande?
Ahorrar para no endeudarse	–	–
Todo el mundo necesita elaborar presupuestos	–	–
Embargos de vivienda	–	–
El cambio de vida que supone la jubilación	–	–
El creciente número de contratación de planes de pensiones	–	–

VOCABULARIO

Ahorro
Deuda
Patrimonio
Presupuesto
Intereses de demora
Embargo
Historial crediticio
Moroso
Acreedor
Plan de pensiones
Dependencia
Promotor (pensiones)
Partícipe (pensiones)
Beneficiario (pensiones)
Bases de cotización
Bases reguladoras

JUEGO ECONÓMICO

El banquero desconfiado

Vives en el lejano Oeste y consigues un trabajo en el banco. En realidad te hubiera gustado trabajar en el salón de juegos, pero después del primer tiroteo y de que rompieran una silla en la espalda de tu compañero, decidiste que era demasiado peligroso. Es tu primer día de trabajo y tres clientes se presentan frente a la ventanilla. ¿Qué decides hacer con ellos?

Objetivos

El objetivo del juego es comprender de forma divertida el papel del elemento *incertidumbre* dentro del mercado de crédito bancario. Aunque no trabajamos específicamente el tipo de interés, sí lo hacemos con la concesión o no de crédito en función de la incertidumbre o inseguridad que nos transmite el cliente.

Tiempo

La actividad se puede realizar en unos 10 minutos. Pero después se puede alargar leyendo en voz alta las respuestas y comentándolas con el profesor.

Número de jugadores

Participa toda la clase. Se puede hacer por parejas para que resulte más divertido.

Material

Ninguno en especial.

Descripción del juego

Cada alumno anota en su cuaderno su respuesta y sus razones para cada uno de los clientes del banco. Después leen su respuesta y, finalmente, el profesor desvela quién era en realidad ese personaje.

Cliente 1

«¡Hola! Me llamo Billy y tengo algún dinero ahorrado. ¿Me lo guardas?»

a) Sí, por supuesto. Sin problemas.

b) Sí, espera un segundo (y te encierras corriendo en la sala de atrás).

c) No, ni hablar. ¡Eres un pordiosero!

Cliente 2

«Hola, soy Henry, me duele mucho la espalda y por eso ando así, pero he conseguido algunas riquezas. ¿Podría guardarlas en su banco?»

a) Claro buen hombre. Incorpórese usted y deme sus riquezas: yo se las guardaré.

b) Sacas la porra y le das en la cabeza. Acto seguido vas a llamar al *sheriff*.

c) ¡Lárguese de aquí! ¡No trabajamos con vagabundos!

Cliente 3

«¿Qué tal estás? Me llamo Kitty y necesitaba algo de dinero para unos gastos. ¿Me harías un préstamo?»

a) Por supuesto, buena dama, estaré encantado de atenderla.

b) Sí, sí... Solo que se nos ha acabado el dinero. ¿Podría venir el año que viene?

c) ¡De ningún modo, señora! ¡Y ahora, lárguese!

6 SALUD FINANCIERA

Los mercados financieros nos ofrecen muchas opciones para *invertir* el dinero que ahorramos mientras no lo necesitamos. Para elegir entre ellas tendremos que hacernos preguntas como si podemos permitirnos correr algún riesgo o cuándo necesitamos disponer del dinero. Una alternativa al ahorro es *endeudarse*. De nuevo, los mercados financieros nos ofrecen muchas opciones, pero debemos decidir con cuidado para poder responder de las deudas que asumimos.

Los *contratos de seguro*, que estudiaremos, pueden protegernos de riesgos importantes que corremos en la vida, pero los riesgos de nuestras finanzas solo podemos asumirlos nosotros. En definitiva, la salud financiera consiste en saber manejar el riesgo de nuestras inversiones y la carga de nuestras deudas.

EL BILLETE DE CIEN EUROS

Hace algunos años, en el verano de 2012, el periódico *La Nación* de Argentina entrevistaba al filósofo Mario Bunge acerca del estado de la economía de nuestro tiempo. Para explicarlo, Bunge contó el siguiente cuento:

«A un pueblo turístico de Europa llega de pronto un alemán muy rico al único hotel del lugar, deja en el mostrador un billete de 100 euros y le dice al dueño: "Me gusta mucho el lugar y quiero estudiar la posibilidad de pasar una semana aquí. ¿Me permite mirar las habitaciones?". "Sí, suba, las habitaciones están todas abiertas", le responde el dueño del hotel, que sale corriendo y le lleva el billete de 100 euros al carnicero para saldar una deuda. El carnicero sale corriendo con el billete para pagarle al proveedor de alimentos para sus cerdos. A su vez, el proveedor de alimentos para cerdos va corriendo con ese billete y le paga a la lavandera una deuda por sus servicios. La lavandera toma el mismo billete de 100 euros y lo deja en el mostrador del hotel para pagar la deuda que tiene por haber alquilado unas habitaciones. Entonces, al cabo de un rato, baja el turista alemán y le dice al dueño del hotel que no le gusta ninguna de sus habitaciones, toma el billete y se va... Ya nadie tiene deudas y todo el mundo puede vivir feliz y tranquilo.»

Preguntas:

1. **¿Qué crees que quiere explicar Mario Bunge?**
2. **En el mundo real podrían no aparecer turistas alemanes. ¿Quién compensaría entonces las deudas de unos y otros?**
3. **¿Crees que endeudarse puede acabar siendo un problema para las familias? ¿Y una oportunidad? ¿Por qué?**

Sumario

1 Las inversiones

Gracias al **ahorro** disponemos de dinero para objetivos concretos o para un fondo de emergencia. Mientras no los usemos podemos tratar de sacarle rentabilidad. Es entonces cuando aparece el término *inversión*.

Una **inversión** es el uso que se da al dinero con ánimo de conseguir a cambio más dinero en el futuro.

	Ahorro	Inversión
Objetivo	Emergencias, imprevistos y objetivos concretos	Combinar ahorro y rentabilidad
Ventaja principal	Dinero seguro y disponible	Gran variedad a elegir según el perfil de cada inversor
Inconveniente	Menor rentabilidad	Existe riesgo

Tabla 6.1. Características del ahorro y la inversión.

IMPORTANTE

En el fondo, los **planes de pensiones** son una forma de ahorro ligada a un plan de inversión concreto.

Las compañías que gestionan este tipo de planes invierten el dinero, asumiendo muy poco riesgo, para proporcionar cierta rentabilidad a quienes lo contratan.

1.1. Clasificación de las inversiones

Es posible clasificar todas las inversiones de acuerdo con los siguientes criterios:

- **Liquidez.** Entendiendo como tal la capacidad de una inversión de convertirse en dinero. Las inversiones con alta liquidez interesan cuando el inversor quiere tener a mano el dinero.
- **Seguridad.** El riesgo de cualquier inversión es la posibilidad de conseguir menos dinero del esperado, e incluso perderlo. Cuanto menor es el **riesgo** más seguro es un producto y viceversa.
- **Rentabilidad.** Se trata de la capacidad de generar beneficios adicionales sobre la inversión inicial.

¿SABÍAS QUE...?

Las **inversiones** tratan de combinar ahorro y rentabilidad.

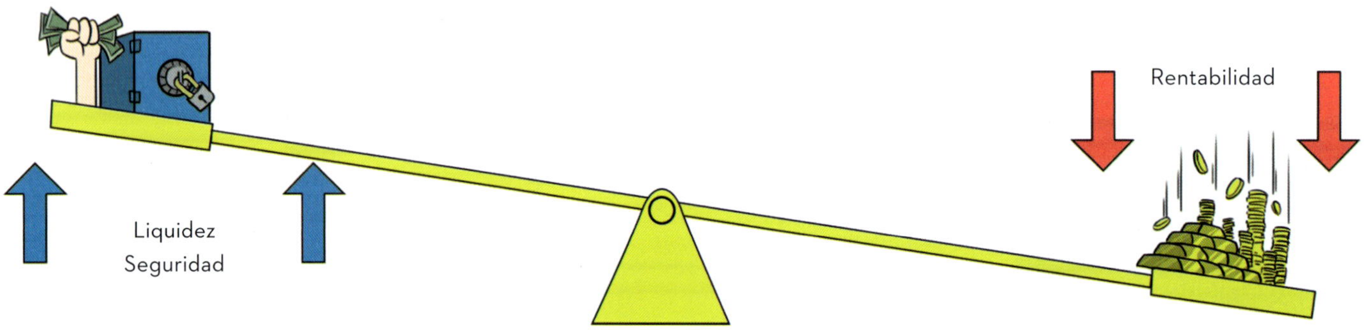

Figura 6.1. Existe una relación inversa entre rentabilidad y liquidez o seguridad: a mayor liquidez o mayor seguridad, menor rentabilidad y viceversa.

Si un inversor quiere disponer de un fondo de emergencia son preferibles la liquidez y seguridad a la rentabilidad. Pero la rentabilidad que se obtenga tampoco debe ser tan baja como para que no compense realizar la inversión. Encontrar el equilibrio entre los tres criterios dependerá del perfil y las necesidades de cada inversor.

1.2. Valores de renta fija

Los productos de renta fija pagan una rentabilidad establecida de antemano y devuelven el dinero invertido en un plazo determinado. Se los denomina popularmente **deuda pública** porque las principales emisiones las realizan los organismos públicos y, más concretamente, la Administración Central del Estado. Las comunidades autónomas también pueden emitir este tipo de valores, pero son menos frecuentes y se trata de inversiones más arriesgadas, en la medida en que las garantías de pago pueden proporcionar una comunidad autónoma son menores que las que puede aportar el Estado.

Nombre	Plazo
Letras del Tesoro	3, 6, 9 y 12 meses
Bonos	3 y 5 años
Obligaciones	10, 15 y 30 años

Tabla 6.2. Plazos de las emisiones de los valores de renta fija del Estado español.

¿SABÍAS QUE...?

También hay emisiones de valores de renta fija por parte de empresas privadas que ofrecen rentabilidad superior, pero son más arriesgadas porque carecen de la garantía de una Administración Pública.

1.3. Valores de renta variable

A diferencia de la renta fija, la renta variable no ofrece una rentabilidad preestablecida y el plazo de la inversión es indeterminado. Quien compra *acciones* se convierte en socio propietario de una empresa o negocio y, en consecuencia, no existe un plazo de devolución asociado al dinero que invierte. A cambio de la aportación de dinero, el inversor adquiere derechos de gestión en la empresa y en el reparto de dividendos (beneficios) cuando los haya.

Las **acciones** son títulos representativos del porcentaje de propiedad de una empresa que dan a su poseedor derechos económicos y de gestión.

Un accionista tiene dos formas de obtener rentabilidad con su inversión. La primera a través del reparto de dividendos (beneficios) y la segunda consiste en vender las acciones por un precio mayor al de su compra. No obstante, la rentabilidad que pueda obtener es incierta por dos razones:

- El reparto de dividendos depende de la marcha de la empresa.
- El precio de mercado de las acciones varía en la **Bolsa.**

Y como tanto la marcha de la empresa como las variaciones en Bolsa son impredecibles, se dice que la renta variable es una inversión de riesgo.

IMPORTANTE

Cuando se invierte en **renta fija** normalmente se elige un producto cuyo plazo se corresponde con el tiempo por el que el inversor desea mantener ese ahorro.

Se aconseja invertir dinero en **renta variable** siempre que sea un dinero del que el inversor pueda prescindir. Tener que disponer de él en un mal momento del mercado puede suponer perder parte de la inversión.

ACTIVIDADES

1. ¿Cómo se relacionan ahorro e inversión?
2. Explica la relación que existe entre liquidez, seguridad y rentabilidad.

1.4. Fondos de inversión

Todas las inversiones, incluso las garantizadas por los Estados, tienen su riesgo. Es por ello que existe un tercer producto que trata de minimizar el riesgo repartiendo el dinero entre distintas combinaciones de valores de renta fija o renta variable: los **fondos de inversión.** Así, un ejemplo de renta fija podría ser un fondo de inversión que combinara renta fija española, francesa y alemana. Un ejemplo de renta variable podrían constituirlo un fondo de inversión que combinara acciones de La Caixa, Repsol y Movistar, etc.

Las alternativas dependerán del riesgo que quiera asumir el inversor (Tabla 6.3):

	Renta fija €	Renta variable €	Riesgo (del 1 al 4)
Renta fija	100 %	–	1
Mixta fija	Máximo 70 %	Máximo 30 %	2
Mixta variable	Máximo 30 %	Máximo 70 %	3
Renta variable	–	100 %	4

Tabla 6.3. Tipos de fondos de inversión. No obstante lo dicho, para reducir aún más el riesgo, algunos de estos fondos garantizan total o parcialmente lo invertido hasta una fecha pactada.

! IMPORTANTE

La calificación de las inversiones o ***rating*** va desde la AAA, que es la mejor, hasta la D, que es la peor.

1.5. El riesgo de las inversiones

Los criterios que se utilizan para minimizar el riesgo de las inversiones son dos: la *diversificación* y el rating.

A. Diversificación

Los fondos de inversión nacieron como respuesta a la necesidad de diversificar las inversiones para reducir el riesgo. Pero lo que los fondos de inversión proporcionan de manera cerrada (el inversor elige un fondo con características predeterminadas) lo puede aplicar cualquier inversor según su propio criterio. Por ejemplo, habrá personas que querrán combinaciones donde el porcentaje de renta fija sea superior al variable, etc.

Figura 6.2. Los fondos de inversión son la plasmación práctica de un refrán muy conocido y con mucho sentido común: «nunca pongas todos los huevos en la misma cesta».

La **diversificación** es la forma más eficaz de reducir el riesgo total de nuestras inversiones. Consiste en dividir el dinero en planes de inversión diferentes con niveles de riesgo diferentes.

B. El *rating*

Otro criterio para tratar de minimizar el riesgo es fiarse del ***rating,*** un indicador que mide la seguridad de la inversión y, por tanto, orienta sobre su fiabilidad. Dicho *rating* es emitido por las *agencias calificadoras de riesgo*.

Las **agencias calificadoras de riesgo** son empresas que califican los productos financieros emitidos por empresas o países de acuerdo con unos parámetros de rentabilidad y, sobre todo, de *solvencia*.

Seguir el *rating* es un criterio menos indicado que el de diversificar en la medida en que las agencias calificadoras han demostrado varias veces que no son infalibles.

VOCABULARIO

Solvencia. La capacidad para hacer frente a las deudas.

ACTIVIDAD RESUELTA 1

Hace doce meses Amalia constituyó una cartera de inversión que combinaba renta fija, renta variable y fondos de inversión, de acuerdo con lo que puedes ver en la tabla siguiente.

En la actualidad Amalia desea conocer la rentabilidad que le han proporcionado las distintas inversiones.

	Invertido	Intereses	Dividendos	Venta	Obtenido	Solución: rentabilidad
Renta fija	1.000 €	70 €	–	–	70	7 %
Acciones A	2.000 €	–	100 €	–	100	5 %
Acciones B	2.300 €	–	–	2.116 €	−184	−8 %
Acciones C	3.000 €	–	–	3.180 €	180	6 %
Fondo renta fija	1.000 €	90 €	–	–	90	9 %
Fondo renta variable	2.000 €	–	–	1.920 €	−80	−4 %

Solución:

La rentabilidad (en la última columna de la tabla) es la relación entre lo que obtiene y se invierte. Así, para la dos primeras inversiones de la tabla la forma de proceder sería:

$$\text{Rentabilidad de la renta fija} = \frac{70}{1.000} = 0{,}07 \cdot 100 = 7\ \%$$

$$\text{Rentabilidad de las acciones A} = \frac{100}{2000} = 0{,}05 \cdot 100 = 5\ \%$$

REFLEXIÓN

¿Pájaro en mano o ciento volando?

La elección entre renta variable o fija suele depender del perfil del inversor. Quienes deseen asumir mayor riesgo, pero también mayores beneficios llegado el caso, se decantarán por las acciones. En cambio, los que prefieran asegurar una mínima ganancia (y dormir tranquilos por la noche) preferirán la seguridad que proporciona la renta fija.

ACTIVIDADES

3. ¿Por qué crees que a los fondos de inversión se les llama cestas de valores?
4. ¿Por qué es importante el perfil de cada persona a la hora de invertir?
5. ¿Qué ventajas e inconvenientes presentan la renta fija y la renta variable?
6. Cuando nos referimos a inversiones, ¿a qué se refiere una persona cuando habla de «no poner todos los huevos en la misma cesta»?
7. ¿Por qué es más recomendable diversificar las inversiones que fiarse del *rating*?

2 Las deudas

Con independencia de nuestros ingresos o riqueza, es prácticamente imposible pasar toda la vida sin pedir dinero prestado para, por ejemplo, adquirir una vivienda o un coche, viajar o hacer mejoras en casa. A efectos prácticos, la *deuda* es lo contrario del ahorro. Si ahorro supone consumo futuro gracias a los ingresos presentes, endeudarse implica lo contrario.

Una **deuda** es una obligación de pago que se contrae con la intención de realizar un consumo presente gracias a ingresos futuros.

Endeudarse proporciona disposición inmediata de dinero, y así nos permite aumentar el poder adquisitivo, solucionar emergencias o mejorar el nivel de vida. Pero a diferencia del ahorro, que también posibilita todo eso con recursos propios, la deuda es dinero ajeno que hay que devolver. Las contrapartidas de utilizar dinero ajeno en lugar de dinero propio son las siguientes:

- Sobrecargan el presupuesto familiar en su categoría más prioritaria: los gastos fijos obligatorios.
- Tienen su coste en forma de interés, comisiones y otros gastos.

2.1. Gestión del endeudamiento

El principal objetivo a la hora de gestionar una deuda es mantener su coste a niveles asequibles para el presupuesto de cada persona. El coste más importante es el *interés*. Este se mide en forma de porcentaje y representa el tanto por ciento que cuesta disponer del dinero ajeno. Por ejemplo, si se prestan 100 € al 5 % de interés, el prestatario recibe 100 €, pero tendrá que devolver 105 € al prestamista.

El **interés** es el coste de alquilar dinero ajeno.

El tipo de interés puede ser fijo o variable:

- El interés **fijo** es el que se mantiene igual durante la vida del préstamo.
- El interés **variable** sube o baja a lo largo de la vida del préstamo, ya que están vinculados a un tipo de referencia. El más habitual en las operaciones hipotecarias es el *Euríbor*.

Ya sea fijo o variable, al tipo de interés de un préstamo se le denomina **interés nominal,** pero este porcentaje solo mide el coste de alquilar el dinero sin tener en cuenta que las entidades financieras también cobran comisiones y gastos.

Para tener una medida global del coste del préstamo se utiliza la **Tasa Anual Equivalente (TAE).**

La **TAE** es un indicador que mide el coste global de un préstamo, puesto que integra en un solo indicador todos los gastos de la operación.

IMPORTANTE

Al interés o coste de alquilar dinero también se le denomina popularmente **«precio del dinero»,** porque es lo que cuesta pedir dinero prestado. Cada persona tiene su propio precio del dinero porque las características de los préstamos varían de un prestatario a otro.

VOCABULARIO

Euríbor. Tipo de interés al que se prestan dinero los bancos más importantes de Europa. Una vez se obtiene la media, es utilizado como índice de referencia por todo el sistema bancario.

Figura 6.3. La TAE es una tasa bastante compleja de calcular que integra en un solo indicador los intereses las comisiones y los gastos, al tiempo que tiene en cuenta el plazo de devolución del préstamo.

2.2. El préstamo

Aunque recibe nombres diferentes según las condiciones en las que se adquiere, lo que subyace debajo de cualquier deuda es un *contrato de préstamo*.

Mediante el **contrato de préstamo** un *prestamista*, normalmente una entidad financiera, pone a disposición de un *prestatario* una cantidad determinada de dinero que será reembolsada de acuerdo con unas condiciones pactadas.

En general, la devolución del dinero prestado se realizará en un número de cuotas mensuales que incluirán lo acordado en lo que respecta a comisiones, intereses y otros gastos.

Términos asociados a un contrato de préstamo	
Principal	Cantidad de dinero que se ha prestado y sobre la cual se calculan los intereses del préstamo.
Interés nominal del préstamo	Porcentaje que expresa el coste de alquilar el dinero.
Plazo	Periodo de tiempo acordado para pagar el préstamo.
Prestamista	Persona o entidad financiera que presta el dinero.
Prestatario	Persona que recibe el dinero en concepto de préstamo.
TAE	Tasa que integra en un único indicador el interés y las comisiones y gastos del préstamo.
Comisiones	Cargos extra que pueden ser de estudio, apertura y cancelación.
Otros gastos	Pueden ser gastos notariales o seguros que garantizan el pago, entre otros.

Tabla 6.4. Términos asociados a un contrato de préstamo.

ACTIVIDADES

8. Tanto el ahorro como la deuda nos permiten mejorar nuestra calidad de vida. ¿En qué se diferencian?
9. ¿Qué relación guarda el coste de una deuda con el presupuesto de cada persona?
10. ¿Qué riesgo puede suponer para el presupuesto familiar el endeudarse en exceso?
11. ¿Qué quiere decir que un préstamo es a interés variable?
12. ¿Por qué la TAE de un préstamo es siempre superior al interés nominal?
13. En un contrato de préstamo, ¿cuáles son las obligaciones principales del prestamista y del prestatario?

IMPORTANTE

La **TAE** es ideal para comparar préstamos siempre que tengan características similares en lo que se refiere a plazo y tipo de interés. Pierde validez cuando se comparan los préstamos con distintos plazos o los de interés fijo con los de interés variable.

VOCABULARIO

Comisiones bancarias. Cantidades que cobran los bancos por la administración, mantenimiento y prestación de servicios.

2.3. Deudas más habituales

Las principales opciones para obtener dinero prestado se recogen en la Tabla 6.5:

Deuda	Descripción	Coste de utilización
Préstamos hipotecarios	Préstamos asociados a la adquisición de una vivienda, la cual respalda el cumplimiento del pago del mismo.	Bajo
Préstamos personales y al consumo	Son los contratos de préstamo más usuales aparte del hipotecario. Suelen destinarse a gastos concretos: un coche, un viaje, estudios, etc.	Medio
Tarjetas de crédito	Tal como veremos en la unidad siguiente, una opción que tienen las tarjetas de crédito es aplazar los pagos al banco mediante el pago de cuotas fijas mensuales, como si de un préstamo se tratara.	Alto
Tarjetas de otros establecimientos	Son similares en funcionamiento a las tarjetas de crédito, solo que funcionan en exclusiva para el comercio que las emite.	Depende
Descubiertos en la cuenta bancaria	También llamados «números rojos», se producen al gastar más de lo que hay en una cuenta bancaria.	Muy alto
Créditos rápidos	Se conceden por importes bajos y se suelen devolver en menos de cinco años. Con pocas gestiones y comisiones, suelen tener, en contrapartida, una TAE muy elevada.	Prohibitivos

Tabla 6.5. Tipos de deuda más habituales.

VOCABULARIO

Diferencial. Parte fija que se suma al índice de referencia.

Punto. En la jerga financiera se denomina *punto* a cada 1 % de interés.

WEB

La página del Banco de España dispone de un **Portal del Cliente Bancario** con herramientas de simulación de préstamos muy fáciles de utilizar. Una vez entres en su página principal **(www.bde.es),** accede al *Portal del Cliente Bancario* y allí, a *Simuladores* > *Cálculo de la TAE de un préstamo.*

2.4. Calidad y nivel de endeudamiento

Es posible clasificar las deudas en atención a nuestra capacidad para asumirlas (Tabla 6.6).

Tipo de deuda	Consejo
TAE muy elevada.	Evitar
Préstamos de consumo para bienes no necesarios.	No recomendables
Las dirigidas a inversiones con potencial para aumentar su valor con el paso del tiempo (como por ejemplo una vivienda) o para generar ingresos (un negocio).	Asumibles
Las necesarias para evitar malvender patrimonio u otras inversiones.	

Tabla 6.6. Calidad de la deuda.

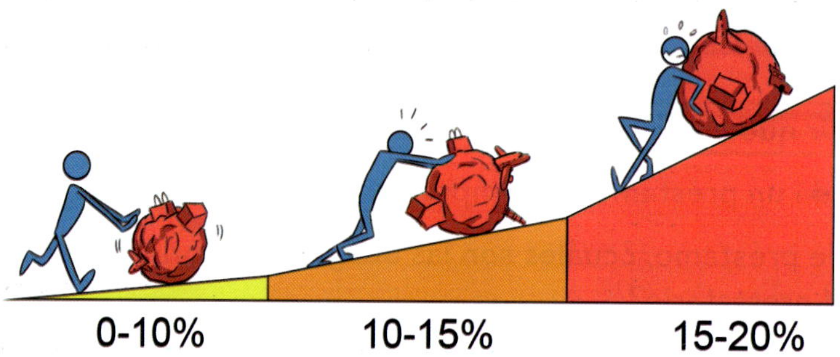

Figura 6.4. Nivel de endeudamiento recomendable. Los pagos mensuales por las deudas acumuladas, hipoteca aparte, no deberían exceder del 15-20% de los ingresos mensuales.

ACTIVIDAD RESUELTA 2

En marzo, un banco A está dispuesto a conceder a Marcos Fernández un préstamo de 40.000 € a cinco años a un tipo de interés nominal de Euríbor más un diferencial de 2 puntos revisable anualmente, de tal forma que el préstamo le queda al 5 %.

a) ¿Qué quiere decir que el tipo de interés nominal sea del 5 %?

b) ¿A qué se refiere el director del banco cuando indica a Marcos que el índice de referencia será el Euríbor, que está al 3 %?

c) Aparte, el préstamo tiene una comisión de apertura del 0,3 %, de tal forma que la TAE de la operación es del 5,24 %. ¿A cuánto asciende la comisión? ¿Qué mide la TAE del 5,24 %?

d) Otro banco B le ofrece a Marcos el mismo préstamo, solo que el interés nominal revisable anualmente es del 4,75 % y la comisión de apertura es del 0,5 %. ¿Cómo puede saber Marcos qué préstamo le interesa más?

Solución:

a) Un interés nominal del 5 % quiere decir que por cada 100 euros que se reciben en concepto de préstamo serán devueltos 105, es decir, 100 en concepto de devolución de principal y 5 en concepto de intereses.

b) Se trata de un préstamo de interés variable, en el cual el índice o valor de referencia es el Euríbor. Cada revisión anual marca el interés a pagar durante los siguientes 12 meses. Si en marzo del año siguiente, cuando le tocara la revisión a Marcos, el Euríbor fuera del 4 %, el interés anual nominal se iría hasta el 6 % porque el préstamo se ha pactado a Euríbor + 2 puntos. Y así sucesivamente cada año.

c) Aparte de las cuotas mensuales que tienen un coste en función de los intereses, las entidades bancarias aplican comisiones que encarecen el préstamo, que en este caso es:
Comisión de apertura: 40.000 · 0,003 = 120 €. Al tener en cuenta este gasto, la operación de préstamo se encarece. La TAE mide el coste global de la operación de préstamo, el cual asciende al 5,24 % en este caso (Marcos pagará 5,24 euros al año por cada 100 que ha recibido prestados).

d) Para saber cuál es el préstamo más interesante hay que comparar sus TAE. Para ello utilizaremos el simulador en línea del *Portal del Cliente Bancario*, que encontraremos en la web del Banco de España **(www.bde.es):**

- TAE Banco A = 5,24 %
- TAE Banco B = 5,07 %

Banco A

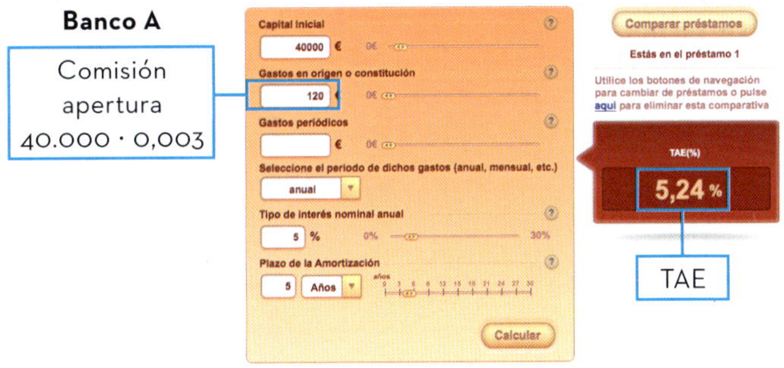

Banco B

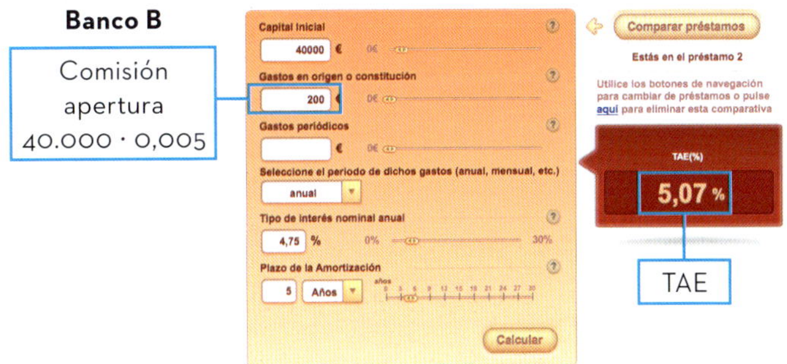

En términos económicos, a Marcos le conviene aceptar la propuesta del banco B, pues la TAE, que mide el coste global de la operación es menor.

ACTIVIDADES

14. ¿En qué se diferencian los créditos rápidos de los préstamos personales?

3 El contrato de seguro

El riesgo está siempre presente en la vida de las personas tanto a nivel profesional como personal. Para protegernos frente a las consecuencias de los riesgos es por lo que contratamos un *seguro*. Al hacerlo transferimos esos riesgos a un tercero, una **compañía aseguradora,** en la medida en que será ella quien indemnice total o parcialmente el daño que se pueda producir si ocurre el suceso o la contingencia previsto en el contrato de seguro.

El **seguro** es un contrato mediante el cual, a cambio de una *prima*, un asegurador se compromete, en caso de que se produzca una *contingencia* o *siniestro*, a indemnizar a un tercero.

Los seguros se clasifican en dos grandes bloques: los *seguros de personas* y los *seguros contra daños*. El lenguaje de los seguros tiene varios términos que conviene conocer y que se recogen en la Tabla 6.7.

Prima	Es el precio del seguro.
Póliza	Es el documento donde figuran las condiciones del contrato.
Asegurador	Es la compañía de seguros.
Asegurado	Es la persona expuesta al riesgo previsto en el seguro. Dicho riesgo puede recaer sobre la propia persona, sus bienes o su patrimonio.
Tomador	Es la persona que contrata el seguro y paga la prima.
Beneficiario	Es la persona que recibe la contraprestación pactada en el contrato.
Suma asegurada	Es el límite máximo de indemnización a pagar en caso de que se produzca la contingencia o siniestro.
Contingencia o siniestro	Es el evento previsto en la póliza que da lugar al cumplimiento de las obligaciones del asegurador.
Cobertura	Es el riesgo cubierto.

Tabla 6.7. Terminología propia de los seguros.

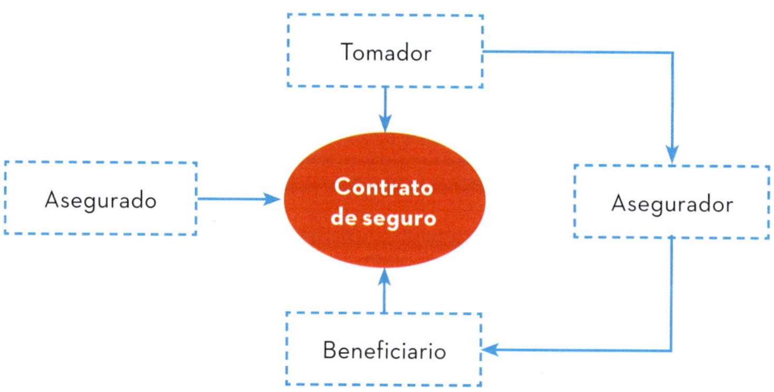

Figura 6.5. Hay cuatro figuras que intervienen en el contrato de seguro, aunque *tomador, asegurado* y *beneficiario* pueden ser la misma persona.

IMPORTANTE

Cuando el riesgo se materializa es cuando se produce la **contingencia** que da lugar a la indemnización pactada.

¿SABÍAS QUE...?

Asociados a los contratos de préstamo, son frecuentes los **seguros de vida** en los cuales el banco es el beneficiario. La idea es que la entidad pueda recuperar lo prestado en caso de fallecimiento de quien recibe el préstamo.

3.1. Seguros de personas

Los más importantes son los *seguros de vida*, aunque también existen otros que deben conocerse:

- **Seguros de vida.** Se contratan para disminuir el impacto económico de ciertos acontecimientos sobre la vida de las personas. En el contrato más habitual de este tipo el asegurador se obliga, en caso de fallecimiento del asegurado, a pagar al beneficiario la cantidad de dinero pactada.
- **Otros seguros de personas.** Cubren los gastos que se derivan de ciertas circunstancias que afectan a la integridad corporal o el estado de salud.

De accidentes	De enfermedad	De asistencia sanitaria	De decesos
Indemnización por accidentes que ocasionan muerte o invalidez	Gastos de asistencia médica y farmacéutica durante los periodos de enfermedad	Gastos de asistencia sanitaria y farmacéutica	Gastos de servicios funerarios

Tabla 6.8. Otros seguros de personas.

IMPORTANTE

Cuando se compra una casa mediante un **préstamo hipotecario** los bancos suelen exigir la contratación de un seguro contra daños por un importe igual al valor de tasación del inmueble.

3.2. Seguros contra daños

Son los que recaen sobre los bienes o sobre el patrimonio de las personas.

- **Seguro de hogar.** Cubre los daños materiales en el hogar, como los desperfectos causados por el agua, cristales rotos o un incendio. Pero también cubre la **responsabilidad civil** originada por daños o lesiones que se puedan causar a otras personas o a sus bienes desde la vivienda del asegurado, como por ejemplo la caída de objetos desde las ventanas o balcones, dejar un grifo abierto que inunde un piso inferior, etc.
- **Seguro obligatorio de vehículos a motor.** Este seguro cubre los daños causados por el conductor a *terceros* (es decir, a otras personas) con independencia de quién sea el propietario.
- **Seguro de responsabilidad civil.** El objetivo de este seguro es proteger el patrimonio de las personas por la responsabilidad que pudiera derivarse por daños y **perjuicios** a terceros.

VOCABULARIO

Perjuicio. Pérdida de valor del patrimonio causada por la acción de una persona, que deberá ser reparada por ella.

Responsabilidad civil. Obligación que recae sobre una persona de reparar daños que ha causado a otra. Normalmente supone un pago de dinero a la persona que ha sufrido daño.

ACTIVIDADES

15. Os proponemos una simulación para poner en práctica lo que habéis aprendido sobre seguros. Organizaos en parejas:

- Uno de vosotros será un posible cliente de seguros. Tendrá que decidir cuál es su edad, si tiene hijos y si tiene coche.
- El otro será un agente de seguros que intentará vender tres seguros: de vida, de decesos y obligatorio de automóvil.

Comenzad a negociar seguro a seguro. Anotad los argumentos del cliente y del vendedor a favor y en contra de contratar cada seguro.

MAPA CONCEPTUAL

Inversiones

Clasificación en función de

- Liquidez
- Seguridad
- Rentabilidad

Valores

- Renta fija → Fondos de inversión ← Renta variable

Minimización del riesgo

- Diversificación
- *Rating*

Deudas

- Sobrecargan el presupuesto familiar.
- Coste en forma de Interés (Fijo / Variable) + Comisiones Gastos = TAE
- Préstamo

Prestamista → € → Prestatario

Prestatario → € + TAE → Prestamista

Deudas más habituales

Hipotecarios	Préstamos personales	Tarjetas de crédito	Descubiertos	Créditos rápidos

De menor a mayor coste →

Relación deuda/ingresos, hipoteca aparte

- 15-20 %
- 10-15 %
- 0-10 %

Seguros

Figuras del contrato de seguros

- Tomador → Contrato de seguro; Tomador → Asegurador
- Asegurado → Contrato de seguro
- Asegurador → Beneficiario
- Beneficiario → Contrato de seguro

Tipos de seguros

Personas	De vida
	De accidentes
	De enfermedad
	De asistencia sanitaria
	De decesos
Daños	Hogar
	Obligatorio de vehículos a motor
	Responsabilidad civil

TEST DE REPASO

1. Una inversión con alta liquidez:

a) Se puede convertir fácilmente en gas.

b) Se puede convertir fácilmente en dinero.

c) Tiene un vencimiento temprano.

d) Ofrece mayor rentabilidad.

2. Una inversión a más largo plazo:

a) Tiene mayor rentabilidad.

b) Tiene menor rentabilidad.

c) Es más segura.

d) Es más líquida.

3. Una inversión más segura:

a) Tiene mayor rentabilidad.

b) Desgrava impuestos.

c) Tiene menor rentabilidad.

d) Tiene un vencimiento más lejano.

4. Una acción:

a) Ofrece una alta rentabilidad.

b) Ofrece una baja rentabilidad.

c) Ofrece una rentabilidad fija.

d) Ofrece una rentabilidad variable.

5. Si una empresa espera aumentar sus beneficios:

a) El valor de sus acciones sube.

b) El valor de sus acciones baja.

c) Paga menos impuestos.

d) Se hace más popular.

6. Diversificamos nuestras inversiones para:

a) Aumentar nuestra rentabilidad.

b) Aumentar nuestro plazo.

c) Aumentar nuestro riesgo.

d) Reducir nuestro riesgo.

7. Un fondo de inversión:

a) Tiene una cartera de inversión.

b) Tiene una rentabilidad fija.

c) Es totalmente líquido.

d) No sirve para nada.

8. Cuando nos endeudamos:

a) Aumentamos nuestro consumo futuro.

b) Nos permite cobrar intereses.

c) Reducimos nuestro consumo presente.

d) Disminuimos nuestro consumo futuro.

9. Un tipo de interés del 5 %:

a) Es un tipo de interés alto.

b) Es un tipo de interés bajo.

c) Es un tipo de interés fijo.

d) Es un tipo de interés variable.

10. El prestatario:

a) Es la cantidad de dinero prestada.

b) Es quien presta el dinero.

c) Es quien recibe el préstamo.

d) Es quien garantiza el préstamo.

11. Un préstamo con un TAE muy elevado:

a) Es muy recomendable.

b) Es muy desaconsejable.

c) Está aprobado por el Banco Mundial.

d) Está prohibido por el Banco Mundial.

12. Un seguro:

a) Permite repartir riesgos.

b) Hace que no corramos riesgos.

c) Es una forma de inversión.

d) Es muy rentable.

ACTIVIDADES FINALES

Teoría

1. Señala las diferencias que existen entre la renta fija y variable en cuanto a rentabilidad.
2. Compara renta fija y variable en términos de liquidez, seguridad y rentabilidad.
3. Un conocido economista dijo que «la rentabilidad es la medida del riesgo». ¿Por qué?
4. ¿Cuál es la principal virtud de los fondos de inversión?
5. ¿Cómo puede una persona utilizar su tarjeta de crédito para obtener dinero prestado?
6. ¿En qué consisten los llamados *números rojos*?
7. En relación con la calidad de la deuda, ¿a qué tipo de deudas crees que se le llama *deuda buena*? ¿Y *deuda mala*? Justifica tus respuestas.
8. ¿Por qué crees que a la hora de medir el nivel de endeudamiento no se incluye la hipoteca?
9. ¿Cuáles dirías que son las ventajas e inconvenientes del endeudamiento?
10. ¿Qué diferencia hay entre cobertura y contingencia?
11. ¿Por qué las entidades financieras suelen ser las beneficiarias de seguros de vida en las operaciones de préstamo que ellas mismas conceden?
12. ¿Cómo minimizan los seguros el riesgo de una persona?
13. ¿En qué se diferencian el seguro de responsabilidad civil del seguro de hogar?
14. ¿Qué tipo de seguro contratarías si quisieras que tu patrimonio no se viera afectado por los siguientes gastos?
    a) Gastos médicos causados por una pulmonía.
    b) Invalidez sobrevenida por un accidente de coche.
    c) Responsabilidad sobrevenida al caer una maceta a la calle desde nuestra casa.
    d) Responsabilidad al causar un accidente por cruzar la calle por un lugar indebido.

Práctica

15. Hace doce meses Camilo constituyó una cartera de inversión que combinaba renta fija, renta variable y fondos de inversión de acuerdo con lo que puedes ver en la Tabla 6.9.

    En la actualidad Camilo desea conocer la rentabilidad que le han proporcionado las distintas inversiones.

16. ¿Qué productos de inversión recomendarías para cada uno de los siguientes casos? Justifica tu respuesta:
    a) Un chico de 25 años que recibe una herencia de 3.000 € y no tiene proyectos concretos para ella.

Cartera de inversión	Invertido	Obtenido		
		Intereses	Dividendos	Venta
Renta fija	2.000 €	200 €	–	–
Acciones A	3.000 €	–	–	3.090 €
Acciones B	1.000 €	–	40 €	–
Acciones C	1.000 €	–	–	950 €
Fondo renta fija	2.000 €	300 €	–	–
Fondo renta variable	2.000 €	–	–	1.940 €

Tabla 6.9. Cartera de inversiones de Camilo.

b) Una señora de 55 años que piensa cambiar de coche dentro de dos años necesita 12.000 € y tiene 11.000 €.

17. A Ana le han concedido un préstamo en el Banco Mediterráneo de 15.000 € para comprarse un coche y a devolver en 5 años. El interés pactado es del 8 %, si bien el coste global será del 9,5 % debido a las comisiones y gastos.

a) ¿Qué tipo de préstamo ha contratado Ana?

b) Identifica los siguientes términos asociados a la operación de préstamo: el interés nominal, el prestamista, el prestatario, el plazo de devolución y la TAE.

18. Nuria, Elisa y Sandro presentan la relación de ingresos y gastos mensuales que se recoge en la tabla siguiente. Los tres están considerando solicitar un préstamo para comprarse un coche aunque ya tienen contratados otros préstamos.

Relación de ingresos y deudas			
	Nuria	Elisa	Sandro
Ingresos	1.100 €	1.300 €	1.500 €
Hipoteca	400 €	500 €	600 €
Préstamos	200 €	100 €	300 €

De acuerdo con los datos de la tabla anterior, determina:

a) ¿Cuál sería el límite que podrían pagar al mes sin que el nivel de endeudamiento supusiera una carga para su presupuesto familiar?

b) Indica qué cantidad podrían pagar al mes en función de los otros préstamos que ya tienen qué pagar.

19. Héctor quiere solicitar una hipoteca de tipo variable con referencia Euríbor a 25 años para pagarse una vivienda tasada en 112.500 €. Sabiendo que los bancos suelen conceder como máximo el 80 % del valor de tasación y el Euríbor está al 2,5 %, determina para cada préstamo recogido en la tabla siguiente:

	Banco		
	A	B	C
Interés de referencia y puntos	Euríbor + 1 punto	Euríbor + 2 puntos	Euríbor + 1,5 puntos
Comisión de apertura	2 %	0,3 %	0,4 %

a) La cuantía de la comisión de apertura.

b) El interés nominal.

c) La TAE y, en consecuencia, el préstamo que le interesa más.

Ayúdate de un simulador de Internet como por ejemplo el de Banco de España (**www.bde.es**) para calcular la TAE y, en consecuencia, el préstamo que le interesa más.

20. Julia ha contratado un seguro de vida con la aseguradora Mutua Segura para su marido Jaime para que, en caso de fallecimiento, sus hijos Juan y Jimena cobren 30.000 € cada uno.

Identifica al asegurado, el asegurador, el tomador y el beneficiario de este contrato de seguro.

21. En un accidente de tráfico resultaron heridas varias personas. En primer lugar, el causante del mismo, cuyo coche fue declarado siniestro total. Además, dos coches más resultaron con graves desperfectos y el conductor de uno de ellos estuvo hospitalizado dos meses. ¿A quién indemnizará el seguro obligatorio de vehículos a motor?

22. Investiga en Internet la forma en que, a través de las Bolsas de valores, las empresas consiguen financiación y los particulares se convierten en accionistas o propietarios.

Imprescindible · Necesario · Complementario

TALLER DE PRENSA

Busca en Internet un titular para cada uno de los conceptos a trabajar y completa la tabla en tu cuaderno, señalando en unas pocas líneas su interés en relación con lo estudiado en la unidad.

Concepto a trabajar	Titulares	Relación con lo estudiado en la unidad
La volatilidad de la Bolsa de valores	«Comienzo de año negro para la Bolsa española: pierde un 22 % hasta febrero» *Voz Populi* (29/2/2016)	Invertir en Bolsa es arriesgado porque esta es volátil. Es decir, se puede ganar o perder mucho valor en poco tiempo. Además, hay inversores con mejor información sobre las empresas que otros. ¡Adivina quién de ellos es el que acaba perdiendo!
Los riesgos de las agencias de rating	–	–
La importancia de diversificar las inversiones	–	–
Los peligros del crédito rápido	–	–
El préstamo hipotecario	–	–

VOCABULARIO

Inversión
Liquidez
Seguridad
Rentabilidad
Renta fija
Renta variable
Renta mixta
Acciones
Fondo de inversión
Diversificación
Solvencia
Agencias de calificación o de *rating*
Deuda
Principal (capital)
Interés
Comisiones bancarias
Préstamo
Prestamista
Prestatario
Tasa Anual Equivalente (TAE)
«Números rojos»
Euríbor
Diferencial
Punto (término financiero)
Seguro (contrato)
Prima (seguros)
Póliza
Tomador
Asegurado
Asegurador
Beneficiario
Perjuicio
Responsabilidad civil

JUEGO ECONÓMICO

Los especuladores suicidas

Es el 24 de octubre de 1929. Los tipos de interés eran muy bajos y muchos especuladores habían tomado grandes deudas para comprar acciones de Wall Street. Tantas acciones se compraron que el valor de la Bolsa se infló artificialmente y se creó lo que en economía se llama una «burbuja». Al estallar la burbuja las acciones bajaron de precio, los especuladores se arruinaron y no pudieron devolver sus deudas a los bancos. Entonces algunos inversores arruinados por su codicia y falta de prudencia acudieron a un rascacielos cercano para tirarse por las ventanas.

Objetivos

Mediante este juego asociaremos los *tipos de interés* demasiado bajos con la aparición y estallido de *burbujas*. También recordaremos los peligros que conlleva la codicia desmedida y la falta de prudencia financiera.

Tiempo

Una partida puede durar unos 10 minutos.

Número de jugadores

El número recomendado de jugadores es de 2 o 3.

Material

Tu profesor te proporcionará:

a) Una tabla con un valor de los tipos de interés sobre la que se coloca una ficha.

b) Una tabla de turnos, con otra ficha.

c) El tablero de juego, con el rascacielos y las ambulancias.

Descripción del juego

Tu misión como conductor de ambulancias es tratar de salvar la vida de los especuladores. Tienes que conducirla de derecha a izquierda y recogerlos antes de que lleguen al suelo.

7 EL DINERO Y SUS FORMAS

El hecho de que podamos entregar monedas y billetes a cambio de unas zapatillas o de entrar al cine es esencial para que los mercados puedan funcionar con agilidad. Además, gracias a ello podemos, por ejemplo, usar el dinero para comparar el valor de las cosas o para ahorrar de cara al futuro.

Pero en la actualidad hay formas de dinero distintas de los billetes y monedas, como el saldo de nuestras *cuentas corrientes* o las *tarjetas de crédito*. Estas nuevas formas de dinero, cada vez más utilizadas, funcionan a través de los bancos, por lo que tenemos que acostumbrarnos a gestionar nuestras relaciones con ellos para conocer nuestros *derechos* y *obligaciones* frente a ellos.

EL CUENTO DE AMOR ENTRE UNA BRUJA Y UN PRÍNCIPE

Hubo una vez una bruja que quiso el amor de un príncipe. Pero este la despreció y ella en venganza prometió destruir todo su reino.

Al día siguiente, la bruja elevó sus manos al cielo y al momento todas las monedas del reino se convirtieron en flores malolientes. La gente fue a lavarse y descubrió que no tenían dinero para comprar jabón. Del castillo escapaban los cuervos huyendo de aquella pestilencia. Entonces el príncipe, desesperado, se dirigió a sus súbditos y dijo a su pueblo: «No importa, oleremos mal, pero las flores serán nuestra moneda, y con ellas será permitido comprar y vender, igual que hacíamos con las monedas». Y la gente aplaudió, reconociendo la sabiduría de su soberano y resignándose a tener que taparse la nariz. Y los hombres y las mujeres volvieron a comprar y vender, usando aquellas flores, en lugar de las monedas.

Entonces la bruja hizo algo peor. De cada camino, de cada linde, de cada balcón, empezaron a nacer miles, millones de flores pestilentes. El primer vecino compró una tienda entera solo con las flores de su maceta. Pero entonces ocurrió que los precios subieron: un huevo costaba cien flores y mil una gallina. Pronto las flores no valieron nada. Y no había con qué comprar ni vender. Ni flores, ni monedas.

Entonces el príncipe, desesperado, pidió disculpas a la bruja por su desprecio y se casó con ella. Y así todas las flores volvieron a convertirse en monedas y todos fueron felices.

Es decir, casi todos...

Preguntas:

1. **¿Por qué crees que subieron los precios después de la segunda maldición de la bruja?**
2. **¿Crees que fabricando mucho dinero y repartiéndolo entre todos se puede hacer a un reino más feliz?**
3. **¿Te parece bien que el príncipe se casase con la bruja?**

Sumario

1 El dinero

El dinero simplifica los intercambios: todo el mundo acepta el dinero porque todos saben que, a su vez, podrán utilizarlo para comprar lo que necesiten.

El **dinero** es un medio de cambio o de pago y cobro generalmente aceptado.

1.1. Funciones del dinero

Aparte de la más importante, que es la de ser utilizado como *medio de cambio*, existen otras funciones como *depósito de valor* y *unidad de cuenta común*. Veamos en qué consisten exactamente estas funciones (Fig. 7.1):

Medio de cambio

Sin un medio de pago y cobro universal estaríamos condenados al intercambio de bienes por bienes; es decir, al **trueque.** Gracias al dinero se simplifica muchísimo el problema de ajustar las distintas ofertas y demandas, siempre que se disponga de suficiente cantidad de dinero.

Depósito de valor

El dinero es un bien imperecedero que permite a su poseedor aplazar la decisión de utilizarlo y almacenarlo mientras lo crea conveniente. No obstante, como estudiaremos en la siguiente unidad, el dinero puede perder valor debido a la *inflación*.

Unidad de cuenta común

La economía mide el valor de las cosas en dinero. Es una vara con la que se pueden establecer comparaciones o agrupaciones entre las cosas que, de lo contrario, sería imposible efectuar.

Por ejemplo: si un bolígrafo vale 1 € y una videoconsola 400 €, podemos decir que una videoconsola equivale a 400 bolígrafos. Además, podemos agruparlos al estar expresados en la misma unidad de medida: suman un total de 401 €.

Figura 7.1. Funciones del dinero.

1.2. Tipos de dinero

Lo relevante del dinero que utilizamos en la actualidad es la confianza que tenemos las personas en poder utilizarlo como un medio de cambio aceptado por todos. Como dinero de confianza o **fiduciario,** hoy en día se aceptan:

- **El dinero legal.** Son los billetes y monedas de curso legal emitidos por los bancos centrales de cada país. España es uno de los países de la Unión Europea encuadrados en la eurozona, que han adoptado el euro como moneda, por lo que el organismo que emite y controla la cantidad de dinero circulante es el Banco Central Europeo (BCE).
- **El dinero bancario.** Es el que, de alguna forma, solo existe virtualmente, porque «está en el banco». Cuando depositamos el dinero legal en un banco o caja, este desaparece físicamente y renace como dinero bancario (es decir, deja de estar en efectivo o deja de ser efectivo).

¿SABÍAS QUE...?

Cuando la confianza en el dinero desaparece, los billetes y monedas solo tienen el valor del papel o el metal del que se valen para circular. Por ejemplo, después de la Guerra Civil española (1936-1939), el dinero y los vales emitidos por la República, el bando perdedor, eran vendidos en lotes por su peso en papel.

ACTIVIDADES

1. El vino o la cerveza funcionaron como dinero en algunas épocas de la historia. ¿Por qué crees que no llegó a consolidarse el uso de estas mercancías como dinero?

2 Cuentas bancarias

Los bancos y cajas son empresas intermediarias en el mercado del dinero. Es decir, tratan de captar el ahorro de las familias para canalizarlo hacia otros fines y en este sentido ofrecen distintos productos o activos financieros que buscan adaptarse a las necesidades o características de sus clientes.

Diferenciados por su grado de liquidez, y en relación inversa a los intereses que generan, los productos más demandados por los usuarios de bancos y cajas son los *depósitos a la vista* y los *depósitos a plazo fijo*.

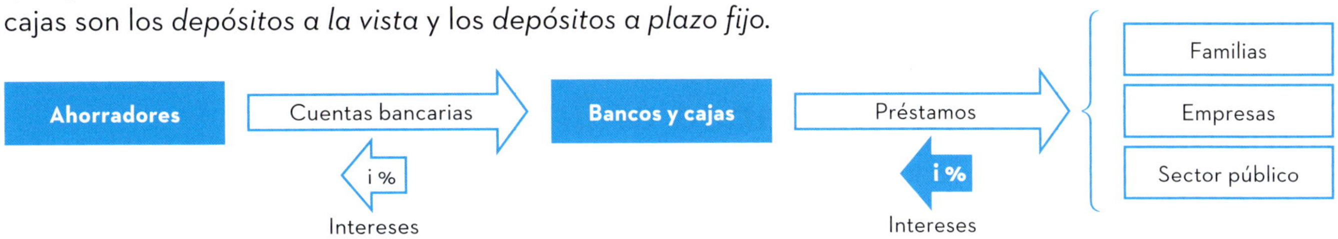

Figura 7.2. El papel de las cuentas bancarias en la generación de crédito.

2.1. Depósitos a la vista

El servicio más básico que ofrecen los bancos y cajas son las *cuentas bancarias* o *depósitos a la vista,* llamados así porque se puede disponer del dinero de forma inmediata.

Las **cuentas bancarias** son depósitos de dinero que constituyen el soporte en torno al cual se centralizan las operaciones bancarias habituales.

VOCABULARIO

Cheque. Orden de pago al banco para que entregue una cantidad especificada a quien se indique, siempre que existan fondos suficientes en cuenta.

Las operaciones bancarias más habituales son las siguientes:

• Ingresos o pagos de dinero.	• Traspasos de dinero entre cuentas de la misma entidad.
• Domiciliaciones de recibos (atender al pago de recibos que previamente ha autorizado el titular, como el de la luz o el móvil).	• Retiradas de dinero mediante cajeros automáticos.
• Transferencias de dinero entre cuentas bancarias de distintas entidades.	• Pago de cuotas de préstamos. • Aportaciones a planes de pensiones.

Las cuentas bancarias a la vista pueden ser **corrientes** y de **ahorro**. La única diferencia es que en la cuenta corriente se puede disponer de los fondos mediante **cheques,** y en la cuenta de ahorro se utiliza la **libreta de ahorro.**

Una variedad de la libreta de ahorro es la **libreta para jóvenes,** libre de comisiones y con incentivos, como actividades, sorteos y regalos. Los titulares pueden ser desde recién nacidos hasta una edad límite en torno a los 25 años.

Ventajas	Inconvenientes
Sencillez de contratación	Poca rentabilidad
Liquidez total	Comisiones por mantenimiento (*)
Información detallada de movimientos	Comisiones por administración (*)
Utilización de cajeros	Comisiones por operaciones (*)

Tabla 7.1. Ventajas e inconvenientes de los depósitos a la vista.
(*) Las libretas de ahorro para jóvenes están libres de comisiones.

VOCABULARIO

Libreta bancaria. Cuadernillo expedido por bancos y cajas en el que se anotan los movimientos de dinero efectuados en una cuenta asociada.

¿SABÍAS QUE...?

Tipos de comisiones bancarias y su correspondiente concepto:

- **Administración.** Por reflejar movimientos y operaciones en la cuenta.
- **Mantenimiento.** Por ser titular de una cuenta.
- **Operaciones.** Por prestación de servicios puntuales, como enviar una transferencia, estudiar una operación de préstamo, etc.

2.2. Depósitos o imposiciones a plazo fijo

Son aquellos cuyo titular, a cambio de una remuneración en forma de intereses, se compromete a mantenerlos durante un plazo determinado, de tal forma que no puede disponer de ellos sin asumir una penalización.

Dentro del ámbito bancario, este tipo de depósitos son los que más interés generan para los clientes de estas entidades. A diferencia de los depósitos a la vista, no funcionan como «soporte operativo» de las operaciones bancarias habituales. Así, por ejemplo, no es posible operar con cheques, retirar dinero de cajeros o domiciliar recibos.

2.3. La banca *online*

En los últimos años ha ganado peso operar a través de las nuevas tecnologías en vez de hacerlo físicamente. Las **ventajas** de la llamada banca *online* (por Internet) son indudables:

- Comodidad.
- Acceso las 24 horas.
- Ahorro de tiempo.
- Operaciones más baratas.
- Transparencia informativa.
- Ofertas y servicios personalizados.

No obstante, no ha sido posible separar las ventajas de la banca *online* de los **peligros** propios del mundo informático. La vulnerabilidad de Internet ha requerido reforzar la seguridad y extremar la precaución con claves de refuerzo o apoyarse en medios convencionales como el teléfono o el correo. Los bancos ponen todo de su parte para evitar utilizaciones fraudulentas en las operaciones de sus clientes, pero de nada vale si, por su parte, los clientes no desarrollan buenos hábitos a la hora de conectar *online* con su banco. Entre otras **buenas prácticas,** se destacan las siguientes (Fig. 7.3):

	**1.** Desconfiar de mensajes de correo electrónico que provengan de sitios desconocidos o contengan información incoherente.	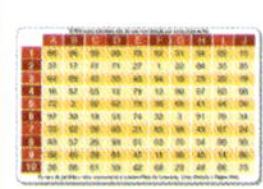	**6.** Evitar la visualización de tu tarjeta de claves por parte de terceros y no realizar copias de la tarjeta.
	**2.** Cambiar periódicamente el código de acceso, memorizarlo y evitar anotarlo.		**7.** Utilizar y actualizar automáticamente sistemas antivirus y *antispyware*.
	**3.** Guardar en lugar seguro tarjetas de claves o de identificación digital.		**8.** Actualizar el navegador y el sistema operativo con las mejoras de seguridad aportadas por los fabricantes.
	**4.** Nunca entregar el identificador, contraseña u otros datos personales cuando estos sean requeridos por mensajes SMS, fax, un mensaje de correo electrónico o por un enlace contenido en el mismo, que no apunte a una dirección segura *(https)*.		**9.** Instalar un cortafuegos en las conexiones permanentes a la red informática.
	**5.** Proteger el acceso al móvil en el que se tenga acceso a la banca *online*.		**10.** Tomar precauciones adicionales en ordenadores públicos o compartidos.

Figura 7.3. Buenas prácticas en la banca electrónica.

ACTIVIDAD RESUELTA 1

Germán ha tenido los siguientes gastos e ingresos a lo largo de los meses de enero y febrero en su libreta joven:

Gastos		Ingresos	
25/01. Recibo teléfono móvil:	20,10 €	25/01. Ingreso en oficina:	60 €
28/01. Reintegro cajero automático:	100 €	02/02. Trans. Banco Hoces:	1.200 €
04/02. Compra en Boccioni's:	85,43 €		

Dado el extracto de la cuenta bancaria de Germán se pide:

a) Identificar los elementos característicos del extracto bancario.

b) Registrar los movimientos citados para determinar el saldo final de la cuenta si el saldo anterior era de 435,23 €.

Solución:

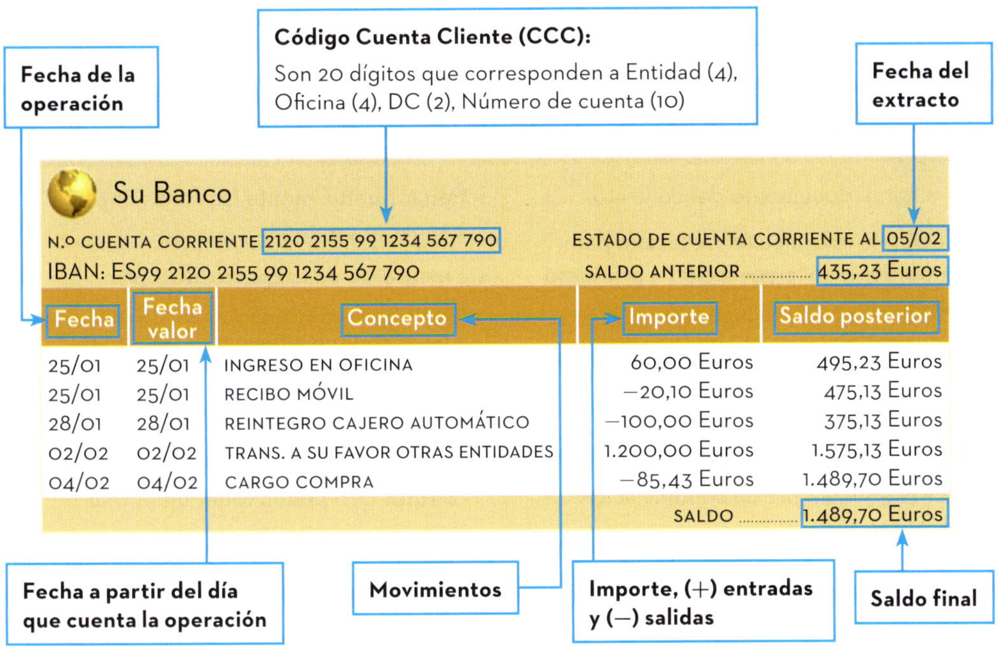

Figura 7.4. Extracto bancario. El CCC será sustituido progresivamente por el IBAN, un estándar internacional de 24 dígitos que incorpora 2 dígitos de país y otros 2 de control.

ACTIVIDADES

2. ¿Cuál es la función de los bancos y cajas en el mercado del dinero?
3. ¿Por qué se dice que los depósitos bancarios funcionan como un «soporte operativo»?
4. ¿Cuál es el principal inconveniente de la banca *online*?

¿SABÍAS QUE...?

Debido a horarios y días laborables a veces no coinciden las **fechas de las operaciones** con las fechas a partir del día que cuentan.

Por ejemplo, es práctica habitual que las operaciones realizadas a partir de las 11 horas computen para el día laborable siguiente.

3 Relaciones bancarias

A diferencia de lo que sucede en la relación entre una persona y un comercio, entre los bancos y sus clientes hay un contrato duradero y vinculante cuyas condiciones podemos pactar, e incluso reclamar llegado el caso.

3.1. Derechos y obligaciones

Cualquier producto bancario es un contrato del que se derivan derechos y obligaciones para ambas partes. Así, por ejemplo, podemos dar una definición de la *cuenta bancaria* más técnica que la que vimos en páginas anteriores.

Una **cuenta bancaria** es un **contrato** entre una entidad financiera y una persona, mediante el cual la primera custodia los depósitos de dinero a la segunda, al tiempo que le facilita la gestión y seguimiento de sus operaciones bancarias, a cambio de unas comisiones y condiciones pactadas.

Los principales **derechos** y **obligaciones** de un titular de cuenta bancaria son los siguientes (Tabla 7.2):

Derechos	Obligaciones
• Recibir el documento del contrato. • Recibir la información necesaria para entender bien la operación o producto ofertado. • Recibir los documentos de liquidación. • Recibir la remuneración del depósito con los intereses pactados inicialmente o posteriormente modificados por la entidad, previa comunicación al cliente.	• Pagar puntualmente las comisiones bancarias pactadas. • En caso de descubierto, devolver los fondos, junto con los intereses y las comisiones bancarias pactadas. • Facilitar los datos que la entidad le solicite para identificarlo. • Compensar saldos entre las distintas cuentas que pueda tener un mismo titular en la entidad.

Tabla 7.2. Derechos y obligaciones del titular de una cuenta bancaria, según el *Portal del Cliente Bancario* (Banco de España).

Es por las implicaciones legales que se insiste en que los usuarios bancarios lean la llamada **«letra pequeña»,** esos párrafos de letra que no parecen muy importantes, pero con las mismas implicaciones legales que la «letra grande».

ACTIVIDADES

5. **Busca en Internet un modelo de contrato de una cuenta bancaria y léelo detenidamente. Contabiliza el número de apartados y busca en el diccionario el significado de aquellas palabras que desconozcas.**

WEB

La educación y divulgación sobre el conocimiento de los productos financieros es competencia de la Administración Pública.

El Banco de España la ha fomentado a través de la web: **www.finanzasparatodos.es.**

IMPORTANTE

Para velar por los derechos de los usuarios de banca existen **asociaciones de consumidores** cuyos recursos posibilitan acciones colectivas mucho más fuertes y eficaces que las que se puedan presentar a título individual. Una de ellas es la Asociación de Consumidores y Usuarios de Banca (ADICAE): **www.adicae.net.**

3.2. Información y negociación

Contratar un producto bancario diferente en cada banco puede ser muy caro por las comisiones que aplican, así que en la práctica la gente suele trabajar con uno o dos bancos.

Los **factores clave** a la hora de contratar una cuenta bancaria son los siguientes (Tabla 7.3):

Comisiones y gastos en general	Pueden exigirse saldos mínimos para no cobrar comisiones.
Los costes de descubierto o «números rojos»	Comisiones y gastos por operaciones específicas tales como domiciliaciones, transferencias, traspasos, pago de impuestos.
La facilidad y coste de disponer de tarjetas de débito y de crédito	Costes de la operativa de la banca *online* por Internet.

Tabla 7.3. Factores clave a la hora de contratar una cuenta bancaria en una u otra entidad.

Antes de contratar cualquier producto en una entidad financiera lo mejor es recabar información sobre bancos diferentes y no precipitarse al elegir. En la Tabla 7.4 mostramos algunos **buenos consejos.**

Para productos y servicios bancarios	• Pedir siempre el folleto informativo que se ofrece de forma gratuita. • Pedir una oferta vinculante en el caso de préstamos hipotecarios para poder compararla con calma y tiempo suficiente con las de otras entidades.
Para productos de inversión (renta fija, acciones y otros)	Solicitar la información por escrito sobre las características, riesgos y costes del producto.
Para seguros de vida	Pedir la nota informativa, un documento que recoge las condiciones generales del contrato.

Tabla 7.4. Consejos prácticos en la negociación con entidades financieras. El criterio común es obtener la máxima información posible, preferiblemente por escrito.

Pero a medida que contratamos nuevos productos bancarios nos encontraremos con que las ofertas de cada banco o caja son dispares. Por ejemplo, uno puede tener buenas condiciones para el préstamo hipotecario pero, sin embargo, cobrar comisiones muy altas en la cuenta corriente.

Lo normal, cuando no convencen unas condiciones pero sí otras, es que los clientes traten de **negociar** para no andar de banco en banco. Y es que cuantos más productos bancarios se tengan contratados en una misma entidad, más fácil será negociar:

a) Buenas condiciones en nuevas contrataciones de productos bancarios.

b) Mejoras en las condiciones de los que ya están contratados.

Por su parte, los bancos suelen negociar algunas comisiones para conseguir la fidelidad de los clientes.

IMPORTANTE

El negocio de los bancos gira en torno a las **comisiones** que cobran a sus clientes por las distintas operaciones. Por ello es necesario analizar en detalle el coste que supone la contratación de una cuenta bancaria.

WEB

El Banco de España también orienta a los ciudadanos en sus relaciones con las entidades bancarias mediante su *Portal del Cliente Bancario:* **www.bde.es/clientebanca.**

3.3. Reclamaciones

Con todo, pueden darse desacuerdos entre los usuarios bancarios y las entidades bancarias a las cuales el cliente puede oponerse. La principal forma de reclamación, y por otra parte obligatoria si es que después se desea proseguir el procedimiento ante el Banco de España, es el *servicio de atención al cliente* de la propia entidad.

> El **servicio de atención al cliente** es un departamento del propio banco que suele gozar de la autonomía suficiente como para decidir sobre conflictos entre la entidad y un cliente.

Este tipo de servicio existe tanto para las entidades que ofrecen productos bancarios como para las que ofrecen seguros y pensiones.

Una vez se nos da una contestación acreditada a la reclamación, o si transcurren dos meses desde la fecha que la presentamos y no se ha resuelto, podremos interponer la reclamación ante el Banco de España, ya sea por **vía telemática** o por escrito en papel.

IMPORTANTE

El **defensor del cliente** es un órgano externo a la entidad y por tanto tiene total independencia y autonomía para actuar. Esta figura no es obligatoria, sino opcional, salvo para el caso de los planes de pensiones individuales, que deben contar permanentemente con un defensor del partícipe.

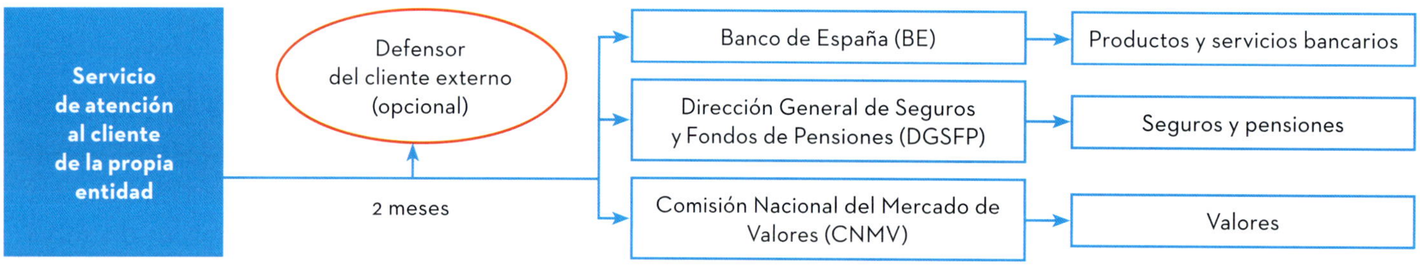

Figura 7.5. Procedimiento y entidades ante las que reclamar en función del tipo de producto.

Periscopio 1

En los últimos años ha crecido el número de reclamaciones contra los bancos, tanto a nivel individual como colectivo. La dificultad del lenguaje financiero ha propiciado que las asociaciones de consumidores faciliten modelos de reclamación a sus usuarios.

Busca «Reclamación bancaria», *modelos.*

- Localiza en Internet varios de estos modelos y señala sus puntos en común.

ACTIVIDADES

6. **¿Por qué los productos bancarios son fuente de derechos y obligaciones?**

7. **Para un cliente bancario, ¿cuándo será más fácil negociar las condiciones de sus productos bancarios en una misma entidad?**

4 Las tarjetas

Las *tarjetas* o «dinero de plástico» son hoy día uno de los medios de pago más populares gracias a su comodidad, facilidad de uso y aceptación generalizada. Su gran virtud es la seguridad: el hecho de estar protegidas por sistemas de claves hace que su utilización sea más segura que llevar el dinero en efectivo.

Las **tarjetas** son medios de pago en soporte de plástico emitidos por una entidad financiera o un comercio.

Los principales tipos de tarjetas son:

Las **tarjetas bancarias.** Las emite una entidad financiera, normalmente un banco o una caja. Pueden utilizarse para realizar compras o retirar dinero de la red bancaria de cajeros.

Las **tarjetas no bancarias.** Sirven exclusivamente para comprar en los establecimientos comerciales que las emiten (grandes almacenes, cadenas de tiendas, etc.).

Un tipo de tarjeta que no se utiliza como medio de pago, sino que sirve para acumular puntos descuentos o regalo en los comercios que la emiten, son las **tarjetas de fidelización**.

¿SABÍAS QUE...?

España es el país de Europa con más cajeros, todos ellos gestionados por tres redes: 4B, ServiRed y Euro 6000.

4.1. Las tarjetas bancarias

Las tarjetas bancarias utilizan los fondos depositados en una cuenta bancaria asociada. Pueden ser de varios tipos:

- **De débito.** Pagar con ella es como utilizar el dinero de la cuenta, ya que el importe de la compra o del dinero retirado en un cajero es retirado de la cuenta asociada de forma inmediata.
- **De crédito.** A diferencia de la tarjeta de débito, permiten realizar pagos u obtener dinero, hasta el límite fijado, sin necesidad de tener fondos en la cuenta bancaria en ese momento. La devolución del dinero que se ha utilizado debe hacerse de la forma y en los plazos previstos, normalmente en los primeros días de cada mes. Existen dos modalidades de pago:
  - **Pago mensual por la totalidad:** es la más sencilla y tradicional. El saldo deudor (todos los gastos realizados durante el mes) se paga con cargo a nuestra cuenta el primer día del mes posterior, momento en el que sí hay que tener dinero suficiente para pagar todo el saldo y liquidar la deuda.
  - **Pago aplazado:** es una «cuota flexible» que permite aplazar el pago mediante una cuota como si se tratara de un préstamo.

IMPORTANTE

Utilizar una tarjeta de crédito tiene las mismas consecuencias que disponer de cualquier otro crédito o modalidad de financiación: estamos obligado a devolver el dinero y a pagar los intereses establecidos.

Ventajas	Inconvenientes
Mayor seguridad que el dinero en efectivo	Comisiones y gastos de mantenimiento
Comodidad para pagos, recargar móvil, transferencias, etc.	Posibilidad de fraude en caso de pérdida o robo
Mayor control de gastos	Solo permite disponer del saldo de la cuenta (*)
Permite comprar ahora y pagar después (**)	Interés alto si impaga a final de mes (**)
Fondo para emergencias (**)	Su abuso puede llevar a endeudarse en exceso (**)

Tabla 7.5. Ventajas e inconvenientes de las tarjetas de débito y crédito. *Notas:* (*) *solo tarjetas de débito;* (**) *solo tarjetas de crédito.*

- **Tarjetas monedero.** También llamadas de *prepago*, permiten realizar pagos hasta un límite previamente pactado tras ingresar el dinero por caja o a través de la cuenta bancaria.
- **Tarjetas virtuales.** Son una variante de las tarjetas monedero que sirven exclusivamente para comprar en Internet. No existen físicamente, sino que solo son un número, un PIN y una fecha de caducidad.

	Operativa en				Aplazamiento de pagos	Retirada de fondos	
	Oficinas bancarias	**Cajeros**	**Comercios**	**Internet**		**Inmediata**	**Aplazada**
Débito	🟢	🟢	🟢	🟢	**No**	🟢	🔴
Crédito	🟢	🟢	🟢	🟢	**Sí**	🔴	🟢
Monedero	🟢	🟢	🟢	🟢	**No**	🟢	🔴
Virtual	🔴	🔴	🔴	🟢	**No**	🟢	🔴

Tabla 7.6. Comparación de las características de las tarjetas bancarias.

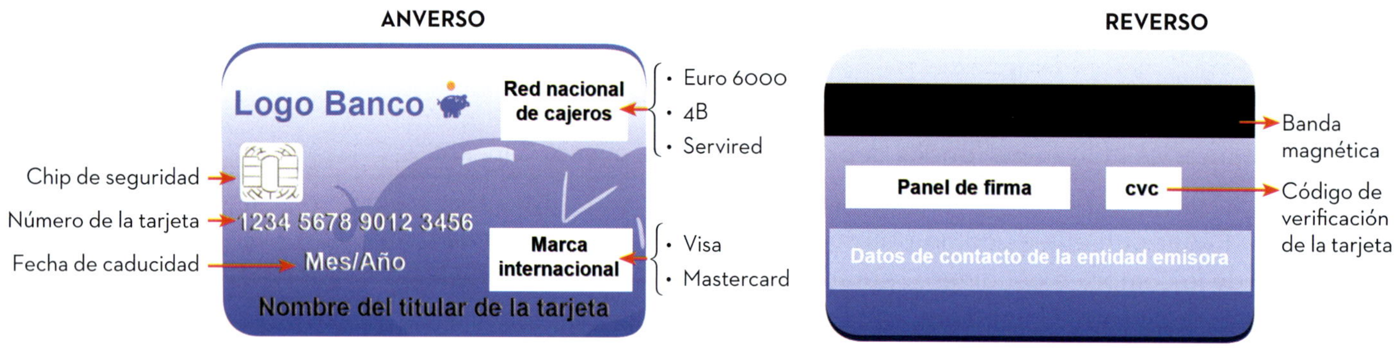

Figura 7.6. Elementos característicos de las tarjetas bancarias.

ACTIVIDAD RESUELTA 2

Señala si las características indicadas en la columna de la izquierda constituyen una ventaja o un inconveniente para las tarjetas de débito, las de crédito o ambas:

Características	V/I	Solución	
		Débito	Crédito
Posibilidad de fraude en caso de pérdida o robo.	🔴	Sí	Sí
Solo permite disponer del saldo de la cuenta.	🔴	Sí	No
Mayor seguridad que el dinero en efectivo.	🟢	Sí	Sí
Puede ser un fondo para emergencias.	🟢	No	Sí
Comodidad para pagos.	🟢	Sí	Sí
Su abuso puede llevar a endeudarse en exceso.	🔴	No	Sí

! IMPORTANTE

Las tarjetas más seguras de todas son las *monedero* y *virtuales*, ya que en caso de robo nadie puede superar el límite.

4.2. Seguridad de las tarjetas

A pesar de los riesgos de fraude que supone operar con tarjetas, este medio de pago puede llegar a ser mucho más seguro que el dinero en efectivo si nos acostumbramos a seguir algunos consejos (Tabla 7.7):

En comercios	Precaución al utilizar en el datafono.
Número secreto de las tarjetas	No anotarlo junto a la tarjeta ni en el mismo bolso.
	No utilizar números fáciles como el cumpleaños, DNI o similares.
	Memorizar y no dejar copia escrita del mismo (recomendado).
Recibos de las tarjetas	Conservar recibos y comprobar con el extracto mensual.
	Destruir recibos una vez comprobados.
Teléfono del banco	Siempre a mano, pero en lugar diferente del de la tarjeta, para anularla en caso de robo o extravío.
Internet	Comprobar que operamos en un sitio web seguro. Debe aparecer un candado o llave sin romper y la conexión segura cambiará desde «http://...». a «https://...».
	Asegurarse de la autenticidad del comercio y de que tiene sus certificados actualizados.
	Imprimir los justificantes de pago del comercio, así como las confirmaciones enviadas por correo electrónico.
	Operar con tarjetas que tengan limitada la disponibilidad para evitar graves quebrantos en caso de fraude (utilizar tarjetas virtuales siempre que sea posible).
	Siempre que se pueda, utilizar **pasarelas de pago.**

Tabla 7.7. Consejos de seguridad para el uso de tarjetas.

VOCABULARIO

Pasarela de pago. Servicio que prestan ciertas empresas como intermediarias de pago entre un cliente y un comercio. Quien paga al comercio es la empresa intermediaria que, a su vez, le cobra el importe al cliente.

Periscopio 2

Claudia ha pagado en el supermercado con su tarjeta de crédito. Siempre pone la mano izquierda encima del datáfono mientras marca con la derecha el PIN. Como número personal utiliza el año de nacimiento de su hijo y no lo lleva apuntado en ningún sitio. Ya de vuelta a casa ha parado en la gasolinera para repostar y allí también ha pagado con la tarjeta y ha guardado el comprobante en la guantera, donde ha acumulado los de los últimos meses. En casa, a través de Internet, ha vuelto a utilizar su tarjeta para comprar una secadora. Como era la primera vez que compraba en esa web ha esperado a que apareciera el candado y la dirección empezara por *https://*.

- Señala qué tipos de tarjetas ha usado Claudia.
- Comenta para cada uno de los casos si Claudia ha seguido prácticas seguras en el uso de sus tarjetas.
- ¿Qué aspectos podría mejorar Claudia para aumentar la seguridad con la que utiliza sus tarjetas?

ACTIVIDADES

8. ¿Por qué utilizar la tarjeta de débito es tanto como utilizar un cajero automático?

9. ¿Qué prestaciones ofrece la tarjeta de crédito frente a la de débito?

MAPA CONCEPTUAL

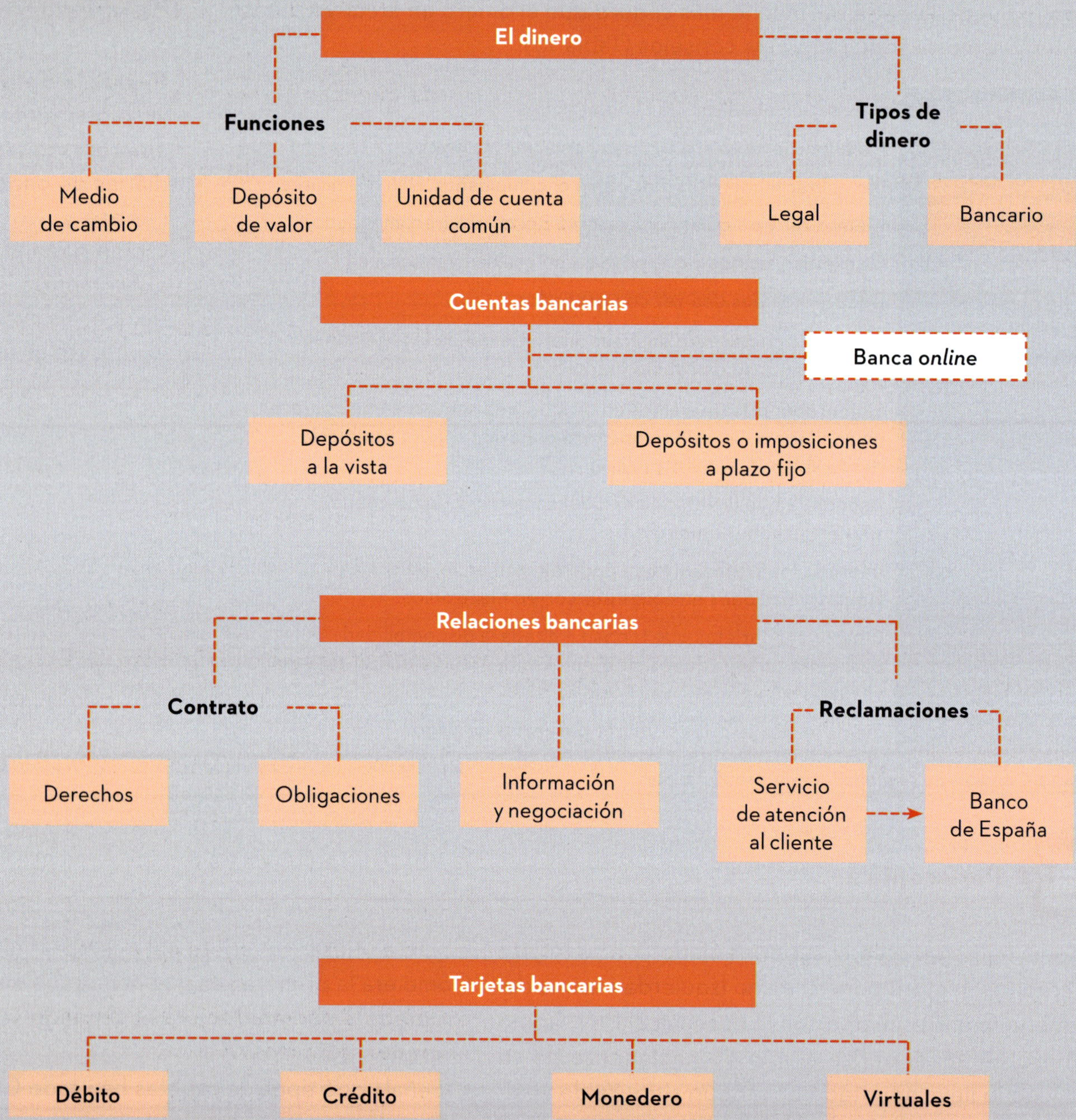

	Operativa en				Aplazamiento de pagos	Retirada de fondos	
	Oficinas bancarias	**Cajeros**	**Comercios**	**Internet**		**Inmediata**	**Aplazada**
Débito	🟢	🟢	🟢	🟢	**No**	🟢	🔴
Crédito	🟢	🟢	🟢	🟢	**Sí**	🔴	🟢
Monedero	🟢	🟢	🟢	🟢	**No**	🟢	🔴
Virtual	🔴	🔴	🔴	🟢	**No**	🟢	🔴

TEST DE REPASO

1. Necesito siempre una cuenta corriente para:

a) Realizar una transferencia.

b) Ingresar dinero en la cuenta de un amigo.

c) Pagar una multa de tráfico.

d) Todo lo anterior.

2. Cuando pago por Internet el navegador ha de indicar:

a) http://

b) https://

c) http_goodhacker://

d) www://

3. Los 50 céntimos que llevas en el bolsillo son:

a) Una inversión.

b) Dinero bancario.

c) Mis ahorros.

d) Dinero legal.

4. El dinero que aparece en tu cuenta bancaria cuando miras tu saldo es:

a) Una inversión.

b) Dinero bancario.

c) Soy menor de edad, no puedo tener cuentas bancarias.

d) Dinero legal.

5. Para domiciliar recibos, el tipo de cuenta más adecuada es:

a) Un depósito a la vista.

b) Una imposición a plazo fijo.

c) Una cuenta de valores.

d) Una cuenta virtual para Internet.

6. Me ofrece mayor rentabilidad:

a) Un depósito a la vista.

b) Una imposición a plazo fijo.

c) Los 50 céntimos que llevaba en el bolsillo.

d) Una cuenta virtual para operar en Internet.

7. Si no quiero que me roben por Internet:

a) Debo comprobar que opero en un sitio web seguro.

b) Imprimir los justificantes de pago de la tienda virtual.

c) Siempre que pueda, debo utilizar pasarelas de pago.

d) Todo lo anterior es correcto.

8. El contrato que firmo con el banco:

a) Suele ser largo y tedioso.

b) Puede ser complicado de entender.

c) Debo de leerlo y comprenderlo.

d) Todo lo anterior es correcto.

9. Si me siento disconforme con el proceder del banco, puedo reclamar:

a) Al servicio de atención al cliente.

b) Al Ministerio de Asuntos Muggles.

c) Al Ministerio de Defensa del Consumidor.

d) Al consejo de administración del banco.

10. Tendré que pagar intereses si retiro dinero:

a) Con la tarjeta de débito.

b) Con la tarjeta de crédito.

c) De la hucha.

d) Del efectivo de mi cartera.

11. El CVC de una tarjeta, que se encuentra en el reverso de la misma, es:

a) La banda magnética.

b) El código de verificación de la tarjeta.

c) El chip de verificación del código.

d) El código de verificación del chip.

12. La tarjeta virtual:

a) Como su nombre indica, no existe físicamente.

b) Se usa para grandes supermercados.

c) Se puede ver con gafas 3D.

d) No tiene límite de dinero.

ACTIVIDADES FINALES

Teoría

1. En la antigüedad el oro o la plata tenían valor por sí mismos además de funcionar como dinero. Posteriormente, el papel moneda funcionó como una especie de resguardo canjeable de oro o plata previamente depositado.

   a) ¿Qué valor tiene el dinero por sí mismo en la actualidad?

   b) ¿Por qué aceptamos el dinero actual, dado el valor que tiene por sí mismo?

   c) ¿Cuál es la función principal del dinero actual?

2. ¿En qué se diferencian el dinero legal y el bancario?

3. ¿En qué se diferencian las cuentas corrientes y las de ahorro?

4. ¿Cuáles son las características de las libretas para jóvenes?

5. ¿Por qué se penaliza a quienes disponen antes de tiempo del dinero depositado en imposiciones a plazo fijo?

6. Relaciona en tu cuaderno cada una de estas características con un depósito a la vista o un depósito a plazo fijo.

   a) Se puede disponer de dinero mediante cheques o libretas de ahorro.

   b) Existe una penalización por disponer del dinero antes del tiempo pactado.

   c) Existe una variedad sin comisiones para menores de 25 años.

   d) No funciona como «soporte operativo» de las operaciones bancarias.

   e) Es posible la retirada de dinero desde cajeros automáticos.

   f) Son las cuentas bancarias que generan más intereses.

7. ¿A qué se le llama «letra pequeña» en los contratos bancarios? ¿Por qué es una parte importante de los contratos que no podemos dejar de leer?

8. ¿Cuáles son los factores clave a la hora de contratar una cuenta bancaria?

9. ¿Qué es lo más aconsejable antes de contratar cualquier producto financiero con una entidad bancaria?

10. ¿Qué aspectos son negociables una vez que ya trabajamos con una entidad bancaria?

11. ¿Cuándo podemos efectuar una reclamación contra un banco ante el Banco de España?

12. ¿Cómo podemos obtener financiación con la tarjeta de crédito? ¿En qué consiste la llamada *cuota flexible*?

13. ¿Por qué las tarjetas monedero y las virtuales son las más seguras?

14. Señala si las características indicadas constituyen una ventaja o un inconveniente para las tarjetas de débito, las de crédito o ambas:

   a) Válida para realizar compras en comercios.

   b) Interés alto en caso de impagos a fin de mes.

   c) Gastos de mantenimiento.

   d) Es posible aplazar el pago de las compras.

   e) Válida para realizar compras por Internet.

Práctica

15. Pide información en dos bancos sobre la cuenta joven que ofrecen. Llévate los folletos a casa y compara las condiciones de ambos. Elige una de ellas y posteriormente compáralas en clase con las de tus compañeros.

16. A lo largo de este mes, Jacobo ha tenido los siguientes movimientos en su libreta de ahorro:

Gastos	Ingresos
Retirada de cajero: 100,00 €	Transferencia a su favor: 300,00 €
Recibo del supermercado: 39,32 €	Ingreso en efectivo: 25,00 €
Óptica: 69,00 €	Intereses a su favor: 1,34 €
Recibo del móvil: 29,55 €	

a) Confecciona un extracto bancario parecido al de la Actividad resuelta 1 y registra en él los movimientos correspondientes a las operaciones anteriores.

b) ¿A cuánto ascendía su saldo inicial si el saldo final es de 344,91 €?

17. **Xan tiene contratada la banca *online* con su cuenta bancaria. Sistemáticamente ignora todos los mensajes que le llegan a su *e-mail* requiriéndole información personal. Como número de clave de acceso a su cuenta utiliza los nueve dígitos de su número de teléfono. A veces accede desde el móvil, que requiere el conocimiento de un patrón de desbloqueo para operar con él. Salvo cuando va de viaje, nunca saca de casa la tarjeta de claves y la guarda en un cajón de su escritorio junto al ordenador. Todas las operaciones con el banco las realiza siempre desde el ordenador de su casa, aunque como tiene un sistema operativo pirata, tiene las actualizaciones pendientes. En cambio, sí tiene al día los sistemas antivirus y anti-*spyware*.**

¿Qué aspectos podría mejorar Xan para aumentar la seguridad con la que opera a través de la banca *online*?

18. **Patricia ha pagado un abrigo con su tarjeta de débito en una tienda de ropa. No se preocupa de que no la miren cuando teclea el PIN porque el número solo lo sabe ella y tendrían que utilizar conjuntamente la tarjeta y saber el PIN para sacar dinero. En otro establecimiento se compra unos zapatos y vuelve a utilizar la tarjeta.**

Guarda los comprobantes en la cartera y los coteja a final de mes con el detalle de operaciones de la tarjeta bancaria, después los tira a la basura.

Ya en casa, se ha dado cuenta de que le ha quedado una compra por hacer y decide realizarla por Internet, aunque esta vez utilizará una tarjeta virtual. Sabe que tiene saldo disponible porque la recarga cada tres meses con el importe que piensa utilizar en ese periodo.

Al principio era poco dinero pero con el tiempo las recargas han sido superiores una vez que se ha acostumbrado a comprar por Internet.

Indica qué aspectos podría mejorar Patricia para mejorar sus hábitos de utilización de tarjetas bancarias de acuerdo con lo que acabas de leer.

19. **Elena, cuyas cuentas bancarias y tarjetas bancarias son del Banco Pirenaico, ha comprado un ordenador portátil por Internet por 500 €. En vez de pagar la compra con su tarjeta de crédito habitual lo ha hecho a través de PayPal, una empresa que actúa como pasarela de pago en operaciones con tarjetas bancarias a través de Internet.**

Describe con un esquema la operación de compra representando los flujos de dinero y el de la mercancía entre Elena, PayPal y el Banco Pirenaico.

■ Imprescindible ■ Necesario ■ Complementario

TALLER DE PRENSA

Busca en Internet un titular para cada uno de los conceptos a trabajar y completa la tabla en tu cuaderno, señalando en unas pocas líneas su interés en relación con lo estudiado en la unidad.

Concepto a trabajar	Titulares	Relación con lo estudiado en la unidad
Las formas del dinero	«(La) Moneda digital *bitcoin* ganó más del 70 % en el último año» *Dinero* (3/2/2016)	Cada vez con más fuerza, aparecen nuevas formas para realizar nuestros pagos: tarjetas virtuales, pagos por Internet, incluso monedas virtuales que no son emitidas por ningún país, como el *bitcoin*.
Funcionamiento de las cuentas bancarias	–	–
Seguridad en la banca online	–	–
Importancia de leer la «letra pequeña» de los contratos bancarios	–	–
Negociación de condiciones con los bancos	–	–
Tarjetas de crédito y débito	–	–

VOCABULARIO

Dinero	Libreta bancaria	Tarjeta (bancaria)
Dinero fiduciario	Libreta «Joven»	Tarjeta de débito
Dinero legal	Depósito a plazo fijo	Tarjeta de crédito
Dinero bancario	«Letra pequeña»	Tarjeta monedero
Cuenta bancaria	Servicio de atención al cliente	Tarjeta virtual
Cheque	Defensor del cliente	Pasarela de pago

JUEGO ECONÓMICO

El cliente memorioso

Se trata de una versión del clásico juego de memoria. Cada jugador escoge un par de cartas y les da la vuelta. Si forman una pareja las retira. El que más parejas encuentre gana.

Objetivo

Mediante este juego aprenderemos cuáles son las principales *operaciones* que un cliente puede realizar en un banco.

Tiempo

Unos 10 minutos por partida.

Número de jugadores

El número ideal de jugadores es 2, aunque pueden jugar hasta 4.

Material

Necesitamos las 16 cartas de memoria, divididas en 2 grupos de 8: una con el verbo y otra con el complemento.

Tu profesor te proporcionará el material que necesitas.

Reglas del juego

Se disponen las 16 cartas boca abajo después de ser barajadas formando un cuadrante de 4 × 4 al azar. El primer jugador levanta dos cartas. Si forman pareja las retira del juego y se las anota. Entonces tiene derecho a seguir intentándolo. Si falla, pasa el turno a su compañero. Gana el jugador que retira más parejas.

8 PRODUCCIÓN Y PRECIOS

En esta unidad lanzaremos una mirada a la economía en su conjunto, a través de los llamados *indicadores económicos* con los que medimos su actividad. Y es que la evolución de magnitudes tan generales como el Producto Interior Bruto o el Índice de Precios al Consumo tendrá mucho que decir de nuestra capacidad de encontrar trabajo o de conseguir bienes y servicios.

La *inflación* puede reducir silenciosamente la capacidad de compra de nuestros salarios, por eso el Estado trata de reducirla a través de la política monetaria. Mediante esta última es posible, además, influir en el nivel de actividad de una economía, lo cual volverá a afectarnos directamente en nuestra vida cotidiana.

«LAS AVENTURAS DE ROI, EL ESTRAPERLISTA» (Extracto de la novela: *A la sombra del púlsar.*)

«Aunque la noche no había llegado del todo, Roi no pudo esperar más. La guardia podía aparecer en cualquier momento en esa remota playa gallega, la Praia das Lagoelas. Tras largar las amarras de la barca, Roi zarpó, maniobrando con habilidad en el encrespado mar mientras vigilaba el pequeño cargamento de wolframio que transportaba. Una vez llegara a Portugal lo vendería a los agentes británicos que lo llevarían a sus fábricas para endurecer las balas de cañón perforantes y poder destruir los temibles tanques Panzer del malvado Hitler que asolaban la Europa de la Segunda Guerra Mundial. Liderando un pequeño grupo, el arriesgado aventurero Roi desviaba parte del wolframio que los nazis compraban en las minas de Galicia y lo hacía llegar a Inglaterra.»

La dureza y resistencia a altas temperaturas hicieron del wolframio un metal imprescindible en la industria militar. Pero su escasez lo encareció mucho. Mientras el salario de un operario de la época rondaba las 19 pesetas, aquel que vendiera un kilo de wolframio podía ganar 200. En 1941 el precio internacional de una tonelada de wolframio pasó de 1.300 dólares en enero, a 20.000 en octubre.

Preguntas:

1. **¿Qué opinas sobre el negocio de Roi? ¿Crees que es legal? ¿Y ético?**
2. **¿Por qué una mercancía puede aumentar tanto su precio en diez meses?**
3. **¿Puedes imaginar alguna mercancía actual tan cara y valiosa como lo fue en aquellos tiempos el wolframio?**

Sumario

1 La perspectiva macroeconómica

Hasta ahora hemos estudiado diversos temas relacionados con la actividad económica a través del comportamiento de familias y empresas. Se trataba de un acercamiento a la economía desde la perspectiva de la *microeconomía*. Sin embargo, a partir de ahora vamos a abordar la actividad económica de forma global mediante la llamada *macroeconomía*.

En las siguientes unidades analizaremos el comportamiento de la economía en su conjunto, el cual resulta de la interacción de familias, empresas y sector público, y que se conoce como *macroeconomía*, una ciencia cuyas variables es posible analizar mediante *indicadores económicos*.

La **macroeconomía** se ocupa de la economía en su conjunto, mientras que la **microeconomía** estudia el comportamiento de las partes de ese conjunto.

De los **indicadores económicos** se dice que son como «termómetros», pues cumplen una función semejante a la de este instrumento médico a la hora de determinar el estado de salud de las personas. Si el pulso, la temperatura o la respiración son signos vitales del cuerpo humano, los de la macroeconomía son entre otros: la producción, los precios (de ir a la compra), el precio del dinero (de pedir prestado) y el empleo.

La perspectiva macroeconómica (actividad de la economía en su conjunto)	Variables macroeconómicas	Indicadores económicos
	El crecimiento económico	PIB (producción)
	Los precios (de la cesta de la compra)	IPC (precios de la compra)
	El precio del dinero (de pedir prestado)	Tipos de interés
	Los niveles de empleo	Tasas de ocupación y paro

Tabla 8.1. La perspectiva macroeconómica.

1.1. Variables macroeconómicas

La economía está sujeta a rachas buenas y malas. Las variables que se han identificado como claves para tratar de reducir al máximo las consecuencias negativas de las malas rachas son:

- **El crecimiento económico.** Es el aspecto que más preocupa, ya que tiene un gran impacto sobre la riqueza y los puestos de trabajo de cualquier economía.
- **Los precios** (de ir a la compra). Es una cuestión con la que convivimos día a día. ¿Cuántas veces nos hemos visto afectados por la subida del precio de un bien o un servicio?

IMPORTANTE

Volviendo al símil que establecíamos en la Unidad 1 a propósito de la macro- y la microeconomía, donde comparábamos la economía con un cuerpo humano, la **microeconomía** estudiaría las partes del cuerpo y la relación entre ellas, y la **macroeconomía,** por su parte, se ocuparía de los signos vitales de ese mismo cuerpo, es decir, analizaría variables tales como el pulso, el ritmo cardiaco o la tensión arterial.

VOCABULARIO

Instituto Nacional de Estadística (INE). Organismo autónomo encargado de los servicios estadísticos de la Administración General del Estado.

En España, es el **INE** quien recopila y elabora las estadísticas que informan sobre el estado y evolución de las variables macroeconómicas.

- **El precio del dinero** (de pedir prestado). Dentro de los precios hay uno que preocupa hasta tal punto de que se le asigna una categoría propia: el precio del dinero o, dicho de otra forma, lo que cuesta pedir prestado. ¿Cuántas personas viven pendientes del efecto que el tipo de interés tiene sobre su hipoteca?
- **Los niveles de empleo.** Es una de las grandes preocupaciones económicas por sus implicaciones, tanto desde el punto de vista del bienestar general de un país como para el de las familias y personas.

1.2. Los indicadores económicos

Los indicadores económicos, variables macroeconómicas o «termómetros» de la economía son de gran utilidad, ya que permiten:

- **Cuantificar numéricamente** el comportamiento de familias, empresas y sector público.
- **Comparar la situación** de distintas comunidades o países.
- **Orientar la política macroeconómica** de los Gobiernos, en la medida en que tratan de influir sobre los indicadores una vez analizados.
- **Analizar la evolución de los indicadores en el tiempo:** su comparación en periodos distintos de tiempo permite valorar su variación. Para ello recurrimos a la fórmula de la *tasa de variación porcentual.*

ACTIVIDAD RESUELTA 1

En la temporada pasada se podía adquirir un abono de fútbol por 900 €. Si esta temporada cuesta 1.100 €, ¿cuál fue la variación porcentual del precio del abono con respecto a la temporada pasada?

Solución:

Para resolver este tipo de ejercicios debemos aplicar la fórmula de la tasa de variación porcentual:

Variación porcentual de *x* entre los años 01 y 02:

$$x_{01-02} = \frac{x_{02} - x_{01}}{x_{01}} \cdot 100$$

Así:

$$\text{Abono}_{01-02} = \frac{(1.100 - 900)}{900} \cdot 100 = 22,22\ \%$$

Por tanto, el abono de fútbol ha subido un 22,22 % con respecto a la temporada pasada.

ACTIVIDADES

1. ¿Qué diferencia la microeconomía de la macroeconomía?

2. En lo que respecta a los indicadores económicos:

a) ¿Qué función cumplen los indicadores económicos para el gobierno de un país?

b) ¿Qué tipo de comparaciones permiten establecer?

3. El verano pasado, una entrada a la piscina municipal costaba 5 €. Este verano, el precio ha subido a 6 €.

a) Calcula la tasa de variación porcentual del precio de entrada a la piscina.

b) Con este único dato, ¿a cuánto dirías que ha ascendido la inflación desde el verano pasado?

2 Crecimiento y producción

VOCABULARIO

Macromagnitudes. Todos aquellos valores que se utilizan para medir la realidad económica.

Exportaciones netas. La diferencia entre exportaciones e importaciones. Representan el saldo de intercambios de un país con el exterior.

Las personas crecen en centímetros y los países en producción. Sobre el incremento de la producción; es decir, sobre el crecimiento económico de los países y las empresas, hablamos en la Unidad 2, en las que señalamos las posibilidades de producción y los recursos productivos de los que depende. El *Producto Interior Bruto (PIB)* no mide posibilidades sino realidades: es un cálculo de lo que realmente se produce; es decir, del valor total de todos los bienes y servicios finales producidos en un país.

El **PIB** es el valor monetario de todos los bienes y servicios finales producidos por un país en un periodo de tiempo determinado, generalmente un año.

En las economías de mercado, se consume o compra todo lo que se produce. Si el PIB mide la producción de bienes finales, para calcularlo podemos sumar todos los gastos; esto es, el valor de todas las compras de bienes y servicios finales realizadas, con independencia de su nacionalidad, por todas las familias, empresas y sector público en el interior de un país. Todo ello sin olvidar que los extranjeros compran en nuestro país y nosotros en el suyo. Así, el PIB se compone de una serie de valores, llamados **consumo, inversión, gasto público, exportaciones** e **importaciones.** A cada uno de estos valores se les denomina **macromagnitudes,** porque son propios de la macroeconomía y se utilizan para medir la realidad económica.

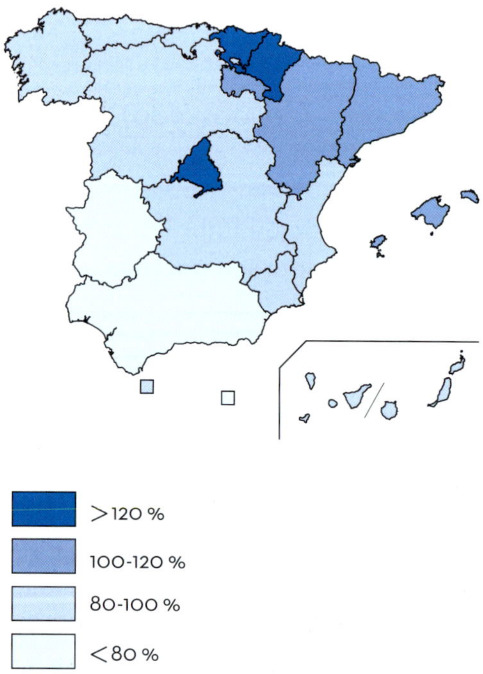

Figura 8.1. El PIB de España en 2015 fue de unos 23.600 € por habitante (100%). La mayoría de las comunidades autónomas se quedan por debajo de la media, pero otras lo superan.

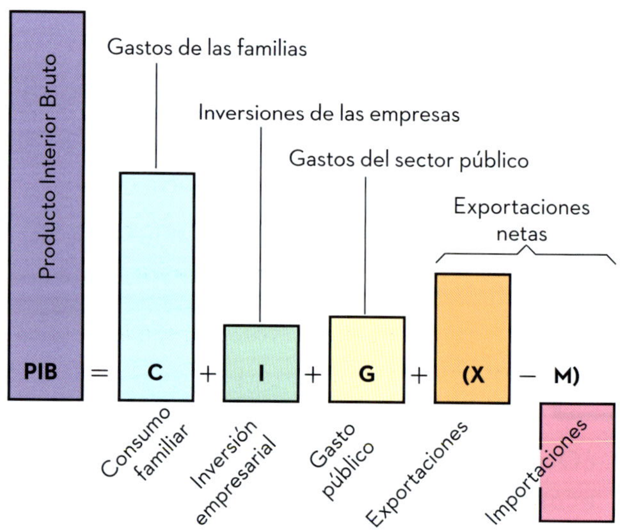

La altura de las barras indica el tamaño relativo de cada componente en el PIB español total.

Figura 8.2. Macromagnitudes que componen el PIB.

Periscopio 1

¿Por qué el PIB es relativo?

El PIB mide la totalidad de lo producido legalmente en el interior de un país, pero hay cosas que, siendo importantes para una economía, no son susceptibles de medida o no pasan por el mercado.

- Enumera y pon ejemplos de actividades que no tiene en cuenta el PIB.
- Averigua qué otros indicadores existen como alternativa al PIB y señala los parámetros que utilizan.

Busca *PIB, limitaciones, relatividad, indicadores, alternativo.*

¿SABÍAS QUE...?

Se calcula que la **economía sumergida** o no declarada supera en España el 20 %, lo cual quiere decir que uno de cada cinco españoles trabaja «en negro».

ACTIVIDAD RESUELTA 2

Estas son las macromagnitudes de Econolandia para el año 01 (en millones de euros):

Gasto público	50 €
Consumo privado	800 €
Exportaciones	100 €
Inversión empresarial	200 €
Importaciones	27 €

A partir de estos datos:

a) Calcula el valor del PIB del año 01.

b) ¿Cuál sería el valor del PIB de esta economía si de repente cerrase totalmente las fronteras al exterior?

Solución:

a) $PIB = C + I + G + (X - M)$

$PIB = 800 + 200 + 50 + (100 - 27) = 1.123$ millones de €

b) Si desaparece el sector exterior, la fórmula del PIB quedaría como sigue:

$PIB = C + I + G$

$PIB = 800 + 200 + 50 = 1.050$ millones de €

Como puedes observar, el comercio exterior mejoraría el PIB de Econolandia en 73 millones de € (1.123 − 1.050).

ACTIVIDADES

4. Considera un país con estas macromagnitudes (en miles de millones de euros):

Consumo privado	600 €
Gasto público	100 €
Inversión empresarial	250 €
Exportaciones	100 €
Importaciones	150 €

Calcula el PIB con los datos anteriores.

5. Razona si el PIB español mide las siguientes actividades:

a) El trabajo doméstico no remunerado.

b) Lo producido por una empresa española en Italia.

c) Un ordenador listo para la venta.

d) El papel que forma parte de un libro.

e) Lo producido por una empresa ecuatoriana en España.

f) El voluntariado en una ONG.

3 La inflación

En cada país y en cada periodo, existe un determinado nivel de precios para los bienes y servicios que circulan por su economía, pero este nivel de precios puede aumentar. Si lo hace de forma generalizada y continua, se produce el fenómeno que llamamos *inflación*. No obstante, a veces el nivel de precios disminuye en lugar de crecer. Entonces se habla de *deflación* o inflación negativa.

La **inflación** es el crecimiento generalizado y continuo de los precios de una economía.

3.1. Tipos de inflación

Podemos distinguir cuatro tipos de inflación como vemos en la Fig. 8.3.

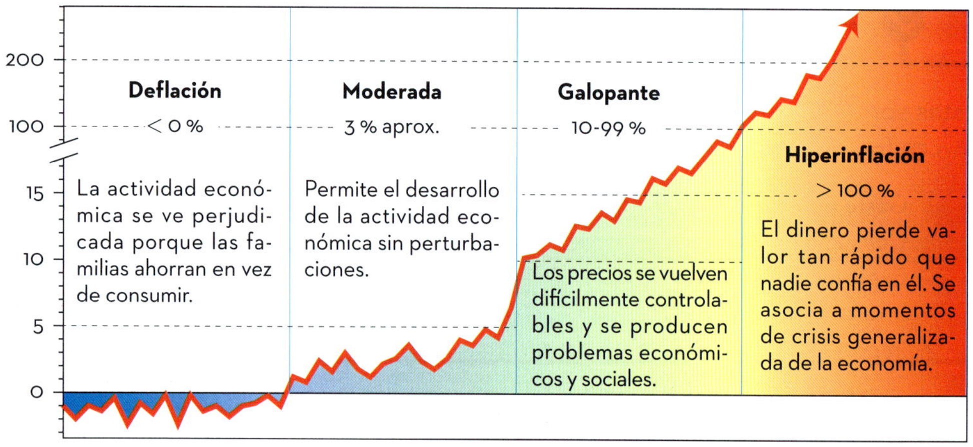

Figura 8.3. Tipos de inflación.

3.2. Causas de la inflación

Muchas veces esa subida de precios no tiene un origen único, sino que puede estar causada por varios fenómenos. Los más importantes son:

1. **Aumento de los costes de producción.** El aumento de los precios que las empresas pagan por los recursos productivos suele ocasionar subidas de los precios de bienes y servicios. Esto sucede así porque las empresas suelen trasladar las subidas de los costes al precio final de sus productos.
2. **Aumento de la demanda.** La demanda de productos por encima de lo que una economía puede ofrecer, puede traducirse en escasez y, así, en un aumento de los precios, ya que las empresas no satisfacen la demanda.
3. **Exceso de dinero en circulación.** Si un país decide emitir más dinero del que se corresponde con su nivel de producción, la gente sabe que circula más dinero para comprar y vender los mismos productos, de tal forma que le atribuyen menos valor que antes y suben los precios. De esta forma, el dinero tendrá menos *poder adquisitivo*.

IMPORTANTE

La **inflación** puede deberse también a muchas otras **causas.** Entre ellas destacan:

- Legislaciones que impiden el acceso libre a los productos.
- Situaciones puntuales de escasez o sobreexplotación de recursos.
- Movimientos especulativos de agentes que compran bienes, servicios o activos financieros para revenderlos con rapidez y obtener beneficios.

ACTIVIDAD RESUELTA 3

Causas de la inflación

Los directivos de una empresa tenían previsto el lanzamiento de un patinete eléctrico por 250 € con vistas a la campaña de Navidad. Pero durante la segunda mitad del año sucedieron varios imprevistos: aumentó el precio de los componentes eléctricos, los futuros clientes reservaron el doble de unidades de las que se habían previsto y, en noviembre, un grave accidente en una de las fábricas limitó la producción de patinetes eléctricos.

Cuando por fin el producto llegó a las tiendas en diciembre, el precio de venta al público fue de 350 €.

¿A qué factores se debió este aumento en el precio del patinete eléctrico?

Solución:

Encarecimiento del precio	Causa
Incremento del precio de los componentes eléctricos.	Aumento del coste de producción
Las reservas de unidades de patinetes eléctricos doblaron las previsiones.	Aumento de la demanda
Accidente en una de las fábricas.	Situación puntual de escasez

Periscopio 2

Los peligros de la inflación

La forma de inflación más preocupante es la hiperinflación. Como nadie sabe a qué precio se podrá comprar al día siguiente, nadie confía en el valor del dinero. En consecuencia, antes de que vuelvan a subir unos precios que suben casi todos los días, la gente gasta rápidamente el dinero antes de que pierda más valor. Esto genera todavía más inflación.

Busca «Hiperinflación»

- Enumera al menos tres casos de hiperinflación que hayan existido a lo largo de la historia. Busca ejemplos y anécdotas que ilustren las condiciones de vida que se crearon en esos episodios.

IMPORTANTE

En la medida en que muchos productos dependen del **petróleo,** este suele estar en el punto de mira cuando se trata de inflación debido a incrementos de los costes de producción.

ACTIVIDADES

6. La inflación puede llegar a ser un problema. ¿Por qué también puede llegar a serlo la deflación o inflación negativa?

7. Explica cómo pueden generar inflación las siguientes situaciones:

a) Un aumento del coste de producción de la leche.

b) El acaparamiento de aceite por parte de almacenistas para que queden desabastecidos los mercados.

c) La emisión de dinero sin control por parte de las autoridades.

> **! IMPORTANTE**
>
> El valor del dinero está relacionado con el valor de los bienes que se pueden adquirir con él **(poder adquisitivo).**
>
> Hay que tener en cuenta que ese valor suele disminuir con el tiempo debido a la inflación.

3.3. Consecuencias de la inflación

Las principales consecuencias de una inflación elevada son la pérdida de *poder adquisitivo* y la *incertidumbre* que esto genera.

A. La pérdida de poder adquisitivo

El **poder adquisitivo** es lo que se puede comprar con una cierta cantidad de dinero. Si los precios crecen más rápido que nuestros ingresos, entonces perdemos poder adquisitivo y calidad de vida. No obstante, la inflación no afecta por igual a todas las personas (Tabla 8.2).

	Grupos afectados por la inflación			
Perjudicados	**Pensionistas**	**Trabajadores**	**Ahorradores**	**Empresas exportadoras**
	La actualización de las pensiones suele estar por debajo del aumento del coste de la vida.	Los sueldos no suelen aumentar al mismo ritmo que el de la inflación.	Cuando les sea devuelto lo prestado, la cantidad de bienes que puedan consumir será menor.	Si los productos nacionales son más caros tendrán más problemas para venderse.
Beneficiados	**Administraciones públicas**		**Deudores**	**Empresas importadoras**
	La administración suele funcionar a crédito, de tal forma que, como el valor del dinero disminuye con la inflación, cuando paga lo acordado lo hace con un dinero que vale menos.		Si disminuye el valor del dinero, resultará más sencillo reunir la cantidad que hay que devolver.	Si los productos extranjeros son más baratos será más fácil venderlos.

Tabla 8.2. Grupos perjudicados y beneficiados por la inflación.

B. La incertidumbre

Si los precios cambian continuamente no transmiten la información que las familias y empresas necesitan para decidir qué y cuánto consumir o producir, respectivamente.

Ante la imposibilidad de predecir qué productos o recursos productivos se verán afectados por la inflación y la posibilidad de que no se correspondan con las expectativas, la inseguridad será el clima predominante. Cuanto mayor sea la tasa de inflación mayor será la sensación de inseguridad.

ACTIVIDAD RESUELTA 4

Pérdida de poder adquisitivo

Noa veranea con su familia todos los años en el mismo apartamento de la playa. En el último día de agosto antes de volver, Noa le pide a Carlo que le invite al cine, donde cada entrada, ración de palomitas y refresco cuestan 6, 2 y 1 € respectivamente (un total de 18 €).

Pasados doce meses, Noa quiere devolverle la invitación a Carlo, para la que lleva también 18 €. Pero se encuentran con que las entradas de cine, el refresco y las palomitas han aumentado su precio en la misma medida que la inflación, que ha sido del 10 %. ¿Podrán Noa y Carlo comprar lo mismo que el año pasado con 18 €? ¿Qué alternativas tienen Noa y Carlo a la hora de ver la película si no quieren renunciar a tomar palomitas?

Solución:

Dado que ha subido un 10 % el precio de las entradas de cine y de los refrescos, Noa y Carlo no podrán comprar lo mismo que el año pasado, ya que su presupuesto sigue siendo de 18 €. Para saber qué podrán comprar calculamos los nuevos precios:

- 6 + (0,10 · 6) = 6,60 € es el nuevo precio de cada entrada.
- 2 + (0,10 · 2) = 2,20 € es el nuevo precio de cada ración de palomitas.
- 1 + (0,10 · 1) = 1,10 € es el nuevo precio de cada refresco.

	Primer año		
€	Entradas	Palomitas	Refrescos
Precio	12	4	2
Presupuesto	18		

	Segundo año		
€	Entradas	Palomitas	Refrescos
Precio	13,20	4,40	2,20
Presupuesto	18		

Así, Noa y Carlos tienen estas alternativas de consumo si quieren ver la película y tratar de tomar lo mismo que la otra vez:

1.ª 2 entradas + 1 ración de palomitas + 2 refrescos = = 13,20 + 2,20 + 2,20 = 17,60 €

2.ª 2 entradas + 2 raciones de palomitas = 13,20 + + 4,40 = 17,60 €

ACTIVIDADES

8. ¿Cómo es posible que la inflación beneficie a unos y perjudique a otros?

9. ¿En qué consiste la incertidumbre que genera la inflación?

10. Si estamos en enero y te prestan 100 € pero los devuelves en diciembre:

a) Explica cómo has salido beneficiado si la inflación de ese año ha sido del 5 %.

b) ¿Cuál es el perjuicio de quien te prestó el dinero? Explícalo en términos de poder adquisitivo.

11. En relación con la Actividad resuelta 4:

a) ¿Cómo ha afectado la incertidumbre a la situación descrita?

b) Cuánto dinero debería llevar Noa al cine para tener el mismo poder adquisitivo que el verano pasado, es decir, para poder comprar lo mismo?

4 Los indicadores de la inflación

VOCABULARIO

Ponderación. Peso o la relevancia que tiene algo.

Para medir las variaciones de los precios de los bienes y servicios en un país se utilizan los **índices de precios,** los cuales se comparan en periodos distintos de tiempo para estudiar su evolución. En España, el más empleado para medir el nivel general de precios de un país es el *Índice de Precios al Consumo (IPC).*

El **IPC** es una *media ponderada* de los precios de los bienes que suele consumir por regla general una familia media.

Por **media ponderada** nos referimos a que cada producto tiene un peso diferente, en función de la proporción de gasto que las familias le destinan. Por ejemplo, en la cesta habitual de una familia media figuran tanto las entradas de cine como el pago de la vivienda, pero el porcentaje de gasto es muy superior en este último concepto, de tal forma que la ponderación es mayor.

4.1. Medición de la inflación

IMPORTANTE

La **productividad** de los trabajadores suele estar relacionada con la formación, la cualificación y la experiencia.

En España, el IPC lo calcula el Instituto Nacional de Estadística (INE) después de estudiar los hábitos de consumo de los españoles mediante la Encuesta de Presupuestos Familiares (EPF). Al IPC se le denomina popularmente **«cesta de la compra»** porque, en el fondo, es lo que es: una recopilación de precios de lo que suele gastar una familia media. La peculiaridad es que esos precios están ponderados en función de la importancia de gasto en cada grupo de consumo. Así, por ejemplo, cada español gasta aproximadamente 20 de cada 100 euros en alimentación o 12 euros en vivienda, pero solo 1 euro en enseñanza.

La **cesta de la compra** es una selección de productos representativos del gasto de los españoles en cada grupo de consumo.

Como el IPC o la cesta de la compra varían de año en año, lo habitual para determinar la **tasa de inflación** de un año para otro es utilizar la conocida fórmula de la tasa de variación porcentual:

$$\text{Tasa de variación de precios} = \frac{(IPC_2 - IPC_1)}{IPC_1} \cdot 100$$

Periscopio 3

¿Deben actualizarse los salarios con la inflación?

En España y durante mucho tiempo lo normal fue que el salario medio de los trabajadores se incrementara cada año en función de la inflación, para mantener así su poder adquisitivo. En cambio, en Europa, lo habitual era y es ligar los salarios a la productividad, en este caso a un mayor rendimiento laboral.

Busca: *Salarios, productividad, inflación.*

- ¿Es mejor actualizar los salarios a la inflación o a la productividad? ¿Por qué?

ACTIVIDAD RESUELTA 5

Confección de la cesta de la compra

Supongamos que el INE hubiera confeccionado una cesta de la compra del estudiante conforme a la siguiente tabla:

Denominación	Gasto (%)	Cesta año 01	Cesta año 02	Variación entre años	Precios año 02 respecto año 01
Alimentos	50 %	1.000 €	1.100 €	+10 % (*)	110 (**)
Libros	40 %	300 €	315 €	+5 % (*)	105 (**)
Trasporte	10 %	200 €	204 €	+2 % (*)	102 (**)

(*) El cáculo se hace con la conocida fórmula de la variación.

Por ejemplo, para el caso de los libros:

$$\text{Variación precio libros}_{\,01\text{-}02} = \frac{(315-300)}{300} \cdot 100 = 5\ \%$$

(**) Los precios del segundo año son los del primer año, que como son el año base tienen el valor 100, incrementados por la variación.

Por ejemplo, para el caso de los libros:

Precios año 02 = 100 + 5 = 105

Calcula el Índice de Precios del Estudiante (IPE) para los años 01 y 02 así como la tasa de variación de la cesta entre ambos años.

Solución:

Como el año base es el 01, le asignamos el valor 100 a todos los precios:

$IPE_{01} = (0{,}50 \cdot 100) + (0{,}40 \cdot 100) + (0{,}10 \cdot 100) = 100$

En cambio, el año 02 ya refleja la variación sobre el año base:

$IPE_{02} = (0{,}50 \cdot 110) + (0{,}40 \cdot 105) + (0{,}10 \cdot 102) = 107{,}2$

$$\text{Tasa de variación de precios}_{\,01\text{-}02} = \frac{(107{,}2-100)}{100} \cdot 100 = 7{,}2\ \%$$

La tasa de variación del IPE para el intervalo 01-02 ha sido del 7,2 %. Es decir, adquirir en el año 02 los mismos productos que en el año 01 cuesta un 7,2 % más.

¿SABÍAS QUE...?

El **IPC** se construye a partir de 12 grupos básicos de consumo:

1. Alimentos y bebidas no alcohólicas.
2. Bebidas alcohólicas y tabaco.
3. Vestido y calzado.
4. Vivienda.
5. Menaje.
6. Medicina.
7. Transporte.
8. Comunicaciones.
9. Ocio y cultura.
10. Enseñanza.
11. Hoteles, cafés y restaurantes.
12. Otros bienes y servicios.

ACTIVIDADES

12. ¿Cómo se confecciona la cesta de la compra? ¿Qué relación guarda la cesta de la compra con el IPC?

13. ¿Por qué es necesario ponderar los gastos que las familias destinan a cada grupo básico de consumo?

14. A partir de la Actividad resuelta 5, supón que el año 02 el valor de la cesta es el siguiente:

- Alimentos: 1.200 €.
- Libros: 330 €.
- Transporte: 201 €.

Utilizando estos nuevos datos, calcula un nuevo Índice de Precios del Estudiante (IPE) para el año 02, así como la tasa de variación de la cesta entre los años 01 y 02.

5 El precio del dinero

Tal y como vimos en unidades anteriores, los particulares utilizamos el dato del tipo de interés como referencia para nuestras operaciones de préstamo. Este tipo de interés entre la banca privada y el público en general es a lo que se llama popularmente el **precio del dinero.**

Pero el dinero no nace en la banca privada, sino en los bancos centrales. Es el Banco Central de cada país quien emite el dinero y posteriormente se lo presta a la banca privada. El tipo de interés de este tipo de préstamo es la base de todos los tipos de interés de un país, y se le llama **interés básico,** que se conoce popularmente como el *precio (oficial) del dinero.*

> El **precio (oficial) del dinero** es el tipo de interés básico al cual el Banco Central de cada país le presta dinero a la banca privada.

5.1. La política monetaria

Los bancos centrales fijan las condiciones de los préstamos a la banca privada por razones de interés público. Concretamente controlan dos variables:

- **El precio (oficial) del dinero al que conceden los préstamos.** Cuanto más bajo sea el interés mayor número de préstamos se concederán, y viceversa.
- **La cantidad de dinero en circulación.** Cuantos más préstamos se concedan más dinero circulará por la economía, y viceversa.

El control de estas variables persigue influir sobre la economía de sus países y alcanzar objetivos en materia de crecimiento, empleo y precios. Las operaciones mediante las cuales los bancos centrales adjudican dinero en concepto de préstamo a la banca privada se denominan *operaciones de mercado abierto.*

> Las **operaciones de mercado abierto** son subastas mediante las cuales los bancos centrales de cada país adjudican préstamos a la banca privada a un determinado precio (oficial) del dinero.

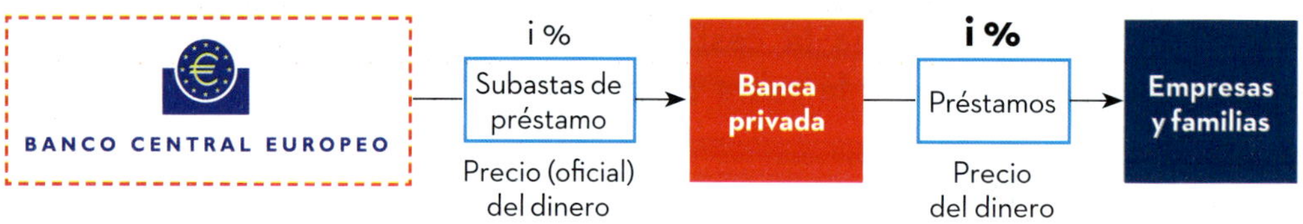

Figura 8.4. Esquema de una operación de mercado abierto.

La peculiaridad de España y otros países de la UE es que han cedido sus competencias al Banco Central Europeo (BCE) para que adopte medidas para el conjunto de la eurozona, como verás en la Unidad 11.

IMPORTANTE

No te confundas: para cualquier persona el **precio del dinero** es lo que a él le cuesta pedir prestado.

Pero cuando en los medios de comunicación hablan del precio del dinero en realidad hablan del *precio (oficial) del dinero* para el conjunto de la eurozona.

¿SABÍAS QUE...?

Dentro de la eurozona, las funciones del Banco Central de cada país son:

- Emitir y prestar dinero a la banca privada.
- Coordinar y dirigir a la banca privada.
- Controlar la política monetaria.

IMPORTANTE

Si las políticas son adecuadas, no tienen por qué influir sobre los precios, pero no es lo más habitual. La política monetaria ***expansiva*** suele venir acompañada de inflación y la ***restrictiva*** de estancamiento de los precios.

5.2. Efectos sobre la economía

En todo caso, la manipulación del precio (oficial) del dinero y la cantidad de dinero en circulación por parte del Banco Central tiene efectos sobre el consumo de las familias y la inversión de las empresas, así como sobre el resto de la economía. Las políticas pueden ser de dos tipos (Fig. 8.5):

Política monetaria expansiva

Si se aumenta la cantidad de dinero en circulación o se baja el precio (oficial) del dinero a los bancos les resultará más barato obtener crédito del Banco Central y podrán aumentar la cantidad de préstamos que conceden a consumidores y empresas a menor coste para ellas. Esto hará que aumenten el consumo y la inversión y con ello la producción y el empleo.

- **Cantidad de dinero en circulación** ↑
- **Precio oficial del dinero** ↓
- **Consumo** ↑
- **Inversión** ↑
- **Producción** ↑
- **Empleo** ↑

Política monetaria restrictiva

Por el contrario, si se disminuye la cantidad de dinero en circulación o se sube el precio (oficial) del dinero, los bancos obtendrán menos crédito del Banco Central y les saldrá más caro. Lo que les llevará, a su vez, a conceder menos préstamos y a un mayor coste a empresas y consumidores. Con ello se reducirán el consumo y la inversión, lo que hará disminuir la producción y el empleo.

- **Cantidad de dinero en circulación** ↓
- **Precio oficial del dinero** ↑
- **Consumo** ↓
- **Inversión** ↓
- **Producción** ↓
- **Empleo** ↓

Figura 8.5. Políticas monetarias (expansivas y restrictivas) en acción. El posible efecto indeseado es la repercusión sobre los precios.

Periscopio 4

¿Cómo afecta la política monetaria del BCE?

Los bancos comerciales trasladan a sus clientes condiciones similares a las que, a su vez, les impone a ellos el BCE. En consecuencia no hay nada como identificar el tipo de política monetaria que sigue el BCE para saber con qué nos encontraremos cuando tratemos de conseguir un préstamo. Si la política monetaria es restrictiva, los bancos conceden menos préstamos y a un interés más alto, y al revés, cuando la política monetaria es expansiva.

Busca «Política monetaria», *BCE, expansiva, restrictiva.*

- En la actualidad ¿crees que es fácil o difícil conseguir un préstamo en buenas condiciones en España? ¿Por qué?

ACTIVIDADES

15. ¿Por qué diferenciamos entre un precio oficial del dinero y otro que no lo es?

16. ¿Cómo se explica que la política monetaria en España sea la misma que la de otros países de la Unión Europea?

MAPA CONCEPTUAL

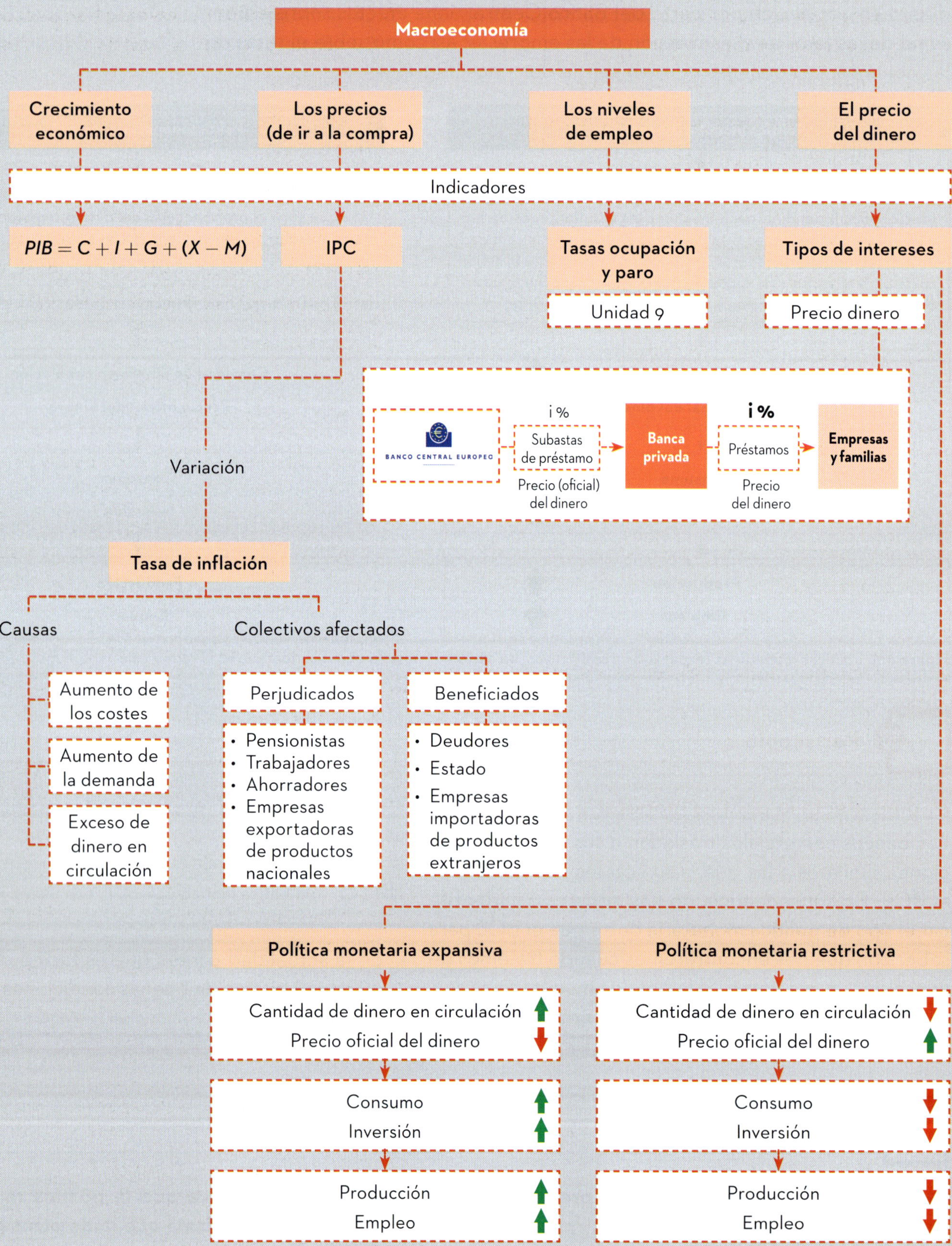

TEST DE REPASO

1. La causa que suele llevar a los gobiernos a imprimir un exceso de dinero es:

a) Fomentar la plantación de árboles.

b) La necesidad de conseguir ingresos.

c) Disminuir el desempleo.

d) Aumentar el valor de la moneda.

2. La causa de la hiperinflación es:

a) Una impresión excesiva de dinero.

b) Un incremento del desempleo.

c) Un incremento excesivo del valor de la moneda.

d) Una bajada brusca de los precios.

3. El acercamiento a la economía a partir de estadísticas y datos agregados se denomina:

a) Microeconomía.

b) Economía familiar.

c) Econometría.

d) Macroeconomía.

4. El precio que tiene pedir dinero prestado se conoce por:

a) Inflación.

b) Tipo de interés.

c) Crecimiento económico.

d) Microeconomía.

5. El organismo público que recoge las estadísticas nacionales se denomina:

a) PIB.

b) IPC.

c) INE.

d) IPE.

6. Son ejemplos de indicadores económicos:

a) El PIB.

b) El IPC.

c) La tasa de desempleo.

d) Todas las respuestas anteriores son correctas.

7. ¿Si las rosquillas del colegio han pasado de costar 80 céntimos a 1 euro, cuál ha sido su incremento?

a) Del 20 %.

b) Del 25 %.

c) Del 80 %.

d) Del 100 %.

8. Para cambiar la cantidad de dinero que hay en la economía el Banco Central Europeo realiza:

a) Operaciones en mercado abierto.

b) Aumenta los impuestos.

c) Disminuye los impuestos.

d) Aprueba leyes monetarias.

9. ¿Si un bosque se reforesta a cargo de una empresa, qué reflejo tiene en el PIB?

a) No varía.

b) Disminuye.

c) Aumenta.

d) Depende.

10. ¿Si un bosque se reforesta a cargo de voluntarios, qué reflejo tiene en el PIB?

a) No varía.

b) Disminuye.

c) Aumenta.

d) No se puede saber.

11. Si las cosas son más caras, entonces el dinero:

a) Vale menos.

b) Vale más.

c) Vale lo mismo.

d) Nos hace infelices.

12. ¿Cuál de estos acontecimientos no provoca inflación?

a) Incremento en los costes.

b) Aumento de la demanda.

c) Aumento de la oferta.

d) Impresión de mucho nuevo dinero.

ACTIVIDADES FINALES

Teoría

1. ¿Podemos analizar correctamente la marcha de la economía de un país con los indicadores de un solo año? Razona tu respuesta.

2. En lo que se refiere al PIB:
   a) Un ejemplo de bien intermedio son los botones que se incorporan a una camisa. ¿Por qué solo se contabiliza en el PIB la camisa, que es un bien final, y no los botones?
   b) ¿Qué tipo de gasto crees que realizan las empresas?
   c) ¿Es cierto que el PIB mide la calidad de los bienes y servicios de un país?

3. Explica en términos de coste de oportunidad lo que supone para un país la existencia de economía sumergida.

4. ¿Por qué la existencia de inflación puede ser una ventaja para las empresas importadoras pero un problema para las empresas exportadoras?

5. ¿Qué sucede si las pensiones de jubilación se actualizan en un 5 %, pero la inflación es del 7 %?

6. ¿Cómo perjudica la inflación a una empresa que tenga un saldo pendiente de cobro de la Administración Pública?

7. ¿De qué forma están relacionados el IPC y la tasa de variación de los precios?

8. Describe cuáles serían los efectos de una política monetaria sobre una economía que lo que pretende es ralentizar el crecimiento económico.

9. ¿Sobre qué variables actúa el Banco Central Europeo para influir sobre la economía de la eurozona?

10. ¿Sabrías explicar en qué consisten exactamente las operaciones de mercado abierto?

11. Razona por qué suelen ser noticias de actualidad los titulares relacionados con los siguientes temas:
   a) La actualización de las pensiones de los jubilados.
   b) La variación del PIB con respecto al año pasado.
   c) La variación del IPC con respecto al mes o al año anterior.
   d) La variación del precio (oficial) del dinero.

Práctica

12. El año pasado la suscripción anual a un periódico valía 1.200 €. Si esta temporada cuesta 1.300 €, ¿cuál ha sido la variación porcentual de la suscripción anual con respecto a la temporada pasada?

13. En qué componente del PIB incluirías cada una de las siguientes operaciones?
   a) Una empresa que amplía sus fábricas con instalaciones y maquinaria.
   b) La construcción de una autovía por parte del Estado.
   c) La compra de una videoconsola por parte de Luis.
   d) La venta a Noruega de coches producidos en España.
   e) La compra por parte de España de material ferroviario producido en Francia.

14. En la tabla siguiente puedes ver las magnitudes económicas de Eurolandia del año 2 (en millones de €).

Salarios	100 €
Consumo privado	800 €
Saldo neto de exportaciones	−27 €
Exportaciones	200 €

Gasto público	12 €
Inversión empresarial	300 €
Importaciones	227 €

A partir de estos datos:

a) Calcula el valor del PIB de Eurolandia para el año 2.

b) Si el PIB de Eurolandia el año 1 fue de 1.050 millones de €. ¿Cuál ha sido la variación porcentual con respecto al año 2?

15. En un país de la Unión Europea el salario mínimo mensual en 2002 era de 600 €, mientras que en la actualidad es de 900 €.

En función de los siguientes precios de productos del año 2002, determina si en la actualidad ha subido o bajado el poder adquisitivo para un ciudadano de ese país. ¿Cuánto?

	Chucherías (20 uds.)	Décimo lotería	Bicicleta 12 años	Bolígrafo
2002	0,6	18	120	0,18
Actual	1	20	150	0,3

16. Si prestas 50 € a un amigo y tarda seis meses en devolvértelos:

a) ¿Cuál es el perjuicio para ti si la inflación durante ese periodo ha sido del 2 %?

b) ¿Por qué tu amigo sale beneficiado?

17. Imagina que has depositado 100 € en una cuenta bancaria por la que te han pagado 6 € de intereses después de un año.

a) ¿Has mantenido la capacidad adquisitiva de tus ahorros si la inflación ha sido del 4 %?

b) ¿Y si la inflación hubiera sido del 7 %?

18. A propósito de los datos sobre la inflación publicados por el INE, Marta ha recabado información sobre la misma en distintos medios comunicación: Antena 1 ha dicho que la inflación mensual de abril del año era de 4 décimas, Tele 2 ha cifrado la acumulada anual de ese mismo año en un 1,25 % y 3 Tube ha afirmado que la interanual ascendía al 4 %.

Representa en una línea temporal el intervalo de tiempo al que se refiere cada información y explica la aparente contradicción entre las noticias sobre la inflación.

19. Dada la siguiente cesta de la compra de un estudiante:

Denominación	Gasto (%)	Cesta año 1	Cesta año 2
Alimentos	45	3.000	3.200
Libros	50	800	900
Transporte	5	100	115

Calcula el Índice de Precios del Estudiante (IPE) para los años 1 y 2, así como la tasa de variación de la cesta entre ambos años.

20. Investiga en Internet cuál ha sido la evolución en España de los siguientes indicadores durante el último año:

a) El PIB.

b) La inflación.

c) El precio oficial del dinero.

d) Interpreta si los resultados obtenidos son favorables para la marcha de la economía española.

Imprescindible · Necesario · Complementario

TALLER DE PRENSA

Busca en Internet un titular para cada uno de los conceptos a trabajar y completa la tabla en tu cuaderno, señalando en unas pocas líneas su interés en relación con lo estudiado en la unidad.

Concepto a trabajar	Titulares	Relación con lo estudiado en la unidad
Economía sumergida	«La economía sumergida se dispara por los impuestos y la corrupción» *El Mundo* (30/1/2014)	La economía sumergida es aquella que es opaca a Hacienda y por ello no paga impuestos. Esto es malo para todos, puesto que los impuestos que dejan de pagar los defraudadores, los tendremos que pagar nosotros.
Causas de la inflación	–	–
Consecuencias de la inflación	–	–
La volatilidad de ciertos precios	–	–
Comportamiento del precio (oficial) del dinero	–	–

VOCABULARIO

Instituto Nacional de Estadística (INE)

Producto Interior Bruto (PIB)

Macromagnitudes

Exportaciones netas

Inflación

Hiperinflación

Deflación

Poder adquisitivo

Índice de Precios al Consumo (IPC)

Ponderación

Cesta de la compra

Precio (oficial) del dinero

Operaciones de mercado abierto

Política monetaria expansiva

Política monetaria restrictiva

JUEGO ECONÓMICO

El juego del economista saboteador

Sois saboteadores infiltrados en el gobierno de vuestro enemigo. Debéis sabotear la economía de vuestro adversario mediante políticas monetarias erróneas hasta llevarle a una hiperinflación o una deflación severas que le destruyan.

Objetivo

El objetivo del juego es que conozcas de forma amena y sencilla la relación entre la *masa monetaria*, los *tipos de interés* y los *precios*.

Tiempo

Este juego se puede realizar entre compañeros de pupitre cuantas veces se quiera. A medida que repitáis partidas, lo haréis mejor.

Número de jugadores

Este juego está diseñado para 2 jugadores.

Material

El único material necesario son cuatro fichas (por ejemplo, monedas pequeñas) y un tablero y un marcador como los que figuran en esta página.

Reglas del juego

Los jugadores colocarán cada uno su ficha de precio en la casilla *Equilibrio de precios*, y sus fichas de economista saboteador en las casillas de salida de jugador A y B respectivamente.

Desde ahí, el jugador puede mover sus fichas libremente siguiendo las reglas del caballo del ajedrez (dos casillas hacia adelante y una de lado). Cada vez que el jugador llega a una casilla de la esquina (amarilla o verde) tiene que seguir las instrucciones: subir o bajar una celda los precios del contrario. Si conseguís empujarle a la zona roja (hiperinflación severa o deflación severa) su economía ha sido destruida y ganáis la partida.

¡Cada esquina (amarilla o verde) solo funciona la primera vez que se ocupa!

Si un jugador ocupa la casilla de un contrincante, este es comido. El jugador comido vuelve a su casilla de inicio.

PRECIOS + 2 Hiperinflación severa ¡El enemigo ha sido derrotado!
PRECIOS + 1
Equilibrio de precios (los precios empiezan aquí)
PRECIOS − 1
PRECIOS − 2 Deflación severa ¡El enemigo ha sido derrotado!

Aumentan tipos de interés (Precios bajan)	Salida del jugador A		Disminuyen tipos de interés (Precios suben)
Disminuye cantidad de dinero (Precios bajan)		Salida del jugador B	Aumenta cantidad de dinero (Precios suben)

Propuesta de cine

En busca de la felicidad

Director: Gabriele Muccino

Año: 2006

País: EE. UU.

Sinopsis:

Cuenta la historia real de Chris Gardner, un hombre corriente que al perder su empleo se ve cerca de la indigencia con un niño de 5 años a su cargo. Pero llega a superar todas las dificultades hasta convertirse en un inversor millonario y un famoso conferenciante.

Claves de reflexión:

La de Chris Gardner es una historia del «sueño americano», con todas sus luces y sombras.

Contenidos de la asignatura:

- La relación del desempleo con la economía personal.
- La búsqueda de empleo y la formación.
- La gestión de los recursos familiares en un contexto de escasez.
- La importancia del trabajo, el esfuerzo y de tener un plan vital.

Cuestiones:

a) No todas las personas que están en la situación de Chris consiguen tener tanto éxito como él. ¿Donde está la clave para conseguirlo? ¿En la suerte, en el talento o en el esfuerzo?

b) Chris identifica el éxito con el éxito laboral y económico, que persigue con ahínco durante toda la historia. ¿Crees que esta es la forma de «éxito» más importante? ¿Existen otras para ti?

Noticia

En la calle. Una historia de desahucios

Fragmento del reportaje de Álvaro de Cózar y Mónica Ceberio para *El País* (edición digital), 2013

La notaría de José Ignacio Navas. Entrevista al notario.

La firma de una hipoteca en una notaría es un acto de cierta tensión. Navas procuraba romper un poco el hielo con algún comentario y luego trataba de ser didáctico. No leía el contrato, prefería explicarlo. Les miraba a los ojos y trataba de poner a sus clientes en lo peor. «Podrías quedarte sin trabajo. Le pasa a cualquiera», les decía. «¿Y qué haces entonces?». Navas les aconsejaba que informaran cuanto antes a los fiadores, normalmente los padres. El banco no solía avisar cuando el deudor empezaba a ser moroso y los trámites de embargo se iniciaban rápidamente. Podían quedarse sin casa ellos y sus padres.

Les aconsejaba también que, si aquello llegaba a ocurrir, era mejor malvender la casa. «"Antes de que os ejecuten", les decía yo. "Si no malvendes se va a quedar el banco con el 50 % del valor de la casa y vas a deber dinero. Y eso supone la muerte civil porque nadie te va a querer dar un crédito, ni un teléfono, ni vas a poder abrir una cuenta…"».

Cuestiones:

a) ¿ De qué riesgo advertía el notario a sus clientes?

b) En 2016 los tipos de interés eran muy bajos y por ello las hipotecas, que están referenciadas al Euribor, muy baratas. ¿Qué crees que pasará el día que suban?

c) En el caso de que hubiera inflación y hubiéramos comprado una casa, ¿cómo crees que nos afectaría?

Cuestionario

1. **Recordando que una tasa de ahorro del 10 % puede ser una cantidad razonable, ¿quién de las siguientes personas está ahorrando lo suficiente?**
   a) Carla, que gana 800 € al mes y ahorra 80 €.
   b) Juan, que gana 2.500 € al mes y ahorra 170 €.
   c) Pedro, que gana 1.800 € al mes y ahorra 100 €.
   d) María, que gana 1.200 € al mes y ahorra 60 €.

2. **El importe de nuestra pensión pública depende:**
   a) Del sueldo que tenemos a lo largo de nuestra vida.
   b) De los años y la cantidad cotizada a la Seguridad Social.
   c) De nuestro plan de pensiones privado.
   d) De nuestros ahorros.

3. **La liquidez de una inversión se mide:**
   a) Por el dinero que nos permite ganar.
   b) Por su rentabilidad.
   c) Por el riesgo que comporta.
   d) Por la facilidad para convertirla en dinero.

4. **Un valor de renta fija:**
   a) Nos da una rentabilidad constante.
   b) Es más inseguro.
   c) Representa la propiedad de la empresa.
   d) Es lo mismo que una acción.

5. **Si diversificamos nuestras inversiones:**
   a) Metemos nuestro dinero en una única inversión.
   b) Intentamos comprar renta fija.
   c) Realizamos varias inversiones diferentes.
   d) Intentamos comprar renta variable.

6. **En un préstamo, el prestamista:**
   a) Debe dinero.
   b) Le deben dinero.
   c) Ha garantizado un pago.
   d) Paga un tipo de interés.

7. **Cuando ahorramos, utilizamos el dinero como:**
   a) Depósito de valor.
   b) Medio de cambio.
   c) Unidad de cuenta común.
   d) Medida de riqueza.

8. **Una tarjeta de débito:**
   a) Carga los pagos a crédito.
   b) Carga los pagos cuando puedan ser pagados.
   c) Carga los pagos al instante.
   d) Permite no tener que pagar.

9. **El PIB de nuestro país:**
   a) Mide el valor de lo que tenemos.
   b) Mide el valor de lo que exportamos.
   c) Mide el valor de lo que debemos.
   d) Mide el valor de lo que producimos.

10. **Una razón para el aumento de la inflación estriba:**
   a) En que aumente el dinero en circulación.
   b) En que aumente la incertidumbre.
   c) En que aumenten los tipos de interés.
   d) En que aumente el ahorro.

9 EL MERCADO DE TRABAJO

Casi todo el mundo tendrá contacto alguna vez en la vida con el mercado de trabajo y la mayoría de nosotros deberá trabajar durante varias décadas para ganarse la vida. Se trata de un mercado especial, con unas características particulares que lo diferencian de los demás. La más llamativa es la existencia de *desempleo*. Vamos a estudiar sus causas, aprenderemos a medirlo y comparar su evolución.

Las políticas públicas intentan reducir el desempleo, pero cada persona puede hacer mucho por evitar caer en él: conocer los sectores que más empleo están creando y tratar de orientar nuestra formación hacia ellos será de gran ayuda para dar nuestros primeros pasos en el mercado de trabajo.

Sumario

a LA PITUFOMONEDA DE LA ALDEA PITUFA

En la aldea de los pitufos todo funcionaba perfectamente, como un reloj. Cada mañana, el pitufo goloso cogía la única pitufomoneda del mundo para comprar un pastel al pitufo cocinero. Después el pitufo cocinero la usaba para pagar al pitufo genio que se encargaba del horno. A mediodía este abonaba al pitufo poeta su pitufomoneda para que le recitara unos versos. Y por la tarde el pitufo poeta se la regalaba a la pitufita, que era su musa. Y esta se la daba al pitufo tabernero para poder comer. La moneda pasaba de mano en mano hasta que llegaba al pitufo gafe, que echaba una partida de póquer con el pitufo goloso y siempre la perdía. A la mañana siguiente el pitufo goloso se levantaba con hambre, y el mismo círculo volvía a comenzar.

Todos eran felices. Todos trabajaban. Todos compraban y vendían.

Sin embargo, una mañana, después de haber tomado mucho zumo de zarzaparrilla fermentado, el pitufo goloso se durmió, con la pitufomoneda en el bolsillo de su pijama.

Y aquella mañana, nadie pudo trabajar, ni comprar, ni vender. Todos pasaron hambre y se quedaron en casa.

Preguntas:

1. **¿Si tu fueras Papá pitufo, qué harías para volver a poner a trabajar a los pitufos?**
2. **¿Si el malvado Gargamel decidiera regalar a los pitufos millones de pitufomonedas para que esto no volviera a ocurrir, crees que les estaría haciendo un favor?**
3. **Incluso cuando el pitufo goloso se levantaba a tiempo, el pitufo amastreador de cucarachas seguía sin poder trabajar. ¿Por qué crees que está en paro? ¿Qué podría hacer para solucionarlo?**

1 El desempleo

Las personas necesitamos sustento, desarrollarnos a nivel personal o mantener a nuestras familias. Todo esto y mucho más lo proporciona un empleo. Trabajar es tan importante que la ausencia de trabajo (el paro o desempleo) se considera uno de los problemas más graves para las sociedades desarrolladas. El desempleo tiene *repercusiones negativas* a todos los niveles (Tabla 9.1):

En general	Supone mantener desocupada a una parte de la población que busca y desea trabajar, de tal forma que no se aprovecha todo el potencial del país.
Para el Estado	Disminuyen los ingresos derivados del trabajo (como las cotizaciones a la Seguridad Social o el Impuesto sobre la Renta) y aumenta el gasto público (prestaciones por desempleo o asistencia social).
A nivel personal	Aparte de la pérdida de calidad de vida debida a la disminución de ingresos, perder el empleo o tardar en encontrarlo puede llegar a afectar a la autoestima y a las relaciones familiares.

Tabla 9.1. Consecuencias negativas del desempleo.

En España la reducción del paro es una preocupación de primer orden, ya que está a la cabeza de los países europeos en esta cuestión (Fig. 9.1):

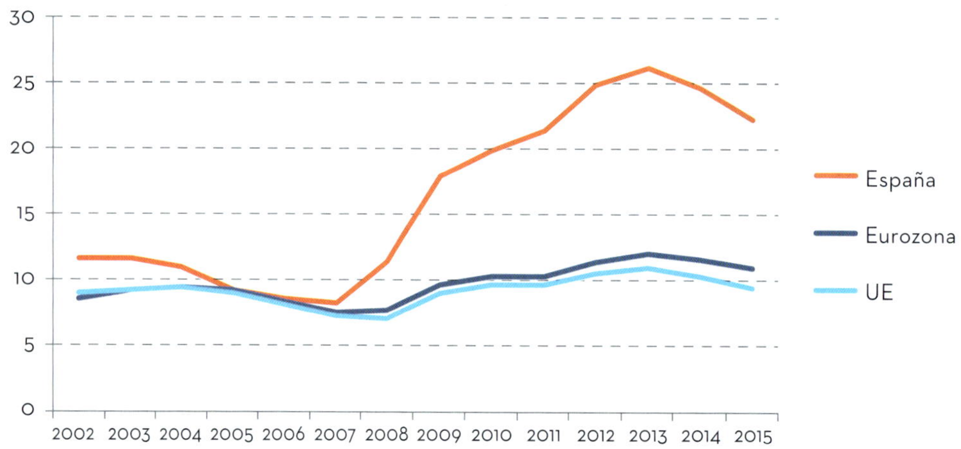

Figura 9.1. Evolución de la tasa de paro en España, la eurozona y la Unión Europea (Fuente AMECO).

1.1. Tipos de desempleo

Según su origen, podemos identificar estos tipos de desempleo (Tabla 9.2):

Friccional	Es un desempleo voluntario de personas que podrían estar trabajando, pero desean tomarse un tiempo para estudiar, descansar o encontrar un trabajo mejor que el anterior.
Estacional	Se debe a la existencia de ciertas actividades que solo requieren mano de obra en determinadas épocas del año. Por ejemplo, en España disminuye mucho el paro durante la temporada alta de turismo.
Cíclico	Es el que aumenta notablemente durante las épocas de crisis económica, mientras que en las etapas de expansión disminuye.
Estructural	Responde a los desajustes entre las características de los trabajadores de una zona o país y las necesidades de los empresarios.

Tabla 9.2. Tipos de desempleo.

1.2. Causas del desempleo

No hay unanimidad a la hora de determinar las causas del desempleo. Entre otras, se señalan:

- **Las características de los trabajadores.** Muchas veces sobran trabajadores con una determinada cualificación y faltan otros, o el trabajo está mal repartido: el pluriempleo y las horas extraordinarias de los trabajadores ya establecidos impiden el acceso al mercado laboral de los restantes.
- **La demanda insuficiente.** En este caso el problema está en que las sociedades no demandan los suficientes bienes y servicios como para emplear a todos los trabajadores disponibles.
- **La existencia de salarios mínimos.** Para los defensores del libre mercado, el paro desaparecería si funcionara libremente la ley de la oferta y la demanda. Ante un exceso de oferta de mano de obra los salarios bajarían y las empresas contratarían a los trabajadores sobrantes. Pero el mercado laboral no es libre, sino que está intervenido por razones de interés público. Por un lado, los Gobiernos establecen un **Salario Mínimo Interprofesional (SMI)** para evitar los abusos de los empresarios y, por otro, los sindicatos fijan salarios mínimos según el tipo de profesión mediante los convenios colectivos.

IMPORTANTE !

EL **SMI** es el *salario mínimo* en España con independencia de la profesión. Los convenios colectivos (acuerdos entre empresas y trabajadores en función de la profesión y el sector) también fijan salarios mínimos, pero deben respetar el SMI.

Periscopio 1

¿Puede ser un problema el SMI?

Beatriz es una recién titulada en Arquitectura que intenta incorporarse al mercado de trabajo en plena crisis inmobiliaria, pero lleva varios meses intentando obtener su primer empleo. Para adquirir experiencia, Beatriz estaría dispuesta a trabajar, por poco que le pagaran, incluso por debajo de lo que marca el convenio o el SMI, pero sabe que no es una opción legal.

Busca «SMI», «ventajas», «inconvenientes»

- Identifica las causas del desempleo de Beatriz.
- ¿En qué tipo de desempleo encuadrarías a Beatriz?
- ¿A quién perjudica y a quién beneficia la existencia de un salario mínimo por ley?

ACTIVIDADES

1. **¿Qué relación guardan las características de los trabajadores de un país con el desempleo?**

2. **Señala en qué tipo de desempleo clasificarías a:**

a) Luisa, que como otras enfermeras no encuentra trabajo en España.

b) Bernardo, temporero de la fresa.

c) Marta, que ha dejado su trabajo para estudiar un Ciclo Formativo.

3. **Si te fijas en el gráfico de la Figura 9.1, el desempleo en España ha sido en general superior al de la Unión Europea. ¿Hubo algún momento en que estas dos tasas hayan sido parecidas? A partir de 2008 la tasa de paro de la UE comenzó a crecer, pero la española lo hizo mucho más. ¿Qué estaba ocurriendo en la economía? ¿Qué tipo de desempleo se estaba generando principalmente?**

> **! IMPORTANTE**
>
> La política de empleo en España está promovida y gestionada desde el Ministerio de Empleo y Seguridad Social. Su web es **www.empleo.gob.es.**
>
> En ella encontrarás estadísticas laborales.
>
> Otra web fundamental es la del Instituto Nacional de Estadística (INE): **www.ine.es.**
>
> En ella encontrarás los resultados periódicos de la EPA.

2 Las estadísticas de empleo

Para abordar un problema hay que empezar por analizarlo y es por ello que se elaboran las estadísticas de empleo. Los pasos para su elaboración son los siguientes:

1.º Dividir la **población en grupos** de acuerdo con su participación en el proceso productivo.

2.º Analizar los grupos de población con una serie de **indicadores específicos o tasas.**

El principal referente de cualquier mercado laboral es la población de la que se nutre, la cual se divide en función de su participación en la actividad económica (Fig. 9.2).

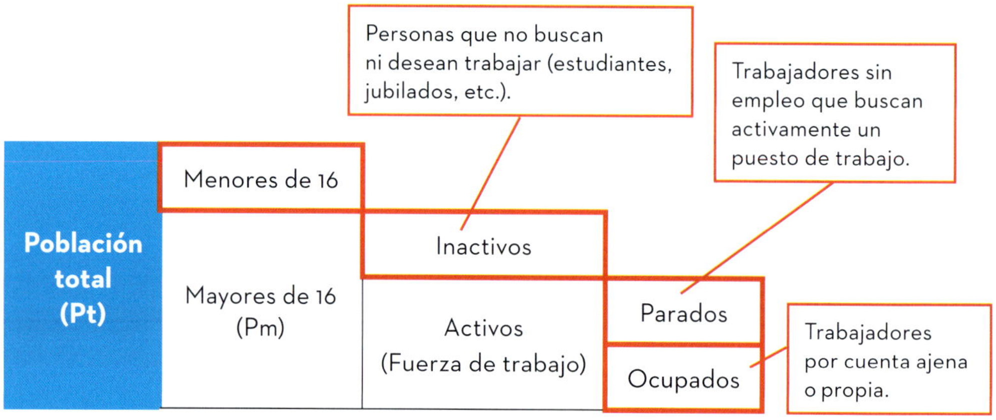

Figura 9.2. Grupos de población desde un punto de vista laboral.

Para medir la situación del mercado laboral, las estadísticas emplean unos indicadores específicos o **tasas** de acuerdo con la Tabla 9.3:

				Pueden trabajar	**Desean trabajar**	**Trabajan**
Tasas	Tasa de actividad (Ta)	$Ta = \frac{\text{Población activa}}{\text{Mayores de 16}} \cdot 100 = \frac{Pa}{Pm} \cdot 100$	Son todos los que pueden trabajar en un país.	🟢		
	Tasa de ocupación (To)	$To = \frac{\text{Población ocupada}}{\text{Mayores de 16}} \cdot 100 = \frac{Po}{Pm} \cdot 100$	Son quienes desean trabajar y tienen trabajo.	🟢	🟢	🟢
	Tasa de paro (Tp)	$Tp = \frac{\text{Población desempleada}}{\text{Población activa}} \cdot 100 = \frac{Pd}{Pa} \cdot 100$	Son quienes, deseando trabajar, no tienen trabajo.	🟢	🟢	🔴

Tabla 9.3. Tasas utilizadas en las estadísticas de empleo.

2.1. Estadísticas de empleo más importantes

Una vez agrupada la población en las categorías descritas y calculadas las tasas se realizan las estadísticas de empleo. Las más importantes son:

- **Encuesta de Población Activa (EPA):** mide el nivel de empleo existente mediante encuestas en 65.000 hogares.
- **Cifras de afiliación a la Seguridad Social:** contabiliza el número y características de los contratos registrados.
- **Datos de las oficinas públicas de empleo:** mide el desempleo a través de quienes se inscriben como parados *(paro registrado)*.

IMPORTANTE

El **paro registrado** no engloba a una numerosa población activa con capacidad y deseo de trabajar, pero que no está inscrita. Estas personas forman lo que se conoce como **«paro desanimado».**

ACTIVIDAD RESUELTA 1

A partir de los datos trimestrales recogidos por la EPA, confeccionamos la siguiente tabla:

Cuarto trimestre (4T)

	Total	Hombres	Mujeres
Pobl. 16 años y más	38.486,7	18.747,1	19.739,6
Activos	22.899,5	12.355,3	10.544,2
• Ocupados	18.048,7	9.896,5	8.152,2
• Parados	4.850,8	2.458,8	2.392,0
Inactivos	15.587,2	6.391,8	9.195,4

Interpreta los resultados de las siguientes tasas:

a) La tasa de actividad del conjunto de la población española del 4T.

b) La tasa de paro de las mujeres del 4T.

c) La tasa de ocupación de los hombres del 4T.

d) La variación porcentual de la población en paro del 4T respecto del 3T, sabiendo que en 3T fue de 5.149 personas.

Solución:

a) **Tasa de actividad total, 4T:** por cada 100 personas del total de la población, 59 son población activa:

$$Ta \text{ (ambos sexos), 4T} = \frac{22.899,5}{38.486,7} \cdot 100 = 59,50\ \%$$

b) **Tasa de paro de las mujeres, 4T:** por cada 100 mujeres de la población activa, 22 están en el paro:

$$Tp \text{ (mujeres), 4T} = \frac{2.392,0}{10.544,2} \cdot 100 = 22,69\ \%$$

c) **Tasa de ocupación de los hombres, 4T:** por cada 100 hombres de la población total, 52 tienen trabajo:

$$To \text{ (hombres), 4T} = \frac{9.896,5}{18.747,1} \cdot 100 = 52,79\ \%$$

d) **Variación porcentual de la población en paro del 4T respecto del 3T:** por cada 100 personas paradas que había en el 3T, hay cinco menos en el 4T:

$$\text{Paro, 3T} - \text{4T} = \frac{\text{Paro 4T} - \text{Paro 3T}}{\text{Paro 3T}} \cdot 100 =$$

$$= \frac{(4.850,8 - 5.149,0)}{5.149,0} \cdot 100 = -5,79\ \%$$

ACTIVIDADES

4. ¿Para qué se realizan las estadísticas de empleo?

5. ¿Por qué las estadísticas de empleo diferencian entre hombres y mujeres?

3 La política de empleo

Una vez analizadas las estadísticas, es el momento de adoptar medidas para crear empleo y, en la medida de lo posible, proteger a los desempleados. El conjunto de medidas que adoptan los poderes públicos relacionadas con el mercado laboral se denomina *política de empleo*.

> La **política de empleo** es la intervención de las distintas administraciones públicas en el mercado de trabajo con dos objetivos principales: crear empleo y proteger a los desempleados.

Las medidas orientadas a la creación de empleo se denominan *activas*, mientras que a las dirigidas a la protección de los desempleados se denominan *pasivas*.

Las **políticas activas** potencian la creación de empleo de forma directa mediante la oferta de puestos de trabajo o indirectamente mediante medidas que aumenten el número de empleos a corto o medio plazo. Podemos diferenciar tres categorías de política activa en función de dónde actúan (Fig. 9.3).

¿SABÍAS QUE...?

Salario es una palabra latina que tiene su origen en el pago, en forma de sal, que recibían los soldados del Imperio romano por sus servicios.

IMPORTANTE

Las **políticas pasivas** de empleo se concretan en ayudas económicas para el trabajador que pierde su empleo.

Políticas activas de empleo	Sobre la oferta de trabajo **Dirigidas a la población activa**	Empleo público
		Reducción de la oferta de trabajo
		Formación e inserción
	Sobre la demanda de trabajo **Dirigidas al mundo empresarial**	Fomento a la contratación
		Apoyo al autoempleo
		Flexibilización del mercado laboral
	De intermediación entre oferta y demanda	

Figura 9.3. Políticas activas de empleo.

Periscopio 2

Consecuencias del desempleo

Las políticas de empleo tratan de paliar las graves consecuencias económicas, sociales y psicológicas que tiene el desempleo en la población.

- En este gráfico representamos la tasa de paro y el porcentaje de la población bajo la línea de pobreza en España. Cada variable está a una escala distinta para que puedan compararse mejor. ¿Qué consecuencias extraes?
- Enumera otras consecuencias económicas, sociales y psicológicas que puede tener el desempleo de larga duración en la población.

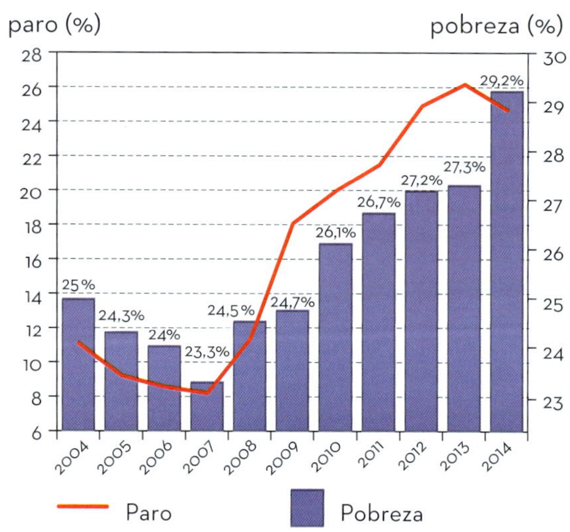

- **Empleo público.** Consiste en la creación de empleo por parte de las distintas administraciones públicas.
- **Reducción de la oferta de trabajo.** A veces se ponen en marcha medidas obligatorias o incentivos para que los trabajadores reduzcan su tiempo de trabajo. Al disminuir las posibilidades de trabajo de los empleados ya establecidos se posibilita el acceso a nuevos trabajadores o un mejor reparto del trabajo. Por ejemplo, mediante las jubilaciones anticipadas, la reducción de la jornada laboral o la prohibición de horas extraordinarias.
- **Formación e inserción.** Son medidas que sirven para mejorar la cualificación de los trabajadores. Ganan importancia cuando una sociedad progresa y, en consecuencia, se especializa o se vuelve más compleja tecnológicamente. Cuanto más alta es esa especialización o esa sofisticación de la tecnología más mano de obra cualificada se requiere.

- **Fomento de la contratación por parte de las empresas.** El sector público puede incentivar a las empresas para que contraten a más trabajadores. Por ejemplo, mediante las subvenciones por creación de empleo, las bonificaciones en las cotizaciones de la **Seguridad Social** o las ayudas para convertir los contratos temporales en fijos.
- **Autoempleo.** Un trabajador que decide crear su propio puesto de trabajo, y acaso el de otros, es un gran valor para la sociedad. Por ello las distintas administraciones subvencionan y promocionan las iniciativas empresariales. Así, existen muchos organismos y asociaciones que ofrecen información, también en Internet, sobre autoempleo, como las oficinas de empleo en las comunidades autónomas, las cámaras de comercio o las asociaciones de jóvenes empresarios.
- **Flexibilización del mercado laboral.** Consiste en la eliminación de trabas y regulaciones para contratar y despedir empleados por parte de las empresas.

Las **oficinas de empleo** asesoran a los parados para conseguir empleo al tiempo que actúan como intermediarios entre empresas y trabajadores. Estas oficinas generalmente son públicas, como el Servicio Público de Empleo Estatal (SEPE). Pero también existen oficinas privadas autorizadas para actuar de intermediarias, como es el caso de las agencias de colocación.

VOCABULARIO

Seguridad Social. Organismo público que garantiza asistencia sanitaria y prestaciones sociales suficientes que cubran las necesidades del trabajador o de su familia. Para tener derecho a sus prestaciones es obligatorio inscribirse, así como abonar unas cuotas mensuales mientras se esté trabajando.

ACTIVIDADES

6. ¿Cuáles son los objetivos de la política de empleo?
7. Para recibir ciertas ayudas económicas, los parados deben demostrar que buscan trabajo. ¿Qué sentido crees que tiene esta medida?

4 Tendencias y yacimientos de empleo

> **¿SABÍAS QUE...?**
>
> Según las previsiones del Centro Europeo para el Desarrollo de la Formación Profesional, en el año 2025 se espera que la tasa de empleo española supere los niveles anteriores a la época de crisis económica de 2008.

Los avances tecnológicos, socioeconómicos y culturales influyen directamente en dos aspectos:

- El número y tipos de empleo de una sociedad.
- La cualificación profesional necesaria para adaptarse a acceder a ellos.

Concretamente, en el marco de la UE, se han identificado los siguientes factores como propiciadores de nuevas necesidades y demandas de los ciudadanos:

- La incorporación de la mujer al mundo laboral.
- El envejecimiento de la población.
- El incremento de la renta y del nivel cultural.
- La concentración de las personas en las zonas urbanas.
- El impacto de las nuevas tecnologías.

4.1. Tendencias de empleo

> **¿SABÍAS QUE...?**
>
> En general se cumple que cuantos más trabajadores hay en el sector terciario (servicios) más rica y avanzada suele ser una sociedad.

Tanto los observatorios de empleo europeos como los españoles señalan que el panorama del empleo se habrá modificado de forma bastante significativa en 10 años, en atención a:

- **El envejecimiento de la población:** en consecuencia, la necesidad de cubrir los puestos de trabajo por motivos de jubilación será mayor que la de empleos de nueva creación, en una relación de nueve a uno.
- **El impacto tecnológico:** el continuo avance de la tecnología ocasionará la mejora o la creación de nuevos procesos de producción en las grandes industrias, lo cual requerirá trabajadores cada vez más cualificados.

En cuanto a los sectores de ocupación se señalan las siguientes **tendencias** (Tabla 9.4):

Primario		Secundario		Terciario	
↑	Agricultura ecológica	↑	Vehículos a motor, equipos ópticos y electrónicos	↑	Transporte, distribución y, sobre todo, hostelería
↓	Agricultura en general	↓	Industria en general	↓	Administración

Tabla 9.4. Tendencias de empleo 2015-2025.

En lo que respecta a la **cualificación exigida,** en España el mayor número de las oportunidades exigirán un nivel de cualificación alto, aunque también habrá un número significativo de empleos destinados a la cualificación de tipo medio.

4.2. Los yacimientos de empleo

Las tendencias de empleo son las grandes líneas generales que señalan la evolución del mercado laboral a largo plazo. Su importancia radica en que indica qué actividades económicas son las que tienen más potencial para generar puestos de trabajo. Esas actividades económicas es a lo que se denomina *yacimientos de empleo*.

Figura 9.4. La incorporación de la mujer al trabajo es lo que ha posibilitado alcanzar grandes niveles de riqueza en las sociedades occidentales.

> Los **yacimientos de empleo** son actividades económicas con gran potencial para generar puestos de trabajo.

Nuevos yacimientos de empleo

A. Servicios de la vida diaria

1. Servicios a domicilio.
2. Atención a la infancia.
3. Nuevas tecnologías de la información y la comunicación.

B. Servicios para la mejora de la calidad de vida

4. Mejora de la vivienda.
5. Seguridad.
6. Transportes colectivos globales.
7. Aprovechamiento de los espacios públicos urbanos.
8. Comercios de proximidad.

C. Servicios culturales y de ocio

9. Turismo.
10. Sector audiovisual.
11. Patrimonio cultural.
12. Desarrollo cultural local

D. Servicios de medio ambiente

13. Tratamiento de residuos.
14. Gestión del agua.
15. Protección y mantenimiento de las zonas naturales.
16. Regulación y control de la contaminación e instalaciones correspondientes.

Figura 9.5. Nuevos yacimientos de empleo identificados en el marco de la Unión Europea y detallados en el Libro blanco *Crecimiento, Competitividad y Empleo. Retos y pistas en el siglo XXI*, más conocido con el nombre de Informe Delors.

ACTIVIDADES

8. Selecciona de tu entorno una o dos profesiones encuadradas en los nuevos yacimientos de empleo. A continuación responde:

a) La razón de tu elección.

b) Averigua cuál es el itinerario académico (la formación) que hace falta acceder a esa profesión.

c) Existen portales de búsqueda de empleo, como Infojobs.net, en los que puedes obtener mucha información sin necesidad de registrarte. Busca en cualquiera de ellos ofertas de trabajo relacionadas con una de las profesiones que hayas elegido. ¿Qué requisitos de formación, de experiencia, etc., se indican en ella? ¿Cómo se te ocurre que podrías ir adquiriendo los requisitos que te faltan?

Ofertas de formación profesional
Reglada
A esta formación se accede normalmente con el título de ESO, para obtener el título de técnico, o el de Bachillerato para el de técnico superior. Los Ciclos Formativos pretenden ofrecer una formación polivalente y reciclable para la actividad profesional que permita adaptarse a los cambios laborales y tecnológicos.
Ocupacional
Gestionada por el SEPE y las comunidades autónomas, este tipo de formación se dirige a desempleados y demandantes de primer empleo.
Continua
Está dirigida a los trabajadores ocupados. En los últimos años ha aumentado notablemente el esfuerzo de las empresas por formar a sus trabajadores.

Tabla 9.5. Formación profesional.

MAPA CONCEPTUAL

Desempleo

- **Estadísticas**
  - EPA
  - Seguridad Social
  - Oficinas de empleo
- Friccional
- Estacional
- Cíclico
- Estructural
- Características de los trabajadores
- Demanda insuficiente
- Existencia de salarios mínimos

Políticas activas de empleo		
	Sobre la oferta de trabajo *(Dirigidas a la población activa)*	Empleo público
		Reducción de la oferta de trabajo
		Formación e inserción
	Sobre la demanda de trabajo *(Dirigidas al mundo empresarial)*	Fomento a la contratación
		Apoyo al autoempleo
		Flexibilización del mercado laboral
	De intermediación entre oferta y demanda	

Nuevos yacimientos de empleo

A. Servicios de la vida diaria
1. Servicios a domicilio.
2. Atención a la infancia.
3. Nuevas tecnologías de la información y la comunicación.

B. Servicios para la mejora de la calidad de vida
4. Mejora de la vivienda.
5. Seguridad.
6. Transportes colectivos globales.
7. Espacios públicos urbanos.
8. Comercios de proximidad.

C. Servicios culturales y de ocio
9. Turismo.
10. Sector audiovisual.
11. Patrimonio cultural.
12. Desarrollo cultural local.

D. Servicios de medio ambiente
13. Tratamiento de residuos.
14. Gestión del agua.
15. Mantenimiento de las zonas naturales.
16. Regulación y control de la contaminación e instalaciones correspondientes.

TEST DE REPASO

1. En relación con la población parada, indica la afirmación correcta:

a) Es población inactiva.

b) Es población activa.

c) Es población ocupada.

d) No se mueve.

2. Para poder trabajar, ¿qué edad hay que tener?

a) Hay que tener al menos 14 años.

b) Hay que tener al menos 16 años.

c) Hay que tener al menos 18 años.

d) Hay que estar bautizado.

3. ¿Cuál de estas afirmaciones sobre la tasa de ocupación es cierta?

a) Es siempre mayor que la tasa de actividad.

b) Es lo mismo que la tasa de actividad.

c) Es siempre menor que la tasa de actividad.

d) A veces es mayor que la tasa de actividad y a veces es menor: depende de las circunstancias.

4. La EPA mide el paro a través de:

a) Las personas inscritas en el SEPE.

b) Las personas inscritas en la Seguridad Social.

c) Métodos algorítmico-deductivos.

d) Mediante una encuesta.

5. El salario mínimo:

a) Aumenta el desempleo.

b) Reduce las desigualdades.

c) Incrementa el salario medio.

d) Todo lo anterior es correcto.

6. Mejorando los programas educativos se podría reducir:

a) El paro estructural.

b) El paro coyuntural o cíclico.

c) El paro estacional.

d) El paro friccional.

7. Reducir los costes de despido sería una medida de:

a) Autoempleo.

b) Flexibilización del mercado de trabajo.

c) Creación de empleo público.

d) Fomento de la contratación.

8. La prestación por desempleo es un ejemplo de:

a) Fomento de la contratación.

b) Creación de empleo público.

c) Política activa de empleo.

d) Política pasiva de empleo.

9. Las nuevas actividades económicas capaces de generar mucho empleo se denominan:

a) Fuentes de empleo.

b) Manantiales de empleo.

c) Yacimientos de empleo.

d) Burbujas de empleo.

10. En el futuro la mayoría de las vacantes de empleo se producirán:

a) Para sustituir a la población que se jubila.

b) Para cubrir empleo de nueva creación.

c) Para sustituir a robots que se estropean.

d) Todas las anteriores son ciertas.

11. Son intermediarios entre oferta y demanda de empleo:

a) Las agencias de colocación.

b) El SEPE (antiguo INEM).

c) Las respuestas *a)* y *b)* son correctas.

d) Ninguna de las anteriores.

ACTIVIDADES FINALES

Teoría

1. **¿Crees que las repercusiones de perder el empleo o de no encontrar trabajo van más allá de las económicas? ¿Por qué?**

2. **A la hora de realizar las estadísticas de empleo, ¿por qué se divide previamente a la población en grupos?**

3. **¿Cuál es la diferencia básica entre la población activa y la población en edad de trabajar?**

4. **¿Cómo se complementan las distintas estadísticas que miden el empleo en España?**

5. **¿Qué parte de la población activa no figura en las estadísticas de paro registrado? ¿Por qué crees que preocupan especialmente las personas que pertenecen a este colectivo?**

6. **¿En qué crees que consisten las bonificaciones sobre las cotizaciones de la Seguridad Social?**

7. **¿Cuál es la relación entre lo avanzado que es un país y la cualificación de su mano de obra?**

8. **¿Cómo dificultan los trabajadores establecidos el acceso al mercado laboral de los restantes?**

9. **¿En qué se diferencian las políticas activas de empleo de las pasivas?**

10. **¿Por qué crees que los Gobiernos incentivan la conversión de trabajos temporales en fijos?**

11. **¿Cómo contribuyen las jubilaciones anticipadas o el aumento de la edad obligatoria de formación a la reducción del paro?**

12. **¿Cómo y por qué ha propiciado nuevos yacimientos de empleo la incorporación de la mujer al trabajo?**

13. **¿Por qué el envejecimiento de la población puede constituir una oportunidad desde el punto de vista laboral?**

14. **¿Por qué se prevé como tendencia de empleo para el futuro la necesidad de mano de obra cualificada?**

Práctica

15. **¿En qué tipos de desempleo encuadrarías a las siguientes personas?**

a) Moisés, que trabaja en invierno en una empresa de juguetes.

b) Natalia, en paro por sus dificultades con la informática.

c) Begoña, que deja su trabajo de camarera para hacer un curso de cocina.

d) Alberto, que trabaja en automoción y ha sido despedido a raíz del estancamiento de las ventas de automóviles en todo el mundo.

16. **Clasifica a las siguientes personas de acuerdo con lo estudiado sobre los tipos de población, según su función en el proceso productivo:**

a) Ibrahim, licenciado en Psicología que desea trabajo aunque no lo busca.

b) Juan, inmigrante con tarjeta de residencia que trabaja en la construcción.

c) Carlos, técnico superior de Informática que oposita a un puesto de conserje.

d) Carmen, estudiante de un Ciclo Formativo de Grado Medio en Comercio, inscrita en el paro.

e) Matilde, estudiante de Bachillerato.

f) Diego, futbolista con una baja temporal por rotura de fibras.

g) Julio, que realiza tareas domésticas en su casa.

17. **Dados los siguientes datos de Econolandia, correspondientes al cuarto trimestre de 2016 (en miles de personas):**

	Cuarto trimestre (2016)		
	Total	Hombres	Mujeres
Mayores de 16 años	50.000	28.000	22.000
Activos	35.000	20.000	15.000
• Ocupados	30.000	18.000	12.000
• Parados	5.000	2.000	3.000
Inactivos	15.000	8.000	7.000

a) Calcula e interpreta la tasa de inactividad del conjunto de la población de Econolandia.

b) Calcula e interpreta la tasa de paro masculino.

c) Calcula e interpreta la tasa de ocupación total.

d) Calcula la variación porcentual de la población activa de Econolandia respecto del tercer trimestre de 2016, sabiendo que la población activa en dicho trimestre fue de 48.000 personas.

18. **Indica dentro de qué medida de política de empleo encuadrarías las siguientes acciones y, si es el caso, explica si se trata de políticas activas o pasivas:**

a) Aumento de la edad obligatoria de educación obligatoria hasta los 18 años.

b) Cursillos de formación para los desempleados.

c) Establecimiento de la edad de jubilación obligatoria en 70 años.

d) Reducir a la mitad el coste de despido.

e) Una subvención por creación de empresa de 5.000 €.

f) Una ayuda extraordinaria para quienes tengan familia numerosa y no hayan trabajado lo mínimo como para tener derecho a una prestación.

g) Una oferta de empleo de 10 plazas en la Policía Local.

h) La prestación de desempleo.

19. **Investiga en Internet las siguientes cuestiones:**

a) Las posibilidades académicas de seguir estudiando con independencia de que obtengas o no la titulación en ESO.

b) Consulta en la página del INE la EPA del último trimestre. A continuación contesta las siguientes preguntas:

- ¿Cuáles son las tasas de actividad, ocupación y paro de ambos sexos?
- Describe la evolución del paro de ambos sexos con respecto al último trimestre, en lo que va de año y doce meses.
- ¿En qué sectores se apuntan mejoras? ¿En cuáles empeora el empleo?
- ¿Obedecen las mejorías en el empleo a factores estacionales como las vacaciones de verano o las de Navidad?

c) La existencia de nuevos yacimientos de empleo distintos a los citados en el texto.

20. **Si tienes 16 años, acude a una oficina pública de empleo para una o varias de las siguientes alternativas:**

a) Informarte sobre las posibilidades que tienes de encontrar trabajo.

b) Apuntarte a cursillos de formación que te interesen.

c) Inscribirte como demandante de empleo para encontrar un trabajo durante las vacaciones escolares.

Imprescindible Necesario Complementario

TALLER DE PRENSA

Busca en Internet un titular para cada uno de los conceptos a trabajar y completa la tabla en tu cuaderno, señalando en unas pocas líneas su interés en relación con lo estudiado en la unidad.

Concepto a trabajar	Titulares	Relación con lo estudiado en la unidad
El paro en España y en la UE	«La tasa de paro en España duplica la media de los países del euro» *Deia* (2/3/2016)	En España siempre hemos tenido tasas de paro mucho mayores que el resto de nuestros vecinos. La gran cantidad de paro estructural y una defectuosa política de empleo tienen buena parte de la culpa.
El paro estructural (tipos de desempleo)	–	–
Importancia de la formación de cara a la búsqueda de empleo	–	–
Paro desanimado	–	–
Tendencias de empleo	–	–
Nuevos yacimientos de empleo	–	–

VOCABULARIO

Desempleo friccional
Desempleo estacional
Desempleo cíclico o coyuntural
Desempleo estructural
Salario Mínimo Interprofesional (SMI)
Encuesta de Población Activa (EPA)
Población inactiva
Población parada
Población ocupada
Tasa de actividad (Ta)
Tasa de ocupación (To)
Tasa de paro (Tp)
Paro desanimado
Política activa de empleo
Política pasiva de empleo
Seguridad Social
Yacimiento de empleo

JUEGO ECONÓMICO

La oca de tu primer empleo

En este juego recorrerás de forma imaginaria tu futuro desde 4.º de la ESO hasta conseguir tu primer empleo fijo, una vez terminados los estudios.

Para ello tendrás que tomar decisiones que te pueden llevar al éxito o al fracaso.

Objetivo

El objetivo del juego es que visualices algunos de los hitos, tanto académicos como vitales, a los que te enfrentarás en los años venideros de una forma didáctica y divertida. Todo ello, haciendo hincapié en la importancia de la formación y el esfuerzo, de cara a conseguir un buen empleo.

Tiempo

La partida puede durar unos 20 minutos. Así que, en una sesión de una hora, se pueden jugar unas 3 partidas.

Número de jugadores

Puede jugar cualquier número de jugadores, aunque recomendamos que sean 2 o 3.

Material

Para este juego necesitarás un tablero que te proporcionará el profesor, una ficha y dos dados.

Reglas del juego

Empezarás en la casilla 1 e irás moviéndote por el tablero tirando el dado.

- Si sacas 1-3, mueves 1 casilla.
- Si sacas 4-6, mueves 2 casillas.

En ocasiones aparecerán pruebas o eventos, que tendrás que superar con nuevas tiradas de uno o dos dados, y decisiones vitales que te pueden llevar a otras casillas no consecutivas. El objetivo es llegar el primero a la casilla 40, en la que habrás conseguido tu primer contrato indefinido.

10 LAS CUENTAS DEL ESTADO

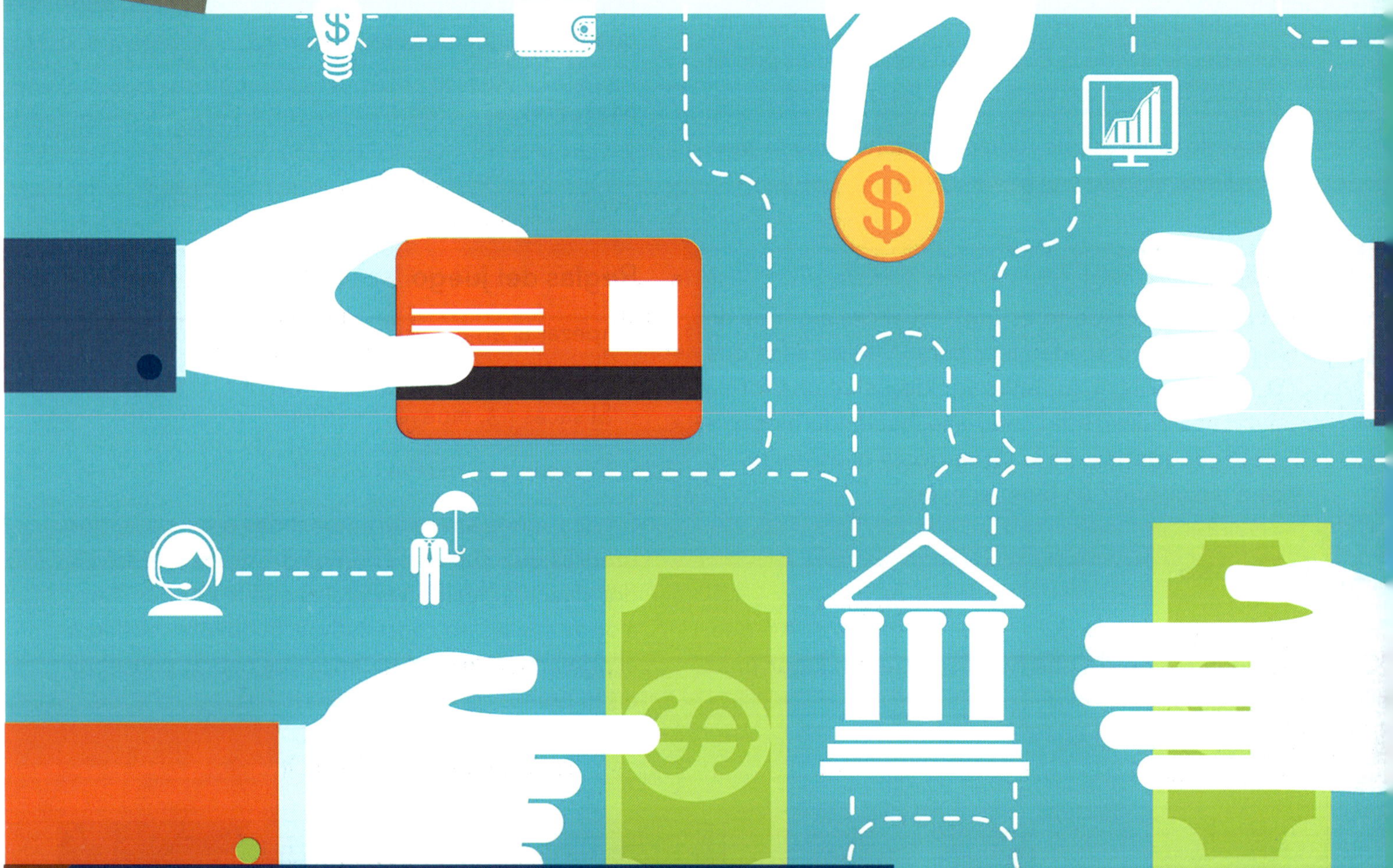

En nuestras sociedades, la misión económica del Estado consiste en complementar al mercado, ayudando a su buen funcionamiento y actuando sobre los problemas que este crea en ocasiones. La intervención del Estado en economía se realiza a través de las llamadas *políticas macroeconómicas*.

De todas ellas, la *política fiscal* es la que tiene un efecto más directo sobre nuestra vida cotidiana. Pero además se refleja en las cuentas del Estado y es en ellas donde encuentra sus límites: si gasta más de lo que ingresa aparecerá el llamado *déficit público* y esto supondrá nuevos problemas.

EN EL PAÍS REDONDO

En el País Redondo, donde habitaba gente retorcida, había hace mucho tiempo dos grandes partidos políticos. El PDA, o Partido de los Empresarios Avariciosos, y el PTR o Partido de los Trabajadores Rencorosos.

Cuando el PDA ganaba las elecciones el Gobierno bajaba los impuestos a los ricos y se los subía a los pobres. Estos se quedaron con tan poco dinero que al final las empresas no tenían a quién vender y todo el país acababa arruinado, muy enfadado y entristecido.

Entonces las elecciones siguientes las ganaba el PTR y hacía todo lo contrario: los pobres recibían más dinero, mientras que a los empresarios se les quitaba lo que ganaban para poder repartirlo. Al final nadie más quiso montar una empresa, todo el mundo se quedó en paro, arruinado, enfadado y entristecido.

Entonces el PDA volvía a ganar las elecciones y...

Preguntas:

1. **¿Piensas que las propuestas del PDA y el PTR son razonables? ¿Por qué?**
2. **Si pudieras montar un partido político en el País Redondo, ¿cómo lo llamarías?**
3. **¿Crees que los impuestos son necesarios para que los países sean más justos y felices? Pon un ejemplo.**

Sumario

1 El papel del Estado

Los mercados no siempre aseguran que las decisiones tomadas por los particulares sean las más adecuadas para los intereses de la sociedad. Concretamente, las limitaciones o *fallos del mercado* son los siguientes (Tabla 10.1):

La escasez de bienes públicos	Los mercados producen bienes privados, pero apenas producen bienes públicos.
Las externalidades	Muchas actividades económicas generan efectos que repercuten sobre la sociedad y el medio ambiente, la mayor parte de las veces de forma negativa.
La falta de competencia	Las grandes empresas suelen tener posición dominante para fijar precios y condiciones en el mercado.
La desigual distribución de la renta	Los mercados generan una distribución de la renta que perjudica a los más desfavorecidos.
La inestabilidad de los ciclos económicos	Cada cierto tiempo la economía entra en crisis.

Tabla 10.1. Principales fallos del mercado.

Estas situaciones en las que el mercado no genera los efectos deseados para la sociedad se denominan *fallos de mercado*.

Un **fallo de mercado** es una consecuencia negativa del funcionamiento del mercado, que lleva a situaciones indeseadas para el conjunto de la sociedad.

De todos ellos, el más importante es la *inestabilidad de los ciclos económicos*, porque afecta directamente al empleo y a las características de los puestos de trabajo de un país, a la producción y a los precios.

1.1. La inestabilidad de los ciclos económicos

Como muchas otras cosas en la vida, la economía también está sujeta a ciclos. Que una actividad esté sujeta a un comportamiento cíclico no es un problema grave, siempre que cada fase sea mejor que la anterior, pero lo habitual es que a una fase buena le suceda otra mala. Esto es, precisamente, lo que ocurre en las economías de mercado.

Los **ciclos económicos** son fluctuaciones de la actividad económica en fases alternas de *expansión* y *recesión*.

A las fases o épocas de expansión, en las que la actividad económica y el empleo crecen considerablemente, les suceden otras de recesión y depresión en las que una gran parte de los recursos productivos disponibles (trabajadores, máquinas, capitales, etc.) permanecen ociosos.

En definitiva, la economía adopta un comportamiento cíclico con fases alternas de expansión y recesión. Este fenómeno se conoce con el nombre de **inestabilidad cíclica** (Fig. 10.1).

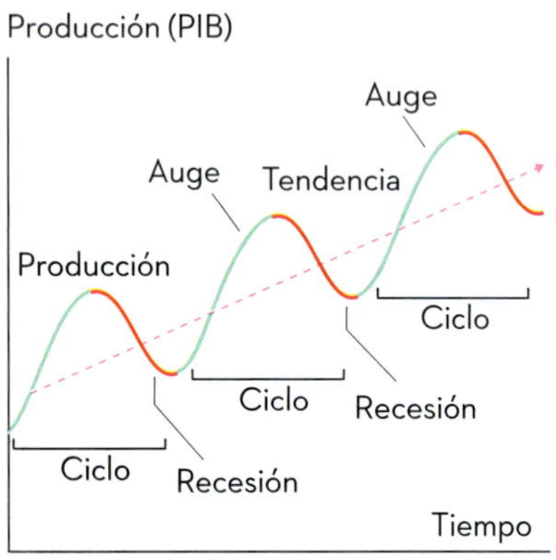

Figura 10.1. Las fases de los ciclos económicos son representables en un diagrama cartesiano: en el eje vertical el PIB y en el horizontal el tiempo. La tendencia demuestra que la economía resurge con más fuerza de la que se hunde.

1.2. La política macroeconómica

Para tratar de corregir las consecuencias negativas del funcionamiento del mercado, el Estado interviene en la economía. Aunque el gran objetivo principal es controlar la inestabilidad cíclica, existen otros, que se regulan a través de diversas políticas. Estas, entendidas en conjunto, se denominan *política macroeconómica*.

La **política macroeconómica** es el conjunto de políticas que utiliza el Estado para intervenir en la actividad económica y tratar de favorecer la marcha del país.

Figura 10.2. Los objetivos de la política macroeconómica no solo son económicos. En la medida en que la política macroeconómica es la expresión económica del sentir de la sociedad, también debe tener presentes sus preocupaciones y valores, como por ejemplo la *equidad* y la *solidaridad*.

Objetivos de las políticas macroeconómicas			
De rentas	Monetaria (UE)	Exterior (UE)	Fiscal
Mantener la estabilidad de los precios (deflación o inflación)		Regular las transacciones con otros países o bloques de comercio.	Incrementar o estabilizar el volumen de actividad económica.

Tabla 10.2. Tipos de política macroeconómica según sus objetivos. La política exterior y la monetaria están en manos de la UE desde la pertenencia de España a esta y a la eurozona.

Periscopio 1

Las temidas vacas flacas

Al igual que la vida, la economía está sujeta a rachas: a lo largo de la historia ha quedado demostrado que a un ciclo económico de expansión le sigue otro de recesión. Lo que no se sabe es cuándo cambia el ciclo ni cuántos años durará cada uno. La principal responsabilidad de los gobernantes consiste en tratar de suavizar al máximo las consecuencias negativas del ciclo de recesión.

Busca «PIB», «evolución», «España», «201X», «gráfico»

- En la actualidad y a juzgar por la evolución del PIB en los últimos años, determina si España se encuentra en un momento de expansión o recesión.

IMPORTANTE

Aparte de las políticas citadas en la Tabla 10.2, que son las que acaparan la actualidad económica por ser a corto plazo, existen otras medidas a largo plazo como son, por ejemplo, las *políticas de privatizaciones* o la *reorganización de sectores concretos* de la economía.

ACTIVIDADES

1. **¿Por qué se dice que el mercado tiene fallos?**
2. **¿Por qué los Gobiernos tratan de influir sobre la economía de sus países mediante las llamadas políticas macroeconómicas?**
3. **¿Qué relación tiene la Unión Europea con las políticas macroeconómicas de España?**

2 La política fiscal

VOCABULARIO

Discrecional. Que se realiza a voluntad.

Tipo impositivo. Porcentaje que se aplica sobre una cantidad determinada para calcular el impuesto que hay que pagar.

Con la política exterior y la monetaria en manos de la Unión Europea, la *política fiscal* se ha convertido en el principal instrumento de los países miembros, entre ellos España, para intervenir en sus propias economías.

La **política fiscal** es la actuación intencionada del sector público mediante la recaudación de fondos (principalmente mediante impuestos) y la aplicación de gastos públicos, para alcanzar los objetivos perseguidos por el Estado.

Las medidas de política fiscal más importantes son:

- **Programas de obras públicas:** que incrementan los niveles de la producción y el empleo y dotan al país de mejores infraestructuras.
- **Variación de los impuestos:** buscan modificar la cantidad de dinero de la que disponen las familias o las empresas para consumir o invertir, lo cual repercute en los niveles de producción y empleo.
- **Planes de empleo y formación:** se basan en contratar y formar trabajadores durante breves periodos para una rápida inserción laboral (formación ocupacional y escuelas-taller).
- **Programas de transferencias:** su objetivo es proteger a los colectivos desfavorecidos mediante pagos periódicos temporales o permanentes (subsidio del paro o pensiones, por ejemplo).

REFLEXIÓN

¿Más servicios públicos o menos impuestos?

Cuando, por ejemplo, pedimos que las entradas de los museos nacionales sean gratuitas o que suban las pensiones de los mayores, le estamos diciendo indirectamente al Estado que suba los impuestos para atender nuestras demandas o que redistribuya mejor el gasto existente.

Aparte de estas medidas, llamadas **discrecionales** porque son activadas a voluntad por el Gobierno, en la economía también tenemos los **estabilizadores automáticos:** factores que, con independencia de la voluntad de los gobernantes de un país, se adaptan a la marcha de la economía. Los más importantes son los **impuestos** y las **cotizaciones sociales,** los cuales, en las fases de expansión, generan los recursos necesarios para pagar el paro a los trabajadores o subvenciones a las empresas con problemas en las fases de recesión.

2.1. Tipos de política fiscal

Las políticas fiscales pueden ser de dos tipos:

- **Política fiscal expansiva:** se produce cuando se reducen los impuestos o se aumenta el gasto público para estimular la actividad económica.
- **Política fiscal restrictiva:** se produce cuando aumentan los impuestos o se reduce el gasto público para estabilizar la actividad económica.

Aumento del gasto público ↑ **Bajada de impuestos** ↓	Renta disponible ↑	Consumo, inversión ↑	Producción, empleo, precios ↑
Aumento de los impuestos ↑ **Bajada del gasto público** ↓	Renta disponible ↓	Consumo, inversión ↓	Producción, empleo, precios ↓

Tabla 10.3. Políticas fiscales (expansiva y restrictiva) en acción.

2.2. Política fiscal y ciclos económicos

Es posible identificar el comportamiento de los ingresos y gastos públicos en las diferentes fases del ciclo económico (Fig. 10.3):

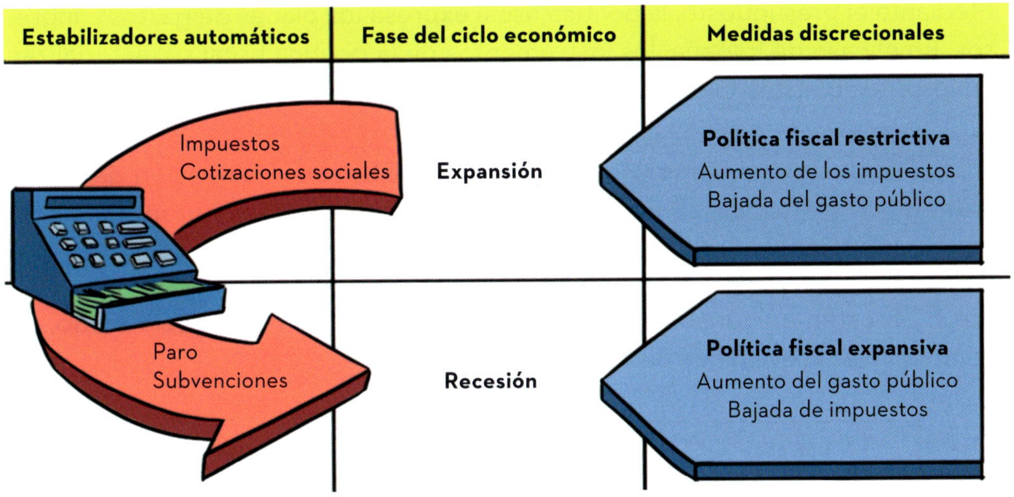

Figura 10.3. Política fiscal en relación con los ciclos económicos.

ACTIVIDAD RESUELTA 1

Indica a qué tipo de política fiscal pertenecen las siguientes actuaciones: las pensiones de jubilación, la construcción de una carretera, cursos a desempleados con bolsas de trabajo o subir el porcentaje del IVA.

Solución:

Actuaciones	Medidas fiscales discrecionales
Las pensiones de jubilación	*Programas de transferencias*
La construcción de una carretera	*Obras públicas*
Cursos a desempleados con bolsas de trabajo	*Planes de empleo y formación*
Subir el porcentaje del IVA	*Variación de los impuestos*

IMPORTANTE

Si las políticas son adecuadas no tienen por qué influir sobre los precios, pero no es lo más habitual. La política fiscal expansiva suele venir acompañada de inflación, y la restrictiva de estancamiento en los precios.

ACTIVIDADES

4. En lo que respecta a la manera de operar, ¿qué diferencia a los instrumentos fiscales de los estabilizadores automáticos?

5. ¿Cómo afecta la variación de impuestos a los niveles de producción y empleo de un país?

6. De los estabilizadores automáticos se dice que funcionan como un freno, tanto cuando la economía va bien como cuando va mal. ¿Qué se pretende decir en realidad?

7. ¿Cómo influye una política fiscal restrictiva sobre la producción, el empleo y los precios?

3 Los Presupuestos Generales del Estado

Figura 10.4. Desde el punto de vista económico, una persona es pobre o está bajo el umbral de la pobreza cuando sus ingresos son inferiores al 60 % de la renta disponible en los hogares de la sociedad en la que vive. En España en mayo de 2015 el umbral de la pobreza para un hogar con dos hijos se situaba en 16.719 € de ingresos al año.

Mediante el presupuesto, la política fiscal expresa los planes de gastos e ingresos. En el caso de España, los instrumentos de la política fiscal se materializan en los *Presupuestos Generales del Estado (PGE).*

> Los **Presupuestos Generales del Estado (PGE)** son una relación detallada de los gastos, así como de las previsiones de ingresos durante el año correspondiente.

Los PGE están en consonancia con los objetivos económicos del Estado, así como con las previsiones para el conjunto de la economía.

PGE

Ingresos
- Cotizaciones sociales
- Tributos (impuestos)
- Otros ingresos

→

Gastos
- Corrientes
- Inversión (infraestructuras)
- Transferencias y subvenciones

Figura 10.5. Clasificar los ingresos en función de su origen y los gastos según su destino es la forma más sencilla de ordenar los PGE.

Ya hemos estudiado anteriormente los impuestos y las cotizaciones sociales, que son una forma de tributos, de modo que en esta unidad vamos a centrarnos en los *gastos públicos*.

3.1. Los gastos públicos

El **gasto público** es el conjunto de gastos realizados por la Administración Pública. En lo que se refiere al Estado, y atendiendo a su destino, es posible clasificar los gastos públicos en (Tabla 10.4):

Gastos corrientes	Gastos de inversión	Transferencias y subvenciones

Son los gastos generales destinados a proporcionar a la sociedad servicios públicos tales como la sanidad, la educación, la justicia y muchos otros. Ejemplos: salarios de funcionarios y compras a empresas.	Son los destinados a mantener y a ampliar la capacidad productiva del país. Ejemplo: infraestructuras.	Se trata de recursos que el Estado redistribuye tratando de lograr un mayor bienestar para todos y una sociedad más justa e igualitaria, que es lo que se conoce con el nombre de **Estado de bienestar.** Ejemplos: pensiones *(transferencias)*, ayudas a la agricultura *(subvenciones)*.

Tabla 10.4. Clasificación del gasto público.

VOCABULARIO

Estado de bienestar. Concepción bajo la cual se considera que es responsabilidad del Estado el reconocimiento de una serie de derechos básicos para toda la población, como por ejemplo la salud o la educación.

3.2. La redistribución de la renta

Unos nacen ricos, otros pobres. Sin intervención externa, el mercado reproduciría la desigualdad ya existente y aceleraría el empobrecimiento de las capas sociales más desfavorecidas. Además, la desigualdad entre ricos y pobres se ha revelado como fuente de graves problemas sociales que pueden derivar en revueltas sociales e incluso en guerras.

Es por ello que, mediante las transferencias y subvenciones, el Estado trata de reducir las desigualdades en la distribución personal o geográfica de la renta, transfiriéndola de quienes tienen más a quienes tienen menos, de acuerdo con el **principio de equidad.**

La **redistribución de la renta** es como se conoce el proceso mediante el cual el Estado vuelve a distribuir, de acuerdo con el principio de equidad, fondos que previamente fueron asignados por el mercado a ciudadanos con mayor capacidad económica.

VOCABULARIO

Principio de equidad. Principio que afirma que el sostenimiento de los gastos que posibilitan la acción correctora del Estado debe ser financiado por todos sus ciudadanos de acuerdo con su capacidad económica.

ACTIVIDAD RESUELTA 2

De acuerdo con la siguiente relación de gastos (por evolución) e ingresos (en porcentaje sobre el total) de los PGE para 2016, extrae las conclusiones pertinentes en lo que respecta a:

a) La forma de presentación de los datos.

b) La evolución de los gastos y los ingresos totales.

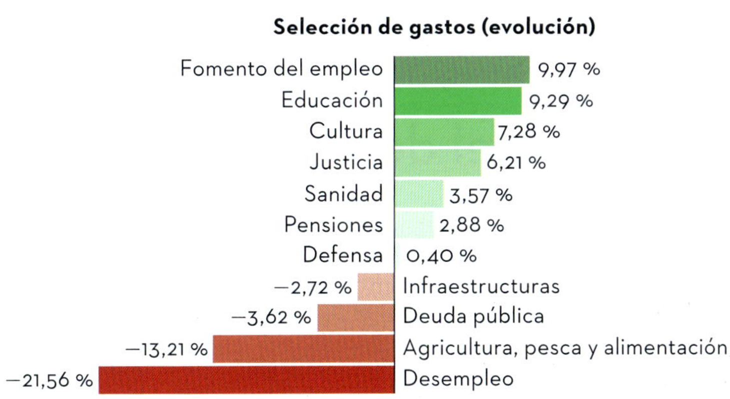

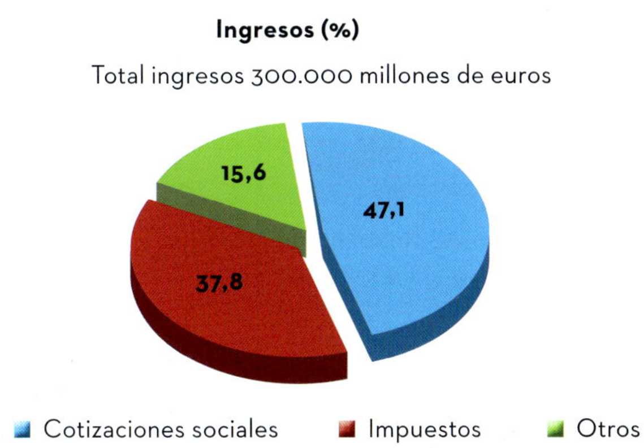

Solución:

a) Los gastos están presentados conforme a su evolución con respecto al año anterior, de tal forma que se ilustran las áreas que el Gobierno entiende como relevantes para alcanzar sus objetivos (en este caso las más destacadas son el *fomento del empleo* y la *educación).* En el otro lado de la balanza se sitúan las áreas que pierden participación con respecto al año anterior, como las *infraestructuras* o el *sector primario.* El descenso de pago de deuda pública revela que el Estado paga menos intereses e igualmente se pagan menos prestaciones por desempleo debido al descenso del paro.

b) Mostrados con respecto al total, el diagrama de ingresos ilustra hasta qué punto son importantes unos con respecto a otros. En este caso los más importantes son las *cotizaciones sociales,* seguidas de los *impuestos.*

IMPORTANTE

Tipos de saldo presupuestario	
Superávit	$I > G$
Equilibrado o *déficit* cero	$I = G$
Déficit	$I < G$

I = ingresos
G = gastos

El equilibrio presupuestario (Ingresos = Gastos) se denomina popularmente ***déficit* cero.**

IMPORTANTE

Las crisis de las hipotecas en 2008 y de la eurozona en 2010 propiciaron el excesivo endeudamiento de muchos países de la UE que ocasionó muchos problemas, ya que los estímulos no surtieron los efectos deseados. Por esa razón se acordó la **«regla de oro presupuestaria»,** según la cual los países de la eurozona se obligan a lograr el déficit cero con justificadas excepciones.

3.3. El saldo presupuestario

Los efectos de la política fiscal sobre la economía son totalmente diferentes en función de que el presupuesto esté:

Equilibrado: Ingresos = Gastos
En déficit: Ingresos < Gastos
En superávit: Ingresos > Gastos.

Como si de cualquier hogar se tratara, no hay problema cuando los ingresos son mayores que los gastos, pero sí al revés. En la economía pueden darse dos tipos de déficit:

- **Déficit cíclico.** Se produce durante las inevitables fases de recesión del ciclo económico cuando el Gobierno se endeuda para estimular la actividad económica. Tiene un carácter transitorio, puesto que dura el tiempo que el país tarda en reactivar la economía y recuperar la confianza de familias y empresas. Se podría decir que es un déficit de aparición natural en cualquier economía.
- **Déficit estructural.** Cuando el déficit se convierte en permanente, es un lastre para el desarrollo económico, debido a los costes de la deuda que constantemente debe asumir el país.

Cuando los ingresos no son suficientes para cubrir los gastos, el Estado puede llevar a cabo recortes presupuestarios para no caer en déficit, o bien endeudarse acometiendo gastos útiles que, a corto o largo plazo, sienten las bases de una recuperación.

3.4. Financiación del déficit público

Para financiar el déficit público, los Gobiernos pueden elegir entre:

- **Emitir deuda pública.** Al igual que pedimos un préstamo a un banco, el Estado solicita dinero a empresas y particulares, e incluso a otros países, a cambio de unos títulos-valor de renta fija que otorgan a sus poseedores el derecho a la devolución del dinero más un interés fijo pactado.
- **Subir los impuestos.** Además de ser impopular, aumentar los impuestos ya existentes o establecer otros nuevos frena la demanda de bienes y servicios, de tal forma que la aplicación de esta medida suele realizarse en fases expansivas del ciclo económico porque genera menos impacto social.
- **Aumentar el dinero en circulación.** Tal como estudiamos en la Unidad 8, esta medida suele provocar un incremento de los precios (inflación), razón por la que los Estados solo la aplican con mucha precaución. En los países de la zona euro de la Unión Europea, y por razones de estabilidad, la variación del dinero en circulación solo puede ser ejecutada por el Banco Central Europeo (BCE) para el conjunto de países de la eurozona.

Periscopio 2

Déficit y deuda

En lo que respecta al gasto, una metáfora adecuada para no confundir *deuda* y *déficit* público es una bañera. El agua que, año a año, va cayendo desde el grifo a la bañera es el déficit, mientras que la deuda es el total de agua acumulada a través de los años. Si los países miden lo que ganan mediante el PIB, la bañera representa la capacidad de un país de asumir deuda, y su tamaño tiene mucho que ver con el PIB. Sin embargo, esta bañera puede llegar a verse desbordada por al agua, a menos que se vaya pagando deuda.

- Siguiendo esta metáfora de la bañera, ¿a qué equivaldría eliminar o reducir el déficit?
- ¿Cómo se podría interpretar el hecho de pagar y cancelar deuda en el ejemplo de la bañera?
- Supón que el agua crece tanto que rebosa la bañera y empieza a filtrarse entre los azulejos hacia el piso de abajo. ¿Qué está ocurriendo con la deuda y con la capacidad del país para pagarla?

ACTIVIDAD RESUELTA 3

A finales del año 2013, Econolandia entró en crisis y se vio obligada a emitir deuda pública por valor de 10.000 millones de euros a un 5 % de interés anual con la que realizó inversiones con la esperanza de revertir su situación económica. De acuerdo con la siguiente tabla (en millones), interpreta:

a) La evolución de la deuda y el déficit.

b) ¿De qué tipo de déficit se trata?

Solución:

a) En 2013 Econolandia emitió deuda pública con la que financió sus presupuestos de 2014 y 2015. En ambos años entró en déficit y tuvo que pagar los intereses de la deuda contraída. En 2015 ya se notó el efecto de las inversiones realizadas en 2014, las cuales cristalizaron definitivamente en 2016, con una recuperación de los ingresos que permitió devolver la deuda contraída en 2013.

b) La evolución del déficit ha demostrado ser cíclico (asociada a una fase de recesión de la economía), en la medida que Econolandia se ha recuperado y ha entrado en una fase de expansión gracias a las inversiones realizadas.

Presupuestos Generales del Estado de Econolandia

Año	Ingresos	Gastos	Déficit	Superávit	Deuda pública	Pago deuda
2013	150.000 €	150.000 €	0		10.000 €	
2014	150.000 €	154.500 €	−4.500 €			500 €
2015	155.000 €	159.500 €	−4.500 €			500 €
2016	160.000 €	150.000 €		10.000 €		10.000 €

ACTIVIDADES

8. **¿Cómo se relacionan los fallos de mercado con la redistribución de la renta mediante los PGE?**

9. **¿Cuándo se convierte el déficit cíclico en estructural?**

MAPA CONCEPTUAL

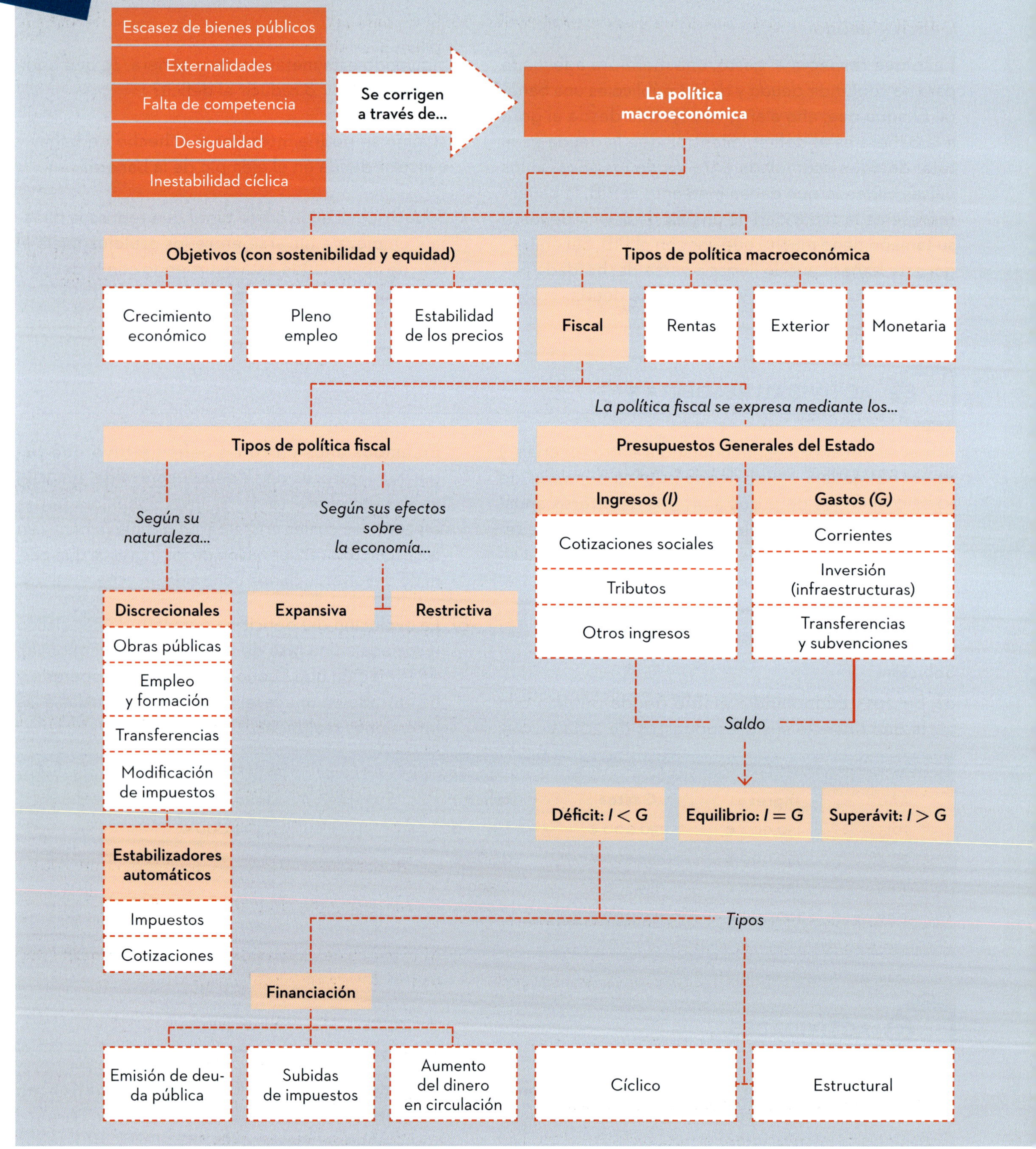

TEST DE REPASO

1. Es objetivo general de la política macroeconómica:

a) El crecimiento económico.

b) El fortalecimiento de la democracia.

c) La mejora de la educación.

d) Todas las respuestas anteriores son correctas.

2. Que al perseguir sus objetivos, el Estado no comprometa las posibilidades de las generaciones futuras, se denomina:

a) Equidad.

b) Futurología.

c) Pleno empleo.

d) Sostenibilidad.

3. Incrementar el IVA sería una medida macroeconómica de tipo:

a) De rentas.

b) Fiscal.

c) Monetaria.

d) Exterior.

4. Una disminución de impuestos sería una política fiscal:

a) Restrictiva.

b) Expansiva.

c) Monetaria.

d) De rentas.

5. Las prestaciones sociales actúan como estabilizadores automáticos porque:

a) Son mayores cuando la economía entra en recesión.

b) Son mayores cuando la economía entra en expansión.

c) Son independientes del ciclo económico.

d) Dos de las anteriores respuestas son correctas.

6. Si un país está en crecimiento y tiene déficit público, probablemente este sea:

a) Periódico.

b) Cíclico.

c) Momentáneo.

d) Estructural.

7. Cuando el Estado destina dinero a la construcción de una nueva carretera está realizando:

a) Una transferencia.

b) Una subvención.

c) Una inversión.

d) Un gasto corriente.

8. Cuando el Estado gasta repetidamente más de lo que ingresa se dice que tiene un:

a) Superávit público estructural.

b) Déficit público estructural.

c) Sobrante permanente.

d) Carencia permanente.

9. Para financiar el déficit público, los Estados pueden:

a) Emitir deuda pública.

b) Devolver deuda pública.

c) Disminuir la cantidad de dinero en circulación.

d) Las respuestas *b)* y *c)* son correctas.

10. Si el banco central no es prudente y aumenta mucho el dinero en circulación:

a) Podrían subir los precios.

b) Podrían bajar los precios.

c) Podría aumentar el déficit.

d) Podría disminuir el déficit.

ACTIVIDADES FINALES

Teoría

1. ¿Cuál es el principal fallo de mercado? ¿Por qué?
2. ¿Por qué crees que la política macroeconómica debe tener en cuenta los valores y preocupaciones de la sociedad?
3. ¿Qué sentido tienen los programas de obras públicas en tiempos de crisis?
4. Cuando el Gobierno decide aumentar el gasto público o bajar los impuestos:
   a) ¿Qué efectos en cadena se producen en una economía?
   b) ¿Cuál es el posible efecto indeseado de esta actuación?
   c) ¿Cómo se denomina este tipo de política fiscal?
5. En España los impuestos sobre las rentas más altas rondan el 50 %. ¿Crees que debería ser más alto este porcentaje? Razona tu respuesta.
6. En tiempos de crisis, la mayoría de los Gobiernos suelen subir los impuestos. ¿Qué razones justifican este proceder? ¿Por qué crees que adoptan esta medida al principio de su mandato político?
7. ¿Cómo revelan los Presupuestos Generales del Estado qué áreas son prioritarias para el Gobierno?
8. En lo que se refiere a los gastos públicos de los Presupuestos Generales del Estado, ¿en qué se diferencian los gastos corrientes de los gastos de inversión? ¿Y las transferencias de las subvenciones?
9. En la partida de Gastos de los Presupuestos Generales del Estado figuran las transferencias y subvenciones, las cuales en realidad no funcionan como un gasto. ¿Sabrías explicar por qué?
10. Elabora con tus propias palabras una definición del Estado de bienestar.
11. ¿Cómo se relacionan los Presupuestos Generales del Estado con el Estado de bienestar?
12. ¿Qué sucedería si el Estado no tratara de mejorar la distribución de la renta? ¿Qué relación guarda la capacidad económica de las personas con la redistribución que efectúa el Estado?
13. ¿Por qué no se entiende el déficit cíclico como un problema? Razona tu respuesta.
14. ¿Qué es la deuda pública?
15. Para un país, ¿cuál es el coste de oportunidad de tener que financiarse con deuda pública?
16. ¿En qué tipo de fallo de mercado encuadrarías estos fenómenos?
    a) La contaminación.
    b) La escasez de parques públicos y jardines.
    c) Que la economía entre regularmente en crisis.
    d) La existencia de un monopolio o una sola empresa para todo el mercado.
    e) La existencia de personas que viven en la pobreza.
17. Di a qué tipo de política macroeconómica corresponden las siguientes medidas adoptadas por el Gobierno:
    a) Fijación de un precio máximo para la leche.
    b) Restricción de la importación de productos agrícolas.
    c) Incremento del gasto en educación.
    d) Actualización del Salario Mínimo Interprofesional (SMI).
    e) Subir los impuestos.
    f) Reducción de la cantidad de dinero en circulación.
    g) Creación de un nuevo impuesto sobre la gasolina.

18. **¿A qué instrumento de política fiscal discrecional pertenecen las siguientes medidas adoptadas por el Gobierno?**

a) Construcción de un colegio.

b) Subida del tipo impositivo del IRPF.

c) Pago del subsidio por desempleo.

d) Ampliación de una autovía.

e) Cursillos de formación para trabajadores.

f) Bajada del tipo impositivo del Impuesto sobre Sociedades a las pymes.

g) Aumento de las pensiones de jubilación.

19. **Di a qué grupo de gasto (corriente, inversión, transferencia/subvención) pertenecen las siguientes medidas adoptadas por el Estado:**

a) Pago de las pensiones de viudedad.

b) Construcción de obras públicas.

c) Gasto en material sanitario.

d) Becas de estudio.

e) Subvención por creación de empleo.

f) Contratación de funcionarios.

g) Subsidio por desempleo.

h) Ayuda a la creación de empleo.

Práctica

20. Investiga en Internet:

a) Tras averiguar en Internet cuáles son las principales partidas de gastos e ingresos de los PGE del año en curso, ponte en el lugar del ministro de economía y:

- Comenta de dónde procederán los ingresos haciendo hincapié en los más importantes.
- Defiende ante tus compañeros las razones que han impulsado a tu gobierno a incrementar o a disminuir determinadas partidas de gastos.

b) Recaba información en los medios de comunicación sobre los distintos programas de obras públicas que se están desarrollando en tu comunidad autónoma.

c) Encuentra información sobre las características del Estado de bienestar en España. Concretamente:

- Los derechos básicos que se le reconocen a todos los españoles.
- Tipos de prestaciones y sus beneficiarios.
- Financiación de los diferentes tipos de prestaciones.

21. **Cuando los países se prestan dinero entre sí lo hacen pactando un interés fijo al que se refieren con la expresión *prima de riesgo*. La prima se calcula determinando la diferencia entre el interés que se paga por la deuda de un país y el que se paga por la de otro. Cuanto más fiable es un país menos prima de riesgo tiene y viceversa. Se calcula eligiendo el país con menos interés de deuda y se compara su interés con el de los demás.**

Por ejemplo, si el interés de Alemania es del 1 % y el de España es del 4 %, la prima se obtiene restando ambos porcentajes y multiplicando por 100, es decir:

$$4\% - 1\% = 3\%$$

$$3 \times 100 = 300 \text{ puntos básicos.}$$

Esta sería la prima de riesgo de España, esto es, 300 puntos de riesgo más que el país más fiable o de referencia, que en este caso es Alemania.

Investiga en Internet y razona por qué puede llegar a ser un problema la prima de riesgo.

22. **Si la prima de riesgo francesa es de 233 puntos y el país de referencia es Alemania, que paga un interés del 1,1 % por sus títulos de deuda pública, ¿cuál es el interés que paga Francia por colocar su deuda pública?**

Imprescindible Necesario Complementario

TALLER DE PRENSA

Busca en Internet un titular para cada uno de los conceptos a trabajar y completa la tabla en tu cuaderno, señalando en unas pocas líneas su interés en relación con lo estudiado en la unidad.

Concepto a trabajar	Titulares	Relación con lo estudiado en la unidad
Crisis económica	«¿Para cuándo el fin de la crisis?» *Infolibre* (29/2/2016)	En las épocas de crisis o recesión el desempleo aumenta y el consumo disminuye. Nadie quiere las crisis y, sin embargo, forman parte indisoluble del ciclo económico.
Valores de la política macroeconómica	–	–
Actuaciones de política fiscal expansiva para estimular la economía en tiempos de crisis	–	–
La función social de los Presupuestos Generales del Estado	–	–
Los peligros del déficit estructural	–	–
La prima de riesgo	–	–

VOCABULARIO

- Fallo de mercado
- Ciclos económicos
- Política macroeconómica
- Política fiscal
- Política fiscal expansiva
- Política fiscal restrictiva
- Discrecional
- Tipo impositivo
- Presupuestos Generales del Estado (PGE)
- Estado de bienestar
- Gastos corrientes
- Gastos de inversión
- Transferencias y subvenciones
- Redistribución de la renta
- Principio de equidad
- Superávit presupuestario
- Déficit presupuestario
- Equilibrio presupuestario
- Déficit cíclico
- Déficit estructural

JUEGO ECONÓMICO

¡Elecciones generales!

En el mundo real las decisiones de política económica y cuestiones presupuestarias dependen en gran medida del partido político que gobierne. En principio, y de forma muy simplificada, los partidos de derecha tienden a anteponer el crecimiento económico a la redistribución, mientras que los de izquierda prefieren priorizar la redistribución. El centro político pretende un mayor equilibrio entre ambos. Por supuesto, esto es una gran generalización y la realidad es mucho más complicada.

Objetivo

El objetivo del juego es recrear de forma intuitiva la búsqueda del centro político en las campañas electorales, a la vez que tomar conciencia de la interrelación entre los programas electorales y el posicionamiento político y económico de los partidos.

Jugadores

Este juego está pensado para 2 a 4 jugadores, aunque 3 o 4 podría ser el número más adecuado.

Tiempo

La duración de cada partida varía entre 5 y 10 minutos, en función de la familiaridad de los jugadores con el juego.

Materiales

El único material necesario son bolígrafos y unas hojas de papel.

Descripción del juego

Tendrás que fundar un partido político con una posición ideológica determinada (de izquierdas, de centro o de derechas) que se presentará a unas elecciones. Sobre la base de la ideología elegida para tu partido, tendrás que hacer una serie de promesas electorales.

En la jornada electoral, comprobarás el número de votos que has recibido, relacionados con la acogida que han tenido tus promesas electorales.

11 EL COMERCIO INTERNACIONAL Y LA UNIÓN EUROPEA

El *comercio internacional* es la actividad que estrecha con más fuerza los lazos económicos y culturales de los países y continentes. Es cierto que tiene sus inconvenientes, lo que provoca un continuo debate entre potenciarlo o limitarlo. Pero en todo caso, la conciencia de sus ventajas ha motivado gran cantidad de experiencias de integración económica. Entre ellas destaca la Unión Europea, a la que pertenece España desde 1986, tiempo más que suficiente para que experimentemos las ventajas, pero también los inconvenientes, del proyecto de integración económica más conocido y avanzado.

LA HISTORIA DE DOS REINOS

En un lejano lugar existían dos reinos separados por un enorme desfiladero. En el Reino Arándano todos sus habitantes eran de color azul y en el Reino Limón todos sus habitantes eran de color amarillo. En el Reino Arándano había mucha madera y metal, por lo que las mesas y herramientas eran de muy buena calidad. Mientras que en el Reino Limón había un gran río, por lo que el pescado era rico y abundante y los molinos hacían una buena harina para el pan.

Un buen día Erik el ingeniero, un habitante del Reino Arándano construyó un puente entre ambos reinos. Entonces, por primera vez, los habitantes del Reino Arándano y los del Reino Limón cruzaron al pueblo de enfrente, se encontraron, se conocieron y, con el tiempo, por razones que no puedo explicaros, niños de color verde comenzaron a jugar en sus calles.

Sin embargo también se produjeron grandes cambios en la economía de ambos pueblos. Algunos vecinos salieron a las calles, con la intención de quemar el puente. ¿Qué fue lo que ocurrió?

Preguntas:

1. **John, el pescadero del Reino Arándano, odiaba el puente y le gustaría que nunca se hubiera construido. ¿Por qué crees que pensaba así? ¿Y qué crees que piensan los antiguos clientes de John? ¿Estarán a favor del puente?**

2. **¿Crees que el puente ha sido, en términos generales, beneficioso para la gente? ¿Por qué? ¿Qué crees que ocurriría si el puente fuera destruido?**

Sumario

1 El comercio internacional

La razón que justifica la necesidad de comerciar con otros países es la obtención de bienes y servicios de los que no dispone el país propio. En las operaciones de *comercio internacional* se distingue entre quién entrega y quién recibe los bienes y servicios.

El **exportador** es quien entrega bienes y servicios a un país extranjero, mientras que el **importador** es quien los recibe.

En función de que la operación de exportación-importación se realice dentro o fuera del mismo **territorio aduanero** se diferencia entre *comercio internacional* y *exterior*. Esta distinción es importante, porque hoy día la tendencia de los países es a agruparse en bloques de comercio. Es por ejemplo el caso de España y de los países europeos que pertenecen a la Unión Europea que, entre otras cuestiones, forman un único *territorio aduanero* frente al resto del mundo (Fig. 11.1).

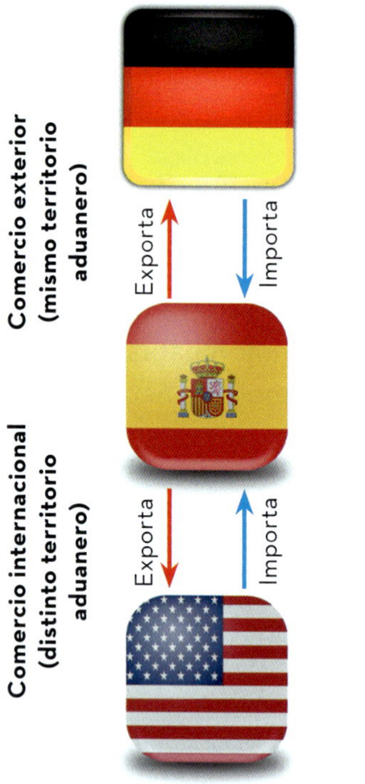

Figura 11.1. Diferencias entre comercio internacional y exterior.

Un **territorio aduanero** es una zona geográfica en la que existe libre circulación de mercancías, y que no tiene por qué coincidir necesariamente con las fronteras políticas de un país.

1.1. Las divisas

El comercio internacional se realiza en **divisas,** entendiendo por tal cualquier moneda que no sea la del propio país. En este sentido, por ejemplo, el dólar es una divisa en España pero no en los Estados Unidos, y viceversa con el euro.

La peculiaridad del mercado de divisas radica en el hecho de que el tipo de cambio de una divisa se establece siempre en relación con otra moneda. Por ejemplo, el tipo de cambio del euro respecto al dólar se expresa €/$ y el de la libra frente al euro es £/€.

IMPORTANTE

El tipo de cambio de una divisa es su precio con respecto a otra.

VOCABULARIO

Balanza de pagos. Documento contable en el que se registran las transacciones entre un país y los del resto del mundo durante un periodo determinado de tiempo.

ACTIVIDAD RESUELTA 1

¿A cuántos dólares equivalen 100 euros si el cambio con respecto al dólar es de 1,08 €/1 dólar?

Solución:

$$\begin{matrix} 1{,}08\ € & \text{———} & 1\ \text{dólar} \\ 100\ € & \text{———} & x\ \text{dólares} \end{matrix} \Rightarrow \begin{cases} 1{,}08\,x = 100 \\ x = \dfrac{100}{1{,}08} = 92{,}59\ \text{dólares} \end{cases}$$

1.2. Los beneficios del comercio internacional: la ventaja comparativa

A todo el mundo le interesa especializarse en actividades que generen la mayor riqueza posible. Pero cuando se trata de países no basta eso, sino que además hay que especializarse en aquello que sea valioso en los mercados internacionales, porque en caso contrario nadie querrá comerciar con ese país. Siguiendo nuestro ejemplo del margen, ¿quién querría ejercer de canguro si después nadie valora y contrata ese tipo de servicio?

Si uno es bueno en la producción de ciertos bienes tiene *ventaja*. Pero si además es mejor que los demás, tiene *ventaja comparativa*.

Según la **teoría de la ventaja comparativa** los países se especializan en bienes y servicios que producen mejor que los demás.

IMPORTANTE

Hay personas que cuentan con los servicios de un canguro para poder ir a trabajar, porque se genera más riqueza contratando estos servicios y trabajando en otras actividades en lugar de dedicarse a estas labores. Interesa más gastar una hora en trabajar y cobrar 10 € (contratando a alguien de canguro por 6 €) que dejar de ir a trabajar y hacer uno mismo esa labor.

Periscopio 1

¿A quién favorece más el comercio internacional?

Especializarse en aquello que los demás mejor valoran es una ventaja para las personas, empresas y países. Pero no todos los países pueden producir el mismo tipo de bienes. Los países ricos se caracterizan por disponer de mano de obra cualificada y una tecnología y maquinaria sofisticadas. En contraste, los países pobres suelen disponer de muchos recursos naturales y una mano de obra menos cualificada.

Busca «Ventaja comparativa», «centro-periferia», «relación real de intercambio», «especialización productiva», «intercambio desigual»

- Si pudieras elegir, ¿preferirías producir maquinaria sofisticada como hacen los países ricos o extraer recursos naturales como hacen los países pobres? ¿Por qué?

ACTIVIDADES

1. Si España vende coches a Francia y Francia vende quesos a España:

a) ¿Quién está importando coches y quien está exportando quesos?

b) ¿Se trata de operaciones de comercio internacional o exterior? ¿Y si la venta de coches fuera a Marruecos?

2. Jorge es fuerte pero aguanta poco tiempo corriendo. Joaquín, en cambio, es capaz de correr mucho tiempo. Como los dos son amigos deciden apuntarse juntos a carreras de velocidad.

¿Están actuando de acuerdo con sus ventajas comparativas? ¿Por qué?

2 Proteccionismo frente a libre comercio

En la práctica hay cierto tipo de bienes que un país no puede permitirse dejar de producir porque entonces se crearía una situación de dependencia del exterior contraproducente. Este es el caso de las armas o la tecnología. También los intereses nacionales se ven afectados cuando la entrada de productos extranjeros perjudica a las industrias y puestos de trabajo del propio país. Por estas y otras razones los Gobiernos limitan la entrada de productos extranjeros. Este tipo de actuaciones se conoce como *proteccionismo*.

El **proteccionismo** es el conjunto de actuaciones que tienen por objeto restringir la entrada de productos extranjeros con el fin de proteger los intereses nacionales.

En definitiva, frente a los argumentos a favor del libre comercio hay otros a favor del proteccionismo tal como podemos ver a continuación (Fig. 11.2).

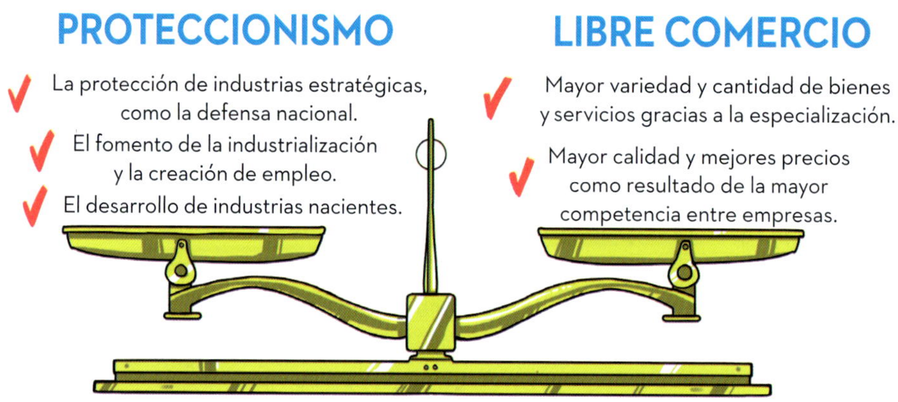

Figura 11.2. Argumentos a favor del proteccionismo y del libre comercio.

2.1. Barreras al libre comercio

En la actualidad las medidas más empleadas para frenar las importaciones de productos de otros países son:

- **Gravar las importaciones con aranceles.** La principal herramienta para frenar las importaciones son los **aranceles,** impuestos que hay que abonar para tener el derecho de paso a un país o territorio aduanero.
- **Fijar cuotas limitadas de productos extranjeros.** Consiste en establecer limitaciones a las cantidades que se pueden establecer de determinados bienes.
- **Subvencionar a las industrias nacionales.** Con la idea de que puedan competir con productos más baratos o de mejor calidad, las autoridades ayudan a las industrias nacionales y protegen sus puestos de empleo.
- **Establecer barreras no comerciales.** Este tipo de medidas supone trabas a las importaciones, pero no con impuestos sino con complejos trámites burocráticos, el cumplimiento de normas de calidad, etiquetados especiales, etc.

¿SABÍAS QUE...?

Estos son los porcentajes del precio final de una banana percibidos por los distintos agentes que intervienen en su producción y venta.

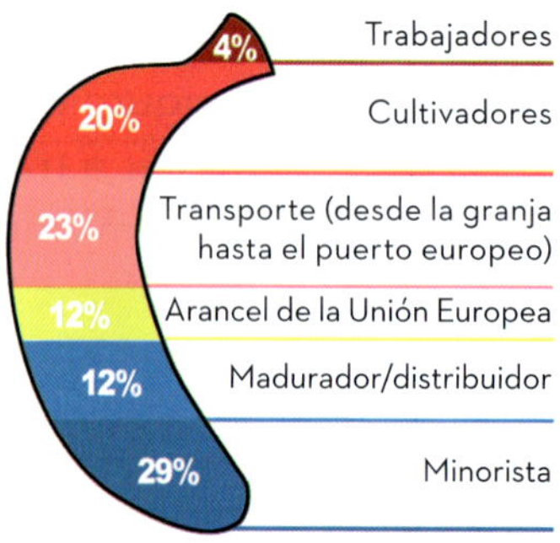

Estudio basado en una banana costarricense vendida en un supermercado del Reino Unido.

VOCABULARIO

Industrialización. En un sentido amplio, significa crecimiento, desarrollo y modernización económica.

Aranceles. Impuestos aduaneros que encarecen la entrada de un bien extranjero en un país o territorio aduanero.

2.2. Organismos de cooperación internacional

Una vez terminada la Segunda Guerra Mundial, y para evitar que algo así volviera a ocurrir, se abrió una reflexión sobre los problemas que la habían desencadenado. Entre otros, se apuntaron la *falta de cooperación* entre países y los efectos de la *crisis económica de los años treinta.*

En consecuencia, los países acordaron la creación de organismos internacionales que fomentaran la cooperación tanto política como económica.

El organismo político internacional que se creó fue la **Organización de las Naciones Unidas (ONU).** Los organismos económicos más importantes relacionados con ella son:

- La **Organización Mundial del Comercio (OMC).** Referente del comercio internacional que trata de eliminar los aranceles.
- La **Organización para la Cooperación y el Desarrollo Económico (OCDE).** Tiene como objetivo liberalizar progresivamente los movimientos de capitales y de servicios.
- El **Fondo Monetario Internacional (FMI)** y **Banco Mundial (BM).** Organismos vinculados a la ONU que, en general, conceden préstamos a países con problemas.

¿SABÍAS QUE...?

El **G8** es la reunión formal de los países más industrializados del mundo (Alemania, Canadá, EEUU, Francia, Reino Unido, Italia, Japón y Rusia) para debatir sobre las grandes cuestiones económicas mundiales.

Periscopio 2

¿Qué países son los más proteccionistas?

En general, a la hora de comerciar, el mundo se divide en dos grandes bloques:

a) Los países partidarios del libre comercio, que abundan en las ventajas y riqueza asociadas a la eliminación de trabas comerciales.

b) Los países proteccionistas, que se escudan en la protección de sus industrias y puestos de trabajo para establecer aranceles y otras barreras.

Busca «Libre comercio», «proteccionismo», «países»

- ¿Qué países son los más proteccionistas? ¿Y qué países son más partidarios del libre comercio?
- ¿Hay alguna relación entre la riqueza de un país y el que se posicione a favor o en contra del libre comercio?

ACTIVIDADES

3. Di a qué tipo de barreras al libre comercio pertenecen las siguientes medidas:

a) Limitar el número de coches coreanos de importación.

b) Ayudar a la industria naciente de microprocesadores.

c) Fijar un impuesto a cada unidad importada.

3 La integración económica

IMPORTANTE

A diferencia de la cooperación estudiada en el apartado anterior, cualquier grado de integración económica supone aplicar medidas que afectan a la soberanía nacional de los países.

La progresiva disminución de aranceles que siguió a la Segunda Guerra Mundial y las actividades de las multinacionales estrecharon las relaciones económicas mundiales al punto de que los países emprendieron distintos procesos de *integración económica*.

La **integración económica** es el proceso de unión de mercados que tiene como objetivo la formación de espacios supranacionales más competitivos y eficientes que los de origen.

La forma más básica de integración es el **comercio preferente**, fórmula mediante la cual dos o más países acuerdan reducir aranceles entre sí. Las restantes fórmulas de integración no solo suponen la desaparición de aranceles, sino que además son más avanzadas y siguen un esquema acumulativo de menos a más, desde el *área de libre comercio* a la *unión económica y monetaria*, pasando por la *unión aduanera* y el *mercado común* (Fig. 11.3).

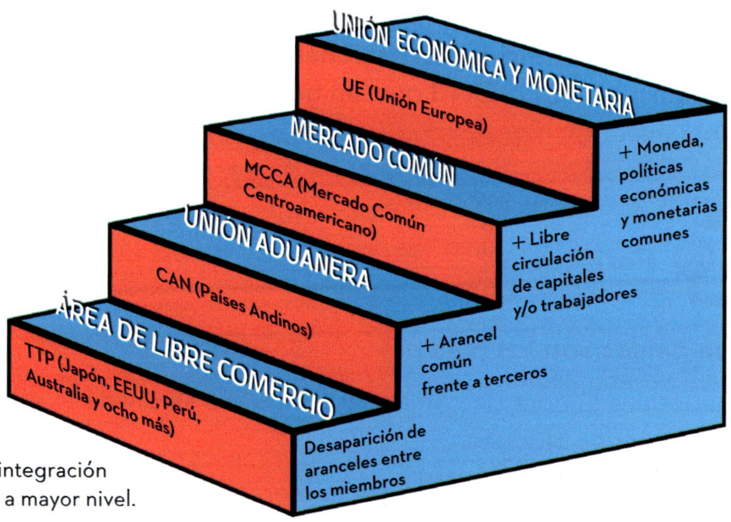

Figura 11.3. Tipos de integración económica, de menor a mayor nivel.

Periscopio 3

Los bloques de comercio

Hoy día la tendencia es a asociarse en bloques de comercio que favorezcan la creación de grandes espacios geográficos por donde circulen libremente personas, mercancías y capitales. Sin embargo, cuando se asocian zonas muy diferenciadas en lo que respecta a prestaciones sociales, cultura, riqueza o sencillamente idioma, son muchos quienes entienden que al final se impondrán los criterios económicos de las empresas en vez de los criterios sociales de las personas. En este sentido, y con cierta recurrencia, sale a la palestra el TTIP, un proyecto de acuerdo comercial entre Estados Unidos y la Unión Europea.

Busca «TTIP», «detractores», «partidarios», «libre comercio»

- Recaba las ventajas e inconvenientes de un posible acuerdo transatlántico de libre comercio.
- ¿Serías partidario o no de una posible adhesión de España al acuerdo? Razona tu respuesta.

A continuación te mostramos los principales procesos de **integración económica** a nivel mundial (Fig. 11.4).

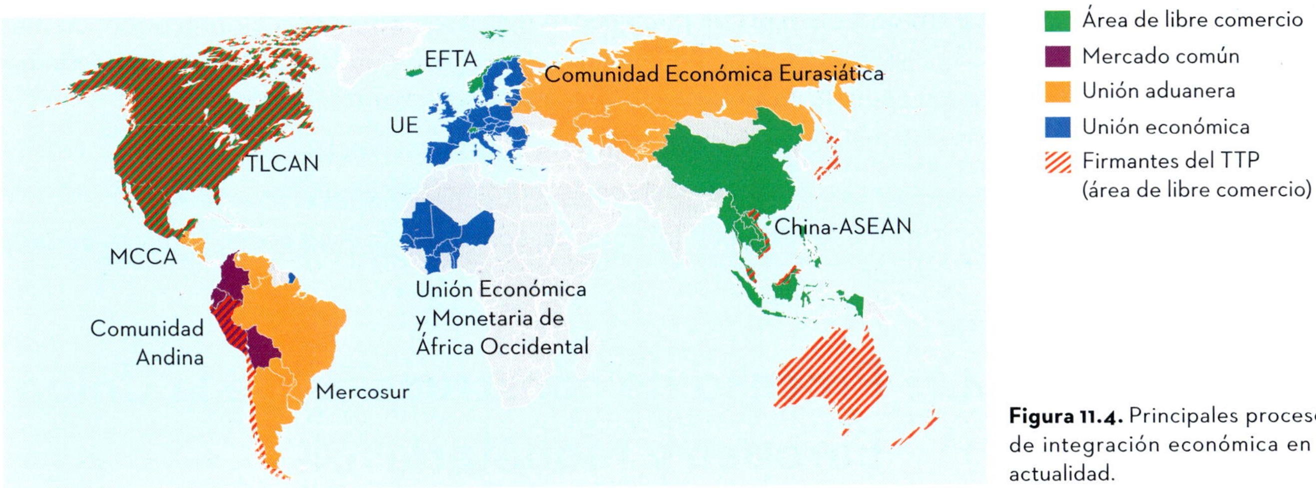

Figura 11.4. Principales procesos de integración económica en la actualidad.

ACTIVIDAD RESUELTA 2

Identifica qué grado de integración correspondería en cada caso:

a) Un acuerdo de reducción de aranceles entre la UE y varios países africanos.

b) La TLCAN si estableciera un arancel común frente a terceros.

c) El Mercado Común Centroamericano (MCCA) si restringiera la libre circulación de trabajadores, mercancías y capitales.

d) Un grupo de países que acordaran eliminar los aranceles entre sí pero no frente a terceros.

Solución:

a) La reducción de aranceles sin llegar a la eliminación siempre constituye un acuerdo de comercio preferente.

b) La TLCAN evolucionaría hacia una unión aduanera si estableciera un arancel común frente a terceros.

c) Al restringir la libre circulación de trabajadores, mercancías y capitales, la MCCA se convertiría en una unión aduanera.

d) Fijar aranceles frente a terceros y eliminarlos entre sí da lugar a un área de libre comercio.

ACTIVIDADES

4. **¿Qué es lo justifica que los países traten de integrarse económicamente? Explica en qué se diferencian una unión aduanera y un mercado común.**

5. **¿En qué se diferencia el comercio preferente de las restantes fórmulas de integración económica?**

4 La Unión Europea

La Unión Europea (UE) es uno de los casos de integración económica más avanzados del mundo: ha evolucionado desde un mercado común hasta una unión económica y monetaria, y como tal sus características son:

- Arancel aduanero común frente a terceros países.
- Libre circulación de personas, mercancías y capitales.
- Una moneda común (el euro) así como una política económica y monetaria común.

4.1. Proceso de construcción de la Unión Europea y Monetaria

Aunque nació en 1957, y debido a sucesivas ampliaciones posteriores, la UE no consiguió convertirse en un mercado común hasta la década de los ochenta, momento en el que se incorporaron España y Portugal, concretamente en 1986.

Construcción europea

- 1951
- 1973-1995
- Ex-RDA incorporada a la RFA en 1990
- 2004
- 2007
- 2013

Ampliación en curso

- Países candidatos
- Firmantes del Acuerdo de Estabilización y Asociación (ASA) de preadhesión a la UE

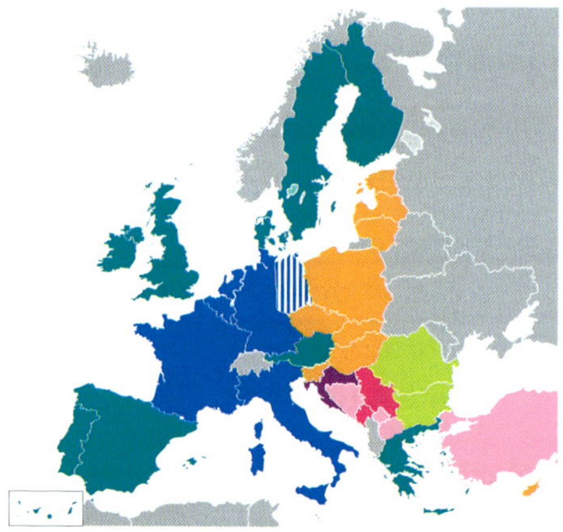

Figura 11.5. Proceso de construcción de la UE.

Tras una década de preparación, en 2002 nació físicamente el euro, y con él la Unión Económica y Monetaria. Actualmente la UE la forman 28 países, pero solo los de la **eurozona** han sustituido sus monedas nacionales por el euro.

- Zona euro (19).
- Estados de la Unión Europea obligados a incorporarse a la zona euro (7).
- Estados de la Unión Europea con una cláusula de exclusión de la zona euro (2).
- Estados no pertenecientes a la Unión Europea pero que utilizan el euro de forma oficial mediante un acuerdo (4).
- Zonas no pertenecientes a la Unión Europea pero que utilizan el euro de facto sin un acuerdo (2).

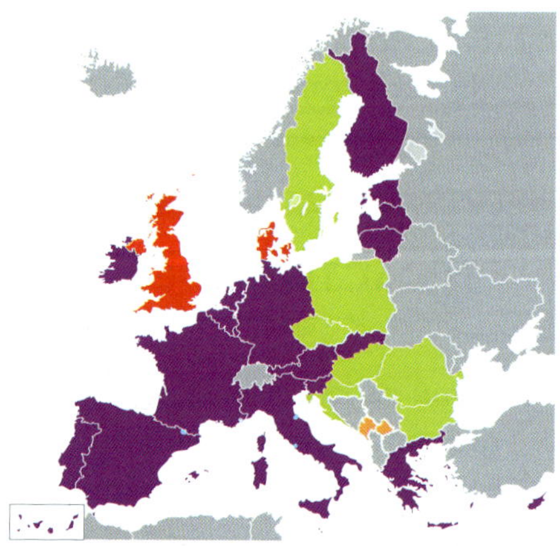

Figura 11.6. Eurozona.

4.2. Ventajas de la UE

Las ventajas de pertenecer a la UE son las propias de los países que se han agrupado bajo el paraguas de una unión económica y monetaria, las cuales hacen bueno el refrán «la unión hace la fuerza». Podemos identificar las siguientes **ventajas** en función de que correspondan a los *países*, las *empresas* o los *trabajadores* (Tabla 11.1):

Países	Empresas	Trabajadores

1. Mayor disciplina presupuestaria que la que tendrían por separado. La supervisión y control que hacen los socios europeos sobre los presupuestos de cada país refuerzan el control del gasto y de la deuda por parte de los miembros.	**1. Menores costes al no haber costes de cambio ni trabas al comercio.** Por ejemplo, antes de la adhesión a la UE, una empresa española que quisiera vender en Francia tenía que pagar aranceles y cambiar pesetas a francos franceses.	**Mayores posibilidades de formación y trabajo gracias a la libre circulación de personas y trabajadores.** Hoy día para trabajar o estudiar en otro país de la Unión Europea no son necesarios los permisos de trabajo y residencia que, sin embargo y en general, sí son exigibles a otros ciudadanos de fuera de la Unión Europea.
2. Leyes más avanzadas al tener que armonizarlas y consensuarlas. Por ejemplo, todos los países de la UE tuvieron que consensuar las leyes medioambientales y adaptar las legislaciones de sus países a lo que habían acordado.	**2. Mayor especialización.** España se ha especializado todavía más en sectores que ya se le daban bien antes de la adhesión a la UE, como por ejemplo el turismo o la producción de coches.	
3. Mayor poder de negociación frente a terceros que por separado. Por ejemplo, la UE negocia en bloque los acuerdos comerciales con terceros países como por ejemplo en el acero o los productos agrícolas.	**3. Mejores precios y mayor calidad al haber mayor competencia.** Por ejemplo, hoy día es mucho más barato comprar tecnología que hace años, gracias a la gran competencia tecnológica que hay entre las empresas que operan en Europa.	
4. Desarrollo de actividades conjuntas que no serían posibles por separado. Sin la aportación de varios países no hubieran sido posibles proyectos conjuntos como el Airbus, la Agencia Espacial Europea o el acelerador de partículas.	**4. Menor incertidumbre gracias a una moneda fuerte como el euro.** Al funcionar como la moneda común de varios países, las tensiones de un solo país no bastan para desestabilizar el euro.	

Tabla 11.1. Ventajas de pertenecer a la UE.

4.3. Inconvenientes de la UE

Si las ventajas de pertenecer a la Unión Europea son las propias de actuar en bloque y como un equipo, los inconvenientes son los que surgen cuando en ese equipo hay países con distinta importancia relativa, ya que hay regiones y empresas que tienen ventajas sobre las demás.

Los principales **inconvenientes** son los siguientes (Tabla 11.2.):

1. Desequilibrios regionales	**2. Pérdida de soberanía**
Las zonas más pobladas e industriales (en general, el triángulo que forman Londres, París y Berlín) atraen más inversiones que las demás.	Esto sucede tanto en *política exterior* (para el conjunto de países de la UE) como en *política monetaria* (para los países de la eurozona). Pertenecer a la UE requiere de consensos para la aprobación de decisiones que antes se podrían haber tomado de forma individual.
Al igual que sucede en España, donde zonas como País Vasco, Cataluña o Madrid tienen más fácil crecer económicamente gracias a su industria y población, en Europa existen grandes regiones industriales que se benefician más de estar en la Unión Europea, cuando lo deseable sería que quienes se beneficiaran fueran las menos favorecidas.	El ejemplo más obvio es el del **Banco Central Europeo,** que toma decisiones sobre el euro para todo el conjunto de la eurozona con independencia de los intereses de cada país.
3. Interdependencia en la eurozona	**4. Menoscabo de la competencia**
Como consecuencia de la utilización de una moneda en común. Los problemas de un país pueden contagiarse a otros o motivar el rescate de los otros para que la moneda no pierda credibilidad.	Debido al poder que acumulan las grandes empresas las **pymes** compiten en desigualdad de condiciones.
Por ejemplo la Unión Europa tuvo que rescatar a Grecia hasta en tres ocasiones (la última en 2015) para que el país pudiera afrontar los pagos internos, así como los pagos de la deuda internacional. No hacerlo hubiera supuesto la bancarrota para el país y, en consecuencia, una grave crisis para la credibilidad del euro como moneda internacional.	Al no estar resguardadas bajo el paraguas de la protección arancelaria, las pequeñas empresas no solo compiten con las grandes empresas de propio país, sino también con las de los otros países de la Unión Europea. **5. Polarización del comercio** En la medida en que este aumenta con los miembros, pero disminuye con el resto del mundo. Tras su adhesión a la Unión Europea y debido a las ventajas que le reportaba, España incrementó el volumen de sus relaciones comerciales con sus nuevos socios europeos en detrimento de las que mantenía tradicionalmente con países latinoamericanos.

Tabla 11.2. Inconvenientes de pertenecer a la UE.

ACTIVIDADES

6. **En relación con la UE, investiga en Internet:**
   a) ¿Por qué multinacionales como, por ejemplo, Microsoft, constituyen un problema para la libre competencia empresarial?
   b) ¿Qué titulados españoles tienen gran demanda en el exterior de nuestras fronteras?

7. **Explica las ventajas que, en materia de costes, tiene una empresa española frente a una norteamericana a la hora de realizar una venta en Francia cuyo cobro se pacta a 90 días.**

ACTIVIDAD RESUELTA 3

Relaciona los titulares de prensa de la columna de la izquierda con ventajas o inconvenientes propios de la pertenencia a la UE.

Solución:

«Las relaciones comerciales de España con Latinoamerica siguen disminuyendo mientras aumentan con la UE»	*Inconveniente: polarización del comercio*
«La Agencia Espacial Europea sigue cosechando éxitos»	*Ventaja: desarrollo de proyectos conjuntos*
«La UE se apunta un tanto en el acero frente a Estados Unidos»	*Ventaja: mayor poder de negociación*
«España tiene que adaptar su legislación medioambiental en lo que se refiere al reciclaje de aceites usados»	*Ventaja: leyes más avanzadas*
«La inestabilidad de Grecia sigue perjudicando el euro»	*Inconveniente: interdependencia en la eurozona*
«La UE obliga a Portugal a ajustar sus gastos»	*Ventaja: mayor disciplina presupuestaria*

Periscopio 4

¿Qué sucede cuando un país del euro entra en problemas?

Como si de una familia se tratara, los países también se endeudan. La idea es que las inversiones y el empleo que se generan posibiliten la recuperación del país, de tal forma que sea posible devolver los préstamos más los intereses correspondientes.

Pero en 2015 se hizo patente que Grecia, que llevaba varios años con problemas, había gastado de más y la recuperación distaba mucho de ser una realidad. La cantidad de deuda a pagar era tal que el país estaba en bancarrota e incluso se barajó su salida del euro. Con esta última medida se pretendía que Grecia pudiera volver a imprimir su propia moneda y así recuperar el control de la política monetaria y solucionar sus problemas.

Durante los meses que duró la crisis griega, los países de la eurozona se dividieron entre quienes pensaban que había que aligerar el peso de la deuda griega (teniendo en cuenta que podría ser un mal ejemplo, ya que si los países sabían que serían rescatados no serían cuidadosos con sus gastos) y los partidarios de su salida del euro.

Busca «Crisis de la eurozona» , «deuda griega»

- ¿Cuál de estas dos opciones crees que es mejor? ¿Por qué?

REFLEXIÓN

¿Subvencionamos a nuestros agricultores o perjudicamos a los del resto del mundo?

La política agraria común de la UE es controvertida porque con los aranceles y las subvenciones protege productos agrícolas que sería más barato comprar fuera de la UE. Sin estas protecciones los agricultores europeos no podrían competir con los precios de los productos de fuera de la UE. Así, los productores del resto del mundo no pueden vender en la UE y, además, ven cómo los agricultores europeos venden sus excedentes en sus propios mercados.

MAPA CONCEPTUAL

Comercio internacional

- Tipos:
  - **Internacional** (distinto territorio aduanero)
  - **Exterior** (mismo territorio aduanero)
- Figuras:
  - **Importador** (comprador)
  - **Exportador** (vendedor)
- Se explica mediante: **La teoría de la ventaja comparativa**

Protección de industrias estratégicas.
Fomento de industrialización y empleo.
Desarrollo de industrias nacientes.

Mayor variedad y cantidad de bienes.
Mayor calidad y mejores precios.

Proteccionismo vs. **Libre comercio**

Integración económica

- **Área de libre comercio** (Ej.: TTP): Desaparición de aranceles entre miembros
- **Unión aduanera** (Ej.: CAN): + Arancel común frente a terceros
- **Mercado común** (Ej.: MCCA): + Libre circulación de mercancías, capitales y/o trabajadores
- **Unión económica y monetaria** (Ej.: UE): + Moneda y políticas económicas comunes

Unión Europea

- **Ventajas**:
  - Países
  - Empresas
  - Trabajadores
- **Inconvenientes**:
  1. Desequilibrios regionales
  2. Pérdida de soberanía
  3. Interdependencia
  4. Menoscabo de la competencia
  5. Polarización del comercio

TEST DE REPASO

1. ¿Cuál de las siguientes opciones consideras que se corresponde con la figura de un comprador?

a) El importador.

b) El territorio aduanero.

c) El exportador.

d) La divisa.

2. ¿Si no existieran las ventajas comparativas, ¿qué crees que ocurriría?

a) Viviríamos peor.

b) No habría comercio.

c) Todos los países producirían igual de bien.

d) Todas las opciones anteriores son correctas.

3. ¿Cuál de las siguientes afirmaciones sobre el proteccionismo es correcta?

a) Aumenta el comercio.

b) Otorga ingresos fiscales.

c) Es propio de la globalización.

d) Abarata los productos.

4. ¿Cuál de las siguientes opciones no es una barrera al libre comercio?

a) Crear normas de calidad.

b) Crear aranceles.

c) Dejar a las divisas cotizar libremente.

d) Fijar cuotas de productos extranjeros.

5. ¿Cuál de los siguientes organismos internacionales tiene por misión eliminar barreras al comercio?

a) El FMI.

b) El Banco Mundial.

c) La ONU.

d) La OMC.

6. ¿Cuál de las siguientes situaciones representa un estadio superior de integración económica?

a) Mercado común.

b) Unión aduanera.

c) Íntima amistad.

d) Área de libre comercio.

7. ¿Qué impacto tiene la pertenencia a la UE en los estados miembros?

a) Hace a los Estados miembros más independientes.

b) Hace a los Estados miembros más interdependientes.

c) Hace a los Estados miembros más pobres.

d) Hace a los Estados miembros más populosos.

8. El euro:

a) Es la moneda común de toda la UE.

b) Es la moneda común de UE y EEUU.

c) Es la moneda común de la eurozona.

d) Es la moneda más cara del mundo.

9. ¿Cuál de las siguientes afirmaciones sobre el euro es correcta?

a) Reduce los costes del comercio.

b) Facilita el turismo.

c) Entró en vigor en el año 2002.

d) Todas las anteriores afirmaciones son correctas.

10. La permanencia de España en la UE:

a) Aumenta nuestro poder de negociación en el mundo.

b) Dificulta que nos endeudemos.

c) Hace a España más independiente.

d) Aumenta los costes del comercio.

ACTIVIDADES FINALES

Teoría

1. En general, ¿por qué comercian los países?

2. Explica la teoría de la ventaja comparativa. ¿Por qué no basta con ser bueno en la producción de ciertos bienes o servicios?

3. ¿Cuándo se dice que un país exporta mercancías? ¿Y cuándo las importa?

4. En los bloques de comercio, como por ejemplo la Unión Europea, ¿cuál es la diferencia entre las operaciones de comercio internacional y las de comercio exterior?

5. ¿Por qué un euro es una divisa en Argentina pero no en España?

6. Si China vende móviles a España, ¿en qué divisa sería habitual fijar la operación? ¿Y si fuera al revés?

7. ¿Quiénes crees que son los principales beneficiarios de las medidas proteccionistas? ¿Y los más perjudicados? Razona la respuesta.

8. Di de qué tipo es cada una de las siguientes medidas proteccionistas adoptadas por la UE:
   a) Las ayudas a los productores de lino para que este cultivo no desaparezca.
   b) La necesidad de que todos los productos importados superen las normas de calidad europea.
   c) Exigir que los productos importados vayan etiquetados en todos los idiomas de la UE.
   d) Un impuesto proporcional sobre el precio de la mercancía importada.

9. Señala algunos argumentos a favor del libre comercio.

10. ¿Qué crisis económica se señala como uno de los motivos de creación de los organismos de cooperación internacional?

11. ¿Qué crees que pretende la OCDE cuando trata de «liberalizar» los movimientos de capitales y servicios?

12. Actualmente, los organismos de cooperación internacional creados tras la Segunda Guerra Mundial están perdiendo eficacia frente a un fenómeno mundial que no entiende de fronteras. ¿A qué nos estamos refiriendo?

13. En términos de soberanía de los distintos países y en lo que se refiere al comercio internacional, ¿qué es lo que diferencia la cooperación de la integración económica?

14. Consulta en el libro qué tipo de integración económica son el Mercosur y la Unión Europea y explica en qué se diferencian ambas formas de integración.

15. En la actualidad, ¿qué países son candidatos a ingresar en la Unión Europea? ¿Y a formar parte de la eurozona? Señala en cada caso países y plazos.

16. ¿Cuáles son las características principales de la UE como unión económica y monetaria?

17. ¿Por qué crees que en el marco de la Unión Europea la unidad territorial básica es la región y no el país?

18. Como miembro de la UE y la eurozona, España tiene los mismos aranceles y la misma moneda que otros países europeos. ¿Qué inconvenientes supone ello?

19. ¿Por qué en los grandes mercados, como la Unión Europea, lo normal es que con el tiempo bajen los precios y los productos sean de mayor calidad?

Práctica

20. Carlos y Luis han montado un blog de deportes en Internet. Carlos es un buen redactor y tiene conocimientos web. Luis redacta igual de bien, aunque tarda más tiempo, pero apenas se defiende con la informática. ¿Cómo deberían proceder en el reparto de tareas de acuerdo con la teoría de la ventaja comparativa? ¿Por qué?

21. Imagina que vas a realizar un viaje a Londres. Antes de salir, un euro se cambiaba por 0,75 libras esterlinas y, a tu llegada, un euro se cambia por 0,90 libras:

a) ¿El euro vale más o menos que antes de tu viaje?

b) Con los 230 € que has ahorrado para el viaje, ¿cuántas libras esterlinas podrás conseguir?

22. Si en mayo un euro se intercambiaba por 1,10 dólares y en junio el cambio varió a 1,30 dólares, ¿se verán favorecidas las exportaciones españolas a EEUU? ¿Y las importaciones? Razónalo.

23. Una relojería suiza vende una partida de relojes a una gran superficie comercial española por valor de 100.000 francos suizos:

a) ¿Qué empresa actúa como exportadora y cuál como importadora?

b) ¿Es una operación de comercio internacional o de comercio exterior?

c) ¿Por qué se fija la operación en francos suizos?

d) Si un euro se cambia por 1,10 francos suizos, ¿cuántos euros necesita la gran superficie comercial para pagar a la empresa suiza?

e) ¿Qué documento utilizarían ambos países para registrar la operación?

f) Contesta a la pregunta *b)* suponiendo que fuera una empresa sueca quien vendiera la partida de relojes a la gran superficie comercial española.

24. Identifica qué grado de integración correspondería en cada caso:

a) Un grupo de países que acordaran eliminar los aranceles entre sí y adoptar uno común frente a terceros.

b) La CAN si sus integrantes volvieran a establecer aranceles individuales frente a terceros.

c) La EFTA si adoptara una moneda única y una política económica y monetaria común.

d) Un acuerdo de reducción de aranceles entre el Mercosur y varios países del Caribe.

25. Investiga en Internet:

a) ¿Cuáles son las principales exportaciones e importaciones de la balanza de pagos española?

b) ¿Cuáles han sido las principales partidas de gastos e ingresos de la Unión Europea de este año?

c) Eurostat, la oficina de estadística de la UE, clasifica en un informe todas las regiones de acuerdo con su riqueza. Averigua en qué puesto figura tu comunidad autónoma y en si está o no por encima de la media comunitaria.

d) Relaciona los siguientes titulares de prensa con ventajas o inconvenientes propios de la pertenencia a la UE: «La UE vende 50 Airbus a Arabia Saudí» / «Francia ajusta sus gastos presionada por la UE» / «China reduce sus pretensiones frente a la UE en lo que se refiere al acero» / «Microsoft acusada de prácticas monopolísticas en la UE» / «Las enfermeras españolas siguen siendo muy valoradas en el Reino Unido».

Imprescindible Necesario Complementario

TALLER DE PRENSA

Busca en Internet un titular para cada uno de los conceptos a trabajar y completa la tabla en tu cuaderno, señalando en unas pocas líneas su interés en relación con lo estudiado en la unidad.

Concepto a trabajar	Titulares	Relación con lo estudiado en la unidad
Importaciones y exportaciones	«España acabará 2015 como el 8.º exportador mundial de vehículos» *ABC* (10/11/2015)	Para poder comprar es necesario vender. Así es el comercio internacional. Y gracias a nuestras exportaciones de vehículos podemos financiar, por ejemplo, el petróleo que necesitamos para producir la gasolina de nuestros coches.
Libre comercio	–	–
Proteccionismo	–	–
Integración económica	–	–
Inconvenientes de la UE	–	–
Ventajas de la UE	–	–
El euro	–	–

VOCABULARIO

- Exportación
- Importación
- Divisas
- Tipo de cambio
- Balanza de pagos
- Territorio aduanero
- Ventaja comparativa
- Proteccionismo
- Libre comercio
- Aranceles
- Industrialización
- G8
- Integración económica
- Comercio preferente
- Área de libre comercio
- Unión aduanera
- Mercado común
- Unión económica y monetaria

JUEGO ECONÓMICO

El juego de la UE

La UE se prepara para un importante Consejo de la Unión Europea, un organismo formado por los ministros de cada uno de los 28 países miembros para tratar cuestiones económicas fundamentales.

Objetivo

Por un lado, conocerás cómo funciona el Consejo de la Unión Europea, un órgano fundamental de la UE. Por el otro comprenderás lo difícil y apasionante que resulta tratar de conciliar los intereses de todos los países miembros, con los intereses particulares de cada uno de ellos.

Tiempo

Este juego durará dos sesiones de una hora aproximadamente cada una.

Número de jugadores

Utilizaremos solamente 12 países, así que necesitamos un mínimo de 12 jugadores. No hay máximo, puesto que varios jugadores pueden formar equipo y compartir un mismo país.

Material

El profesor te proporcionará una ficha de decisiones, una ficha con los puntos que ganan y pierden, una hoja de votos y una hoja de número de votos de cada país.

Descripción del juego

Los alumnos representarán a los diferentes países miembros, cada uno con sus propios intereses, pero todos deseosos también de que se pueda llegar a acuerdos. ¿Ganará Alemania? ¿Ganará Italia? ¿Ganará la UE en su conjunto?

En la primera ronda se formarán los equipos y estos empezarán a negociar acuerdos de votos. En la segunda se votarán las propuestas y finalmente se contarán los puntos que ha obtenido cada país y los que ha obtenido la UE como institución.

12 LA GLOBALIZACIÓN Y LOS DESEQUILIBRIOS DE LA ECONOMÍA MUNDIAL

Las relaciones económicas internacionales son cada vez más intensas, hasta el punto de que comienza a hablarse de un mercado mundial sin fronteras: este fenómeno se conoce como *globalización*, y ofrece nuevas oportunidades, pero crea nuevos problemas y agrava algunos que ya existían, como el *subdesarrollo*, la *pobreza* o el *deterioro del medio ambiente*.

En respuesta a estos desafíos, el *desarrollo sostenible* podría ser la clave para guiar el proceso de globalización: un principio que tal vez sirva para aprovechar al máximo sus ventajas y proteger al planeta y a sus habitantes de sus inconvenientes.

HANS VON KÖNIG Y PABLITO

Éranse dos hombres. El Gran Maestre de los caballeros de la Orden Teutónica Hans von König y Pablito. Hans vivía en un gran castillo del siglo XIII. Pablito en una casa típica de 2016.

Un día se despertaron y hacía mucho frío. Hans von König llamó a sus sirvientes, estos encendieron fuegos bajo calderos y, con grandes esfuerzos, llenaron una bañera. Cuando Hans metió el dedo gordo del pie, el agua ya estaba fría. Pablito, simplemente, abrió el grifo del agua caliente. Después Hans trató de desayunar. Intentó poner un resto de salchicha en el fuego pero se quemó el dedo. Pablito puso leche con cacao en el microondas.

Tras el desayuno, Hans se puso a escribir una carta a su amada, Clodovea la Hermosa, que le llegaría por un mensajero dos días después, y a los cuatro días llegaría la respuesta. ¿Aceptaría casarse con él? Pablito envió un WhatsApp a Nuria, su compañera de clase, «Hola. ¿Tienes planes esta tarde?».

Después se pusieron a trabajar. Hans quería información sobre un reino enemigo. Mandó llamar a sabios y recopilar libros de monasterios: quería saber cuáles eran los caminos de aquel reino. Pablo accedió a Wikipedia para hacer el trabajo del cole.

Entonces llegó la gran noticia. En el castillo lo escucharon de la boca de un juglar. Pablito vio las noticias terribles en la televisión: «Un enorme maremoto ha destruido la capital de Japón: cientos de miles de personas han muerto».

Hans se encogió de hombros. Pablito se estremeció de horror.

Preguntas:

1. **¿Por qué parece afectar la noticia de la destrucción de Tokio más a Pablito que al Gran Maestre?**
2. **¿Por qué son los mundos del Gran Maestre y Pablito tan diferentes?**

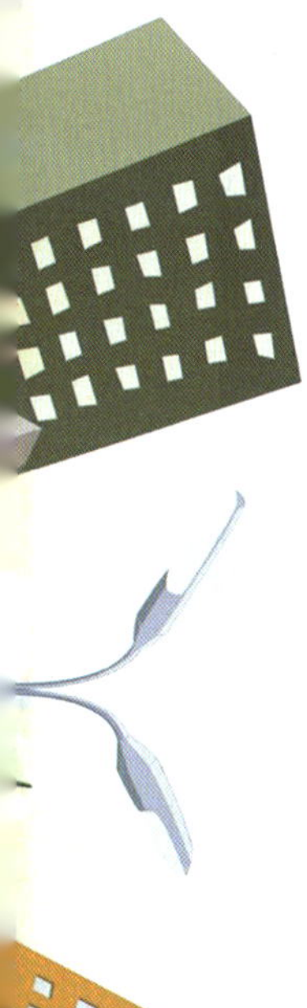

Sumario

1 La globalización

> **¿SABÍAS QUE...?**
>
> Si bien el término **globalización** se utiliza de forma frecuente desde 1980, ya ha habido otras épocas marcadas por la generalización de los intercambios comerciales, el comercio exterior y las migraciones. Con todo, este tipo de fenómenos han ganado en importancia desde que Colón desembarcó en las Américas. Por ejemplo, los judíos españoles improvisaron una globalización cuando fueron expulsados de España en 1492. Al dispersarse por el mundo formaron una red de contactos permanentes que llegaba desde el Imperio Otomano hasta las colonias americanas.

En las últimas décadas, el incremento de los movimientos de mercancías, personas y capitales, así como la difusión de ideas y conocimientos han acelerado la apertura de economías y fronteras a escala mundial, proceso que actualmente se conoce con el nombre de *globalización*.

> La **globalización** es el nombre con el que se conoce el proceso de creación de un mercado mundial sin fronteras geográficas.

En los mercados podemos encontrar polos de marca francesa manufacturados en Indonesia, atún pescado en Sudamérica envasado en latas rumanas o calculadoras japonesas con componentes rusos. Incluso podemos invertir en acciones de Wall Street. Y de igual forma que los europeos podemos acceder a productos de todo el mundo, los extranjeros pueden acceder a nuestros productos. Sin embargo, no solo la economía se ha vuelto global y planetaria: también se han globalizado nuestras costumbres, nuestra comida, la música que escuchamos o la ropa que nos ponemos. Hoy en día todos los habitantes del planeta Tierra estamos interconectados: lo que sucede en un lugar tiene consecuencias que afectan a lugares y personas muy distantes.

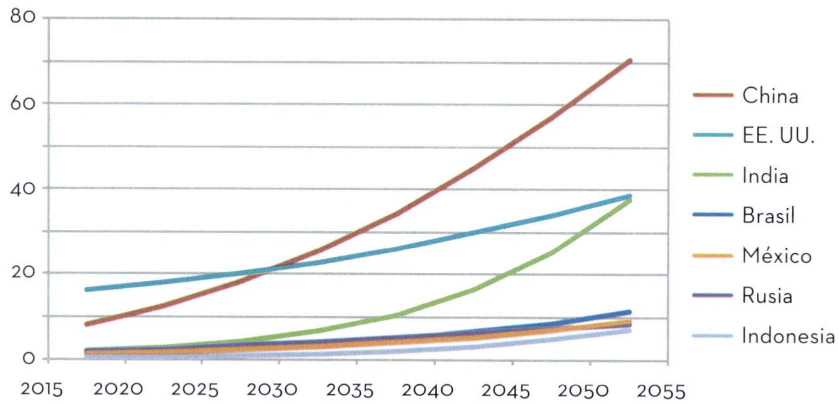

Figura 12.1. Estimación de la evolución del PIB entre 2015 y 2055 en miles de millones de dólares, según Goldman Sachs. Países como Brasil, Rusia, India y China no solo se están acercando a los países más ricos —se les llama *países emergentes*—, sino que además se postulan como las grandes potencias económicas del siglo XXI.

Periscopio 1

¿Por qué es tan difícil controlar a las multinacionales?

El PIB que producen los países es lo que la facturación a las empresas. La diferencia es que el PIB se refiere a los datos de todas las empresas de un país, mientras que la facturación de, por ejemplo, una multinacional, representa las ventas de una sola empresa procedentes de muchos países. Gracias a la supresión de barreras, las multinacionales operan en multitud de países, de modo que a menudo obtienen sus principales ingresos fuera de su país de origen.

Busca *Facturación, multinacionales, PIB, países*

- Busca datos de facturación de las multinacionales más conocidas y compáralos con el PIB de los países. ¿Qué observas? ¿Qué países podrían controlar las multinacionales? Razona tu respuesta.

1.1. Factores de la globalización

La globalización actual se sostiene sobre cinco factores: la *tecnología*, las *oportunidades de financiación*, el *liberalismo económico*, la *igualación de necesidades* y la generalización (o *estandarización*) en el uso de productos, procesos y normas (Fig. 12.2).

Figura 12.2. Factores de la globalización.

> VOCABULARIO
>
> **Liberalismo económico.** Pensamiento económico que defiende la iniciativa privada frente a la intervención de los Estados.

ACTIVIDAD RESUELTA 1

Síntomas de la globalización

Mario quiere comprar un piso y quiere contratar una hipoteca en francos suizos. Con ese objetivo lleva varios días intercambiando correos e información con varios bancos suizos. A los mediodías come en un restaurante italiano donde paga con su tarjeta de crédito, aunque hoy ha llegado más tarde porque ha estado pendiente de comprar acciones de una empresa israelita en la bolsa de New York a través de su móvil chino. Identifica los factores de la globalización en la vida de Mario.

Solución:

Liberalismo económico	*Hace años era impensable realizar inversiones en el extranjero sin necesidad de complejos trámites y costosas comisiones.*
Oportunidades de financiación	*Hoy día es posible abrir cuentas bancarias y obtener préstamos de bancos y cajas de cualquier país del mundo, como por ejemplo en yenes o en francos suizos.*
Tecnología	*La informática, a través de Internet, posibilita que las comunicaciones, compras y ventas sean prácticamente en tiempo real, como es el caso de las comunicaciones con los bancos suizos y la compra de acciones de la empresa coreana.*
Igualación de necesidades y gustos	*El gusto por la comida italiana solo es uno de los muchos que compartimos con muchísimas personas del mundo.*
Generalización (de productos)	*Las tarjetas de crédito, los enchufes de los aparatos, los móviles, las bombillas, las medidas de los electrodomésticos, etc.; son muchos los productos de uso y características idénticas en todo el planeta.*

1.2. Los fallos de la globalización

Figura 12.3. La globalización alienta la unificación de necesidades y gustos de diferentes culturas. Esto no sería problema si el proceso sucediera de forma natural, pero lo que está ocurriendo es que, muchas veces, hay detrás intereses comerciales.

La globalización ha dado lugar a una mayor diversidad de productos en todo el planeta, avances tecnológicos, precios más bajos y reducción de los costes de producción. Pero no todo son ventajas. El mercado mundial que supone la globalización también ha traído consecuencias negativas (Tabla 12.1):

Fallos de la globalización	Explicación
Mayor poder de las multinacionales	Compiten ventajosamente frente a las empresas pequeñas.
Mayor exposición de los países a las crisis	Debido a que las economías dependen unas de otras.
Problemas medioambientales	Por la sobreexplotación de los recursos naturales.
Mayores desigualdades entre países ricos y pobres	Gracias a su desarrollo, los países ricos aprovechan mejor las ventajas que ofrece el mercado mundial.

Tabla 12.1. Los fallos de la globalización desde el punto de vista económico.

En los siguientes apartados abordaremos los dos citados en último lugar: los *problemas medioambientales* y las *desigualdades* entre países ricos y pobres, problemas que la globalización ha agravado o en todo caso, no ha solucionado.

Periscopio 2

¿Por qué preocupa la globalización cultural?

Desde que comenzó la globalización en torno a 1980 los países desarrollados y las multinacionales encabezan los *rankings* de crecimiento de riqueza. Al mismo tiempo y a caballo de las campañas de publicidad de las multinacionales, se han unificado las necesidades y gustos de grandes sectores de la población mundial. Hoy día, y con la excepción del idioma y los rasgos propios de la etnia, no sería posible saber si un chico de 15 años es de España, Australia, EE. UU., Sudáfrica o Japón, puesto que su estilo de vida y preferencias son prácticamente iguales.

Busca *Globalización, publicidad, multinacionales, riqueza, identidad, países*

- ¿Hasta qué punto la publicidad y las multinacionales influyen en tus gustos, tus aficiones y tus ideas? ¿Sabrías decir de qué países provienen tus grupos musicales favoritos o las películas que más te gustan?
- Supón que trabajas en una pequeña empresa artesanal en un país africano. ¿Crees que podrías fabricar el tipo de productos que están de moda como consecuencia de la globalización cultural?

LA GLOBALIZACIÓN		LA UNIÓN EUROPEA
Fin de la Segunda Guerra Mundial	**1945**	
Las políticas partidarias de la intervención estatal en la economía llevan la prosperidad a Occidente.		Nace el mercado común europeo en 1957 con el Tratado de Roma.
Embargo petrolero de la OPEP	**1973**	
Grave crisis económica mundial. Los países empiezan a desviar sus políticas al control de la inflación en vez de a controlar el desempleo.		Las sucesivas incorporaciones de países ralentizan la supresión de barreras prevista.
Nace el ordenador personal	**1980**	
Empieza la globalización: EE. UU. y Reino Unido desregulan mercados e instituciones financieras, no así la Europa continental. El bloque soviético, bajo la economía marxista desde 1917, trata de adaptarse a la economía de mercado.		El Acta Única Europea de 1986 suprimirá progresivamente las barreras a la libre circulación de personas, capitales y mercancías. España y Portugal se adhieren a la CEE, precedente de la UE.
Caída del Muro de Berlín	**1989**	
Aparecen nuevas potencias económicas entre las cuales destacan los llamados *BRICS:* Brasil, Rusia, India, China y Sudáfrica. La desregulación crece en todos los ámbitos.		El Tratado de Maastricht de 1992 fija los criterios para la introducción de la moneda común, el euro.
Pinchazo de la «burbuja» tecnológica en las Bolsas	**2001**	
La globalización parece imparable gracias al avance de las telecomunicaciones, especialmente de Internet. Crece la brecha entre países ricos y pobres.		El euro nace en 2002. El Tratado de Lisboa de 2007 reconoce el fracaso de crear una Constitución Europea. Se abre un periodo de reflexión y crece el euroescepticismo.
Crisis bancaria propiciada por el pinchazo de las burbujas inmobiliarias	**2008**	
La crisis mundial pone en evidencia la interdependencia de los países, así como los costes sociales, laborales y medioambientales del libre funcionamiento de los mercados.		En 2012 la UE se ve obligada a reforzar los pactos en materia presupuestaria debido al exceso de endeudamiento de los países del sur, entre ellos Grecia.

Tabla 12.2. Cronología de la globalización, comparada con la historia de la Unión Europea. Puede verse que la evolución de esta última ha estado fuertemente relacionada con la globalización.

ACTIVIDADES

1. ¿Por qué se dice que la globalización no es solo económica?
2. Busca en Internet al menos tres ejemplos de otros fenómenos globalizadores que hayan ocurrido a lo largo de la historia.
3. ¿En qué medida crees que la globalización puede ser un problema para las distintas culturas del mundo?

2 Los problemas medioambientales

Desde la Revolución Industrial la tecnología ha impulsado el desarrollo económico y la prosperidad gracias, sobre todo, a los combustibles fósiles en el siglo XIX (petróleo, carbón, gas natural, etc.). Pero esa prosperidad se ha cobrado un precio: estamos sobreexplotando los recursos naturales y además estamos degradando el medio ambiente. Los **problemas** más relevantes son:

Contaminación y lluvia ácida	Los gases emitidos a la atmósfera se convierten en ácido que, cuando se precipita a la superficie de la Tierra, contamina plantas y aguas, matando la vida.
Desertización	Propiciada por la sequía y la deforestación, es un problema de primer orden, en la medida en que guarda relación con el abastecimiento de agua. En España, prácticamente el 50 % del territorio está amenazado.
Pérdida de biodiversidad	La sobreexplotación de recursos y la utilización de transgénicos destruyen hábitats naturales, al punto de que cada año se extinguen decenas de miles de especies animales y vegetales, muchas de ellas todavía desconocidas.
Acumulación y tratamiento de residuos	A la generación de cada vez mayor cantidad de residuos sólidos se le suma el problema del tratamiento y almacenamiento de residuos químicos y radiactivos.
Cambio climático	La concentración en la atmósfera de los llamados «gases de efecto invernadero» genera un aumento de las temperaturas, con posibles consecuencias graves, como deshielo y subida del nivel del mar, tormentas devastadoras o inundaciones más frecuentes.

2.1. El cambio climático

Es el problema medioambiental que más preocupa porque se teme que los efectos sean permanentes, con todo lo que ello supone para la calidad de vida de las generaciones futuras. Pero a pesar de que existe cierto consenso sobre la necesidad de actuar, economistas y Gobiernos no se ponen de acuerdo sobre las medidas a tomar, debido a las **características** del problema climático:

- **La larga escala temporal.** Los efectos adversos o dañinos pueden tardar años en manifestarse.
- **Relatividad del beneficio medioambiental.** Los costes de asumir soluciones medioambientales, inmediatos y caros, en contraste con los beneficios medioambientales, a largo plazo y generales, alientan comportamientos difusos y erráticos por parte de quienes más podrían hacer. Aparte, no está claro que ciertos efectos no sean irreversibles ya.
- **La distribución desigual de beneficios y costes por el mundo.** Los principales contaminadores del mundo son Europa, China y EE. UU. Pero la mayoría de los países desarrollados se encuentran en zonas templadas y, por tanto, menos expuestas a las consecuencias del ascenso de la temperatura. Es decir, quienes más contaminan recogen los beneficios, mientras otros padecen los costes medioambientales.
- **El alcance internacional**. En la práctica, son los países más pobres quienes tienen más incentivos para reducir la contaminación, pero aunque lo hicieran, el cambio climático va más allá de sus competencias territoriales. El problema es global y exige una **acción conjunta** a escala mundial.

REFLEXIÓN

¿Productos contaminantes baratos o productos ecológicos caros?

Adoptar procesos productivos respetuosos con el medio ambiente supone elevar el coste de los productos y, por tanto, el precio.

¿Realmente estamos dispuestos a pagar más por los productos ecológicos?

2.2. La política medioambiental

El deterioro medioambiental se está produciendo a todos los niveles sin que las autoridades competentes hayan tenido éxito a la hora de contrarrestarlo. Las leyes medioambientales españolas tienen su origen en la UE, si bien en España son las comunidades autónomas quienes tienen las competencias que regulan los espacios naturales, la protección de especies o los residuos.

La **política medioambiental** consiste en el desarrollo y aplicación de normativas y medidas que contribuyan a mantener los recursos naturales.

Aparte de las normativas, las medidas más importantes que acompañan la política medioambiental son:

- El **fomento de energías alternativas limpias y renovables,** como el sol, el viento o las mareas (energía maremotriz).
- El establecimiento de **impuestos y multas** a las actividades contaminantes, así como **subvenciones** a las no contaminantes.
- La **educación ambiental,** a través de campañas publicitarias y cursos, pero también a través del sistema educativo.

Figura 12.4. El fomento de las energías alternativas es un instrumento de política medioambiental.

IMPORTANTE

Son **limpias** las energías que no producen residuos, mientras que son **renovables** las que se renuevan constantemente con fuentes inagotables.

Periscopio 3

¿Por qué no son efectivas las políticas medioambientales?

Las políticas medioambientales no están teniendo éxito para contrarrestar el deterioro del medio ambiente. La mayor parte de los países desarrollados, con la importante excepción de EE. UU., quieren impulsar medidas de protección del medio ambiente, tal como quedó patente en el protocolo de Kioto. En cuanto a los países en vías de desarrollo, son reacios a adoptar restricciones, porque supondría perjudicar sus opciones de crecimiento económico.

Busca «Protocolo de Kioto», «acuerdos ambientales», *contaminación, países* «medidas preventivas»

- Encuentra un argumento defendido por algún país en vías de desarrollo para rechazar acuerdos en materia de medio ambiente.
- ¿Qué es lo que explica que en materia medioambiental las medidas no sean efectivas y los países no se pongan de acuerdo?

ACTIVIDADES

4. **¿Por qué se considera que el cambio climático es el problema medioambiental más importante?**

5. **¿Qué queremos decir con las siguientes frases?**

a) «El deterioro del medio ambiente es la factura a pagar por el crecimiento económico alcanzado por los países ricos.»

b) «La Tierra no es una herencia de nuestros padres sino un préstamo de nuestros hijos» (antiguo refrán indio).

3 Desigualdades y subdesarrollo

Con la globalización, las desigualdades se han incrementado en el interior de todos los países. Pero son muy superiores las que se producen entre países, al no existir instrumentos de redistribución internacional de la riqueza similares a los que existen en el interior de los países.

En consecuencia, mientras una parte de la población mundial vive confortablemente, la mayoría sigue subsistiendo bajo el umbral de la pobreza. Los rasgos que caracterizan al subdesarrollo son de naturaleza *económica*, pero también hay rasgos *demográficos* e *institucionales* propios del **subdesarrollo** (Tabla 12.3).

Características del subdesarrollo		
Demográficas	Económicas	Institucionales o públicas
Baja renta per cápita	Estructura productiva primaria	Inestabilidad política o falta de democracia y transparencia
Altas tasas de crecimiento demográfico	Mal funcionamiento de los mercados	Nivel de infraestructuras deficiente
Escasa formación cultural y social	Escaso ahorro e inversión	Elevada deuda con otros países (deuda externa)

Tabla 12.3. Características del subdesarrollo.

Periscopio 4

¿Por qué es tan difícil salir del subdesarrollo?

Infraestructuras, agricultura mecanizada, gobiernos democráticos, población formada, capacidad de ahorro, etc., son solo algunas de las características necesarias para lograr el desarrollo económico.

Estos factores son conocidos por todos, pero en la práctica son pocos los países que logran desarrollarse económicamente. Es tan difícil conseguirlo que cuando sucede se habla de **«milagro económico»** y se analizan a fondo las claves del éxito para tratar de comprenderlo y acaso hacerlo extensivo a otros países con características similares.

España fue un ejemplo de éxito en los años ochenta cuando se transformó en una economía moderna tras casi medio siglo de dictadura. Pero el ejemplo por excelencia es China, que se ha convertido en potencia mundial cuando a mediados del siglo XX era la cenicienta de Asia. Alemania, Italia o Japón se recuperaron rápidamente de la Segunda Guerra Mundial, a pesar de que habían salido de ella perdedoras, habían quedado devastadas y habían sufrido importantes pérdidas de población.

En el otro extremo cabe señalar a los países del África subsahariana, los cuales han quedado atrasados económicamente aun recibiendo importantes ayudas económicas.

Busca «Fórmulas económicas», subdesarrollo, «milagro económico», *educación, España, China*

- ¿Cuáles fueron las claves de los milagros económicos español y chino?
- ¿Qué es lo que explica que unos países salgan del subdesarrollo y otros no?

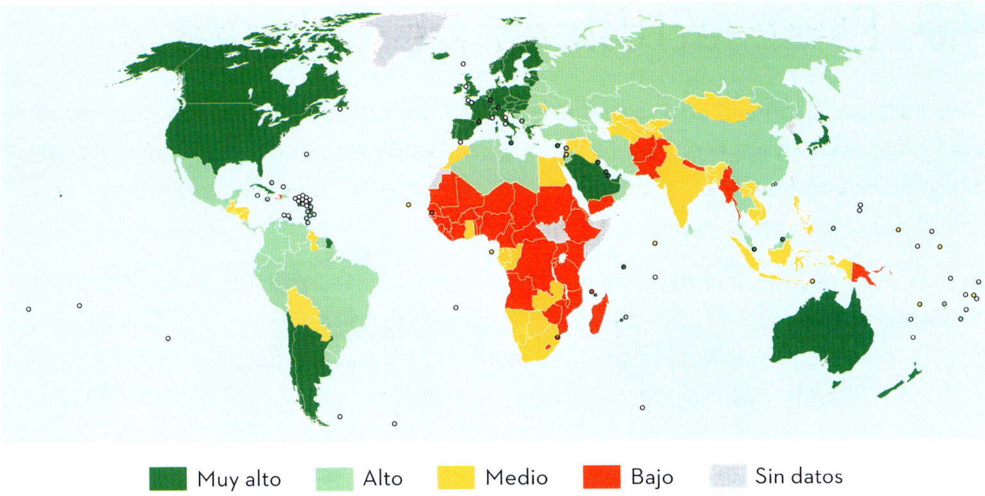

Figura 12.5. No todo es crecimiento económico. El **Índice de Desarrollo Humano (IDH)** es un indicador alternativo elaborado por el Programa de Naciones Unidas para el Desarrollo (PNUD) que, aparte del PIB ajustado en función de su capacidad adquisitiva, valora la *esperanza de vida* y la *educación*.

ACTIVIDAD RESUELTA 2

Características del subdesarrollo

Asocia los titulares de prensa de la columna de la izquierda, extraídos de la prensa económica a propósito de países en vías de desarrollo, con las características del subdesarrollo:

Solución:

«Los ingresos por habitante entre los más bajos del planeta» →	*Baja renta per cápita.*
«Parte de la oposición ha sido encarcelada nuevamente» →	*Falta de democracia y transparencia.*
«La inversión sigue sin despegar debido al escaso ahorro» →	*Escaso ahorro e inversión.*
«Café y algodón son el principal componente de las exportaciones» →	*Estructura productiva primaria.*
«Los índices de alfabetización no llegan al 60 %» →	*Escasa formación cultural y social.*

ACTIVIDADES

6. En relación con las características del subdesarrollo, contesta a las siguientes preguntas:

a) ¿Por qué la deuda externa es un problema para cualquier país?

b) ¿Por qué crees que una estructura productiva predominantemente primaria es un problema asociado al subdesarrollo?

7. ¿Por qué se considera que el Índice de Desarrollo Humano es más completo que el PIB como indicador de la calidad de vida de un país?

REFLEXIÓN

¿Peces o cañas de pescar?

Con el intento de fomentar el desarrollo, desde los países desarrollados se organizan diversas iniciativas de ayuda de emergencia y **cooperación al desarrollo.** Sin embargo, estas campañas benefician a menudo más al país donante que al receptor.

Por ejemplo, con la llamada **«ayuda condicionada»,** el Gobierno compra productos que se envían a los países que los necesitan, pero el dinero queda en el país donante, y es en este donde se genera empleo y negocio. Si no se les proporciona a los países medios propios con los que resolver sus problemas, siempre se verán en la obligación de recurrir una y otra vez a la ayuda internacional.

4 El desarrollo sostenible

En contraposición al subdesarrollo se posiciona la idea de *desarrollo,* que implica progreso, avance o mejora. Para que dicho desarrollo sea completo debe integrar tres dimensiones: la *económica,* la *social* y la *medioambiental.*

DESARROLLO SOSTENIBLE

Figura 12.6. Las tres dimensiones del desarrollo sostenible.

Además y para que el desarrollo logrado no sea flor de un día, debe perdurar en el tiempo, esto es, ser sostenible. Es cuando se habla de *desarrollo sostenible.*

El **desarrollo sostenible** es aquel que satisface las necesidades actuales de las personas, sin comprometer la capacidad de las futuras generaciones para satisfacer las suyas.

¿SABÍAS QUE...?

El **desarrollo** comprende muchos aspectos, pero al final todos los indicadores son relativos y se precisa de referentes para efectuar comparaciones. Y como las comparaciones revelan que la mayoría de los países desarrollados se encuentran en el hemisferio norte, mientras que la mayoría de los que están en vías de desarrollo están en el hemisferio sur, es frecuente denominar a la desigualdad de riqueza existente entre ambos **«el problema Norte-Sur».**

Periscopio 5

¿Por qué tanta obsesión con el crecimiento económico?

El Índice de Desarrollo Humano es solo uno de tantos indicadores alternativos al PIB. Existen otros índices alternativos que también ponen su énfasis en factores menos económicos como por ejemplo la *felicidad* o la *ecología.* Pero la felicidad es algo relativo y los beneficios medioambientales son difíciles de medir, aparte de inciertos y a largo plazo.

En cambio, lo que sí es medible a corto plazo es la variación de los puestos de trabajo de un país, el crecimiento del número de ventas de coches o el número de turistas.

Busca «Indicadores alternativos al Producto Interior Bruto», *PIB, sostenibilidad, bienestar*

- Recaba información sobre otros sistemas alternativos al PIB o al IDH.
- Elige uno de los sistemas alternativos y defiende sus ventajas frente a uno de tus compañeros que opine que el PIB es el sistema más objetivo y real.

4.1. Objetivos para el futuro

Si te fijas, el desarrollo sostenible trata de conjugar la solución para dos de los grandes problemas de la globalización que hemos considerado en los apartados anteriores: los problemas medioambientales y las desigualdades y el subdesarrollo.

Para llevar a la práctica el desarrollo sostenible, la ONU ha definido una serie de objetivos para el periodo de quince años de 2015 a 2030, denominados **Objetivos de Desarrollo Sostenible** (ODS). Dichos objetivos tienen su origen en los objetivos de otro programa a quince años desarrollado entre 2000-2015, que se denominó **Objetivos de Desarrollo para el Milenio** (ODM).

> ¿SABÍAS QUE...?
>
> Los Objetivos del Milenio (ODM) nacen de la Declaración del Milenio, aprobada en la Asamblea número 55 de las Naciones Unidas, que se celebró en el año 2000. En esta Declaración se establecía cómo tenía que ser el mundo del siglo XXI.

Figura 12.7. De los *Objetivos del Milenio* a los *Objetivos de Desarrollo Sostenible.*

ACTIVIDADES

8. ¿Por qué la sobreexplotación de los recursos es un problema desde la perspectiva del desarrollo sostenible?

9. Elige el objetivo que te parezca más importante de la Figura 12.7, y averigua en Internet los datos y cifras que justifican una actuación específica, las metas perseguidas para 2030 y las medidas que hayan podido establecer al respecto determinados países.

MAPA CONCEPTUAL

Factores
- Igualación de necesidades y gustos
- Liberalismo económico
- Generalización del uso de productos, procesos productivos y normas de calidad
- Tecnología
- Oportunidades de financiación

Fallos
- Mayor poder de las multinacionales
- Mayor exposición de los países a las crisis
- Problemas medioambientales
- Mayores desigualdades entre países ricos y pobres

La globalización

Los problemas medioambientales
- Contaminación y lluvia ácida
- Pérdida de biodiversidad
- Desertización
- Acumulación y tratamiento de residuos
- Cambio climático

El desarrollo sostenible

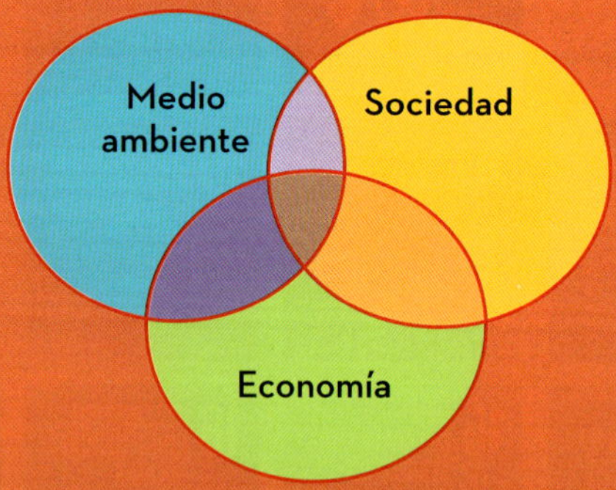

Características del subdesarrollo

Demográficas
- Baja renta per cápita
- Alto crecimiento demográfico
- Escasa formación cultural y social

Económicas
- Estructura productiva primaria
- Mal funcionamiento de los mercados
- Escaso ahorro e inversión

Institucionales / públicas
- Inestabilidad política o falta de democracia y transparencia
- Nivel de infraestructuras deficiente
- Elevada deuda externa

TEST DE REPASO

1. En relación con los efectos de la globalización indica la afirmación correcta.

a) El mundo es más interdependiente.

b) Los mercados se unen.

c) El crecimiento económico se ha acelerado.

d) Todas las anteriores son correctas.

2. En los últimos años, las costumbres y gustos:

a) Se han hecho más diversos.

b) Se han homogeneizado.

c) Son menos importantes que antes.

d) Solo vienen de América.

3. Uno de los riesgos de la globalización para la democracia es:

a) La corrupción de los partidos políticos.

b) La influencia creciente de las multinacionales.

c) El mayor poder de los ejércitos.

d) La pasión por el fútbol.

4. Si queremos conocer de verdad el grado de desarrollo de un país podríamos consultar su:

a) IPC.

b) IDH.

c) IVA.

d) IVH.

5. Una de las mayores amenazas al desarrollo sostenible es:

a) El poder de Internet.

b) Que acabemos viviendo en juegos de realidad virtual.

c) La proximidad de una nueva gran crisis financiera.

d) El calentamiento global.

6. ¿Cuál de estas características es propia de un país subdesarrollado?

a) Tiene un alto índice de desempleo.

b) Tiene una gran deuda pública.

c) Tiene un alto índice de natalidad.

d) Todas las anteriores son correctas.

7. Constituyen un problema global de tratamiento de residuos:

a) Los «continentes de plástico» en los mares.

b) El almacenamiento de combustible de uranio.

c) La acumulación de toxinas en los mares.

d) Todas las anteriores son correctas.

8. De las siguientes grandes economías, ¿cuál es menos culpable del cambio climático?

a) EE. UU.

b) La UE.

c) India.

d) China.

9. Los países en desarrollo son reacios a la imposición de políticas medioambientales porque:

a) Los países desarrollados lo impiden.

b) Afectaría gravemente a su crecimiento.

c) Creen que el calentamiento global es un mito.

d) No contaminan.

10. De los factores siguientes, ha sido clave para hacer posible la globalización:

a) Internet.

b) El crecimiento económico mundial.

c) La rivalidad entre EE. UU. y China.

d) El agotamiento de los hidrocarburos.

11. A las nuevas potencias económicas mundiales se las conoce como:

a) Los PIGS.

b) Los BRICS.

c) Los TETRABRIC.

d) La OCDE.

12. Para 2030 la ONU quiere alcanzar:

a) Los Objetivos de Desarrollo del Milenio.

b) Los Objetivos del Siglo XXI.

c) Los Objetivos de Paz Perpetua.

d) Los Objetivos de Desarrollo Ilimitado.

ACTIVIDADES FINALES

Teoría

1. ¿Qué ventajas crees que ofrece la globalización a las grandes empresas para competir?

2. Si *deslocalización* es el nombre con el que se conoce el traslado de las empresas de unos países a otros, índica cuál es la relación de este fenómeno con la globalización.

Para aprender más sobre el fenómeno de la deslocalización puedes consultar noticias en Internet. Como por ejemplo, el artículo «¿Dónde han ido las empresas que han cambiado de ubicación en los últimos cuatro años?», publicado en el diario *Expansión* el 4 de enero de 2016.

3. ¿Son incompatibles las frases «la globalización aumenta la riqueza de países ricos y pobres» y «crece la desigualdad entre países ricos y pobres»? Explícalo.

4. En relación con la Tabla 12.2:

a) ¿En qué crees que consistieron las políticas de intervención estatal que llevaron la prosperidad a Occidente después de la Segunda Guerra Mundial?

b) ¿En qué crees que consistieron las «burbujas» a las que se refiere el texto?

c) ¿Qué acontecimiento mundial frenó la globalización a principios del siglo XXI?

5. En lo que respecta al cambio climático:

a) ¿Cuál es la contradicción en lo que respecta a los países que más contaminan y las consecuencias medioambientales que padecen?

b) ¿Crees que la acción de los países debe ser conjunta? ¿Por qué?

6. Indica si son limpias y/o renovables cada una de las siguientes fuentes de energía: gas natural, solar, mareomotriz, biomasa, eólica, nuclear, petróleo.

7. ¿Cómo crees que pueden los consumidores y las Administraciones Públicas premiar o castigar a las empresas en relación con su respeto por el medio ambiente?

8. ¿Por qué hay fórmulas económicas que funcionan en un país pero no en otro?

9. ¿Qué ámbitos debe integrar el desarrollo humano para que sea completo? ¿Por qué es imprescindible que ese desarrollo sea sostenible?

Práctica

10. Elige lo que más te gusta de: un tipo de comida, un grupo musical, una prenda de vestir, una película y un libro. Compara tus elecciones con las de tus compañeros y apuntad las que sean mayoritarias. Comenta si crees que lo seleccionado es común a lo que se elegiría en otros puntos de España o en otros países.

11. Formad dos grupos en clase: uno defenderá la globalización y otro la criticará. El profesor elegirá un portavoz para cada grupo, cada uno de ellos preparará los planteamientos propios y anticipará los del grupo contrario. Tras una puesta en común de un cuarto de hora, ambos grupos tratarán de hacer valer sus argumentos. Un tercer grupo de alumnos, entre los que se contará el profesor, decidirán por votación los ganadores del debate.

12. Natalia es española y vive en París aunque trabaja en Londres, adonde se desplaza cada día en un tren rápido bajo el Canal de la Mancha. Compra los billetes del viaje en una máquina expendedora en la propia estación con su tarjeta de crédito. En Londres come todos los días en un restaurante de comida rápida y, aparte de sus cuentas bancarias en un banco francés, tiene una cuenta en libras esterlinas en un banco del Reino Unido, quien también le ha financiado la compra de su casa francesa. Identifica factores de la globalización en la vida de Natalia.

13. Relaciona cada uno de estos titulares con los problemas medioambientales descritos en el Apartado 2 de la unidad:

Titular	Problema
«España sigue perdiendo masa forestal»	–
«El Ayuntamiento rechaza el cementerio nuclear»	–
«La explosión química provoca la temida lluvia ácida»	–
«Las emisiones de dióxido de carbono siguen aumentando»	–
«En España están en peligro el 30 % de las especies de reptiles»	–

14. Asocia los siguientes titulares de prensa con las características del subdesarrollo:

Titular	Característica
«Las elecciones bajo sospecha»	–
«El bajo precio del café en los mercados internacionales lastra los resultados»	–
«La deuda se sigue comiendo más del 80 % de la riqueza anual»	–
«La escasez de carreteras dificulta la comunicación entre este y oeste»	–
«Tres empresas se reparten el 90 % de las ventas en el país»	–

15. Aunque siempre oímos que son los países y empresas, en la medida que tienen más recursos, quienes tienen que desarrollar medidas para combatir la contaminación y preservar el medio natural, también las personas ponemos nuestro granito de arena. Cita cinco medidas de lo que haces o podemos hacer a nivel personal por el medio ambiente.

16. Averigua en Internet:

a) En relación con la Tabla 12.2:
- Las características de la economía marxista.
- Los factores que propiciaron el derrumbe de la citada economía en el bloque soviético.

b) Recopila una noticia en los medios de comunicación para cada uno de los problemas y medidas medioambientales citados en el Apartado 2 de la unidad.

c) El último convenio o protocolo internacional firmado en materia de medio ambiente. Comenta lo acordado, así como el grado de vinculación al que se han obligado los distintos países.

d) Ayúdate del mapa de la Figura 12.5 para encontrar países que tengan un Índice de Desarrollo Humano similar pero muy diferente PIB por habitante.

e) Recaba información sobre organizaciones no gubernamentales (ONG) que trabajen para el desarrollo de en los países del Tercer Mundo:
- ¿Cuáles son sus objetivos?
- ¿Qué medidas emplean para conseguir sus objetivos?
- ¿Te plantearías unirte a alguna? Explica tus motivos.

Imprescindible Necesario Complementario

TALLER DE PRENSA

Busca en Internet un titular para cada uno de los conceptos a trabajar y completa la tabla en tu cuaderno, señalando en unas pocas líneas su interés en relación con lo estudiado en la unidad.

Concepto a trabajar	Titulares	Relación con lo estudiado en la unidad
Beneficios de la globalización	«Si la India desea ser líder debe ir a por los mercados globales» *El País* (28/2/2016)	La globalización trasciende todas las fronteras y ofrece oportunidades de crecimiento a las naciones emergentes capaces de aprovecharlas. La India es una de ellas.
Críticas a la globalización	–	–
Globalización cultural	–	–
Cambio climático	–	–
Política medioambiental	–	–
El subdesarrollo	–	–

VOCABULARIO

Globalización
Liberalismo económico
Biodiversidad

Política medioambiental
Energías renovables
Estructura productiva
Deuda externa

Infraestructuras
Desarrollo sostenible
Calidad de vida

JUEGO ECONÓMICO

Un mundo demasiado pequeño

En el planeta Encelado conviven cuatro naciones. Todas ellas aspiran a industrializarse, a sentirse seguras y a crecer económicamente. Tú eres uno de sus gobernantes y tu misión es llevar a tu civilización a lo más alto de la prosperidad. ¿Serás tú el más glorioso de los gobernantes?

Objetivo

Los países tratarán de *desarrollarse* y crecer. Sin embargo, crecer económicamente genera, además de beneficios para quien crece, *costes ambientales* para todos.

Con esta actividad tratamos de comprender el delicado equilibrio entre *crecimiento, medio ambiente* y las *tensiones* que se dan entre los países que compiten *por desarrollarse.*

Tiempo

Este juego se realiza en una sola sesión de una hora.

Número de jugadores

El número óptimo de jugadores es 4, pero la partida puede funcionar con 2 o con 3. Por tanto, deberéis sentaros de 4 en 4, en la medida de lo posible.

Material

El profesor os proporcionará el material siguiente:

1. Un contador para cada jugador.
2. Cinco fichas, una para cada contador (por ejemplo, 5 monedas).
3. Un contador de «Calentamiento global» común para todos.

Descripción del juego

En cada turno el jugador puede realizar una, y solo una, de las cinco acciones siguientes: *invertir, producir, cuidar el medio ambiente, declarar la guerra* o *consumir.*

Los jugadores pueden realizar diplomacia libremente a lo largo del juego. Cualquier acuerdo está permitido. No cumplirlos, también está permitido.

El juego termina cuando un jugador alcanza 10 unidades de consumo y es el ganador o bien el medio ambiente llega a 0, en cuyo caso el mundo es destruido y todos pierden.

Propuesta de cine

La pesadilla de Darwin

Director: Hubert Sauper

Año: 2004

País: Francia

Sinopsis:

En un rincón de Tanzania junto al lago Victoria, toda la economía del lugar gira alrededor de una única actividad: la pesca de la perca del Nilo. Introducido artificialmente por el ser humano, su negocio sirve de lugar encuentro a personas y empresas del mundo entero.

Claves de reflexión:

Este documental cubre muchos aspectos de la parte final de nuestra asignatura. Por un lado, el comercio de la perca en Tanzania ejemplifica de forma perfecta la dimensión de la globalización: pilotos ucranianos volando aviones de compañías rusas recogen el pescado procesado en fábricas de empresarios indios y capturado por nativos tanzanos, con el fin de exportarlo a los mercados de Europa y Japón.

Por otro lado, la introducción de este depredador causa un gran desequilibrio ecológico en el ecosistema regional que, no obstante, es el que permite su explotación industrial y el sustento de miles de personas. De esta forma pone sobre la mesa la cuestión de la sostenibilidad del crecimiento, así como de los desequilibrios en los niveles de renta internacionales.

Contenidos de la asignatura:

- Reconocer el carácter universal de la globalización.
- Tomar conciencia de la ambivalencia de sus efectos.
- Desarrollar la empatía por otros pueblos en el conocimiento de sus realidades.

Cuestiones:

a) Después de ver el documental, ¿comprarías perca del Nilo en el supermercado? ¿Qué crees que pasaría si la perca no llegara a venderse?

b) ¿Qué crees que podríamos hacer nosotros y qué crees que podrían hacer también los tanzanos para mejorar las condiciones de vida a orillas del lago Victoria?

Noticia

Decir que estás parado... ¿un drama laboral?

TINO FERNÁNDEZ. (Adaptado de *Expansión*, 13/05/2015)

Cuando estás sin trabajo tienes un empleo prioritario: buscar trabajo. Y si eso no te ocupa 8 horas diarias como mínimo, es una señal de que te estás relajando. Gullem Recolons, especialista en búsqueda de empleo, afirma que es mejor verse a uno mismo como un «profesional sin clientes» y romper con estigma del «desempleado». «No mendigues un trabajo, ofrece soluciones», afirma. Según el autor «hay muchas necesidades por cubrir de las que las empresas ni siquiera son conscientes. La única línea que debería tener un currículum es la dirección de Internet del profesional, en la que enseñas todo lo que sabes hacer.»

Cuestiones:

a) ¿Crees que estar desempleado puede llegar a ser un estigma, un trauma para la persona que lo sufre? ¿Por qué?

b) El autor habla de otras formas de buscar empleo, de «ofrecer soluciones» a las empresas en lugar de mendigar un empleo. ¿A qué crees que se refiere?

c) ¿Si tuvieras que mostrar en una página de Internet todo lo que sabes hacer, cómo sería? ¿Has hecho alguna vez una web?

Cuestionario

1. Para que una persona sea considerada parada, ¿qué requisito debe cumplir?

a) No estar buscando trabajo.

b) Tener entre 0 y 99 años.

c) Estar buscando trabajo.

d) Estar cobrando un salario.

2. Con una política fiscal restrictiva:

a) Se aumentan los sueldos.

b) Se reducen las cotizaciones sociales.

c) Se aumentan los impuestos.

d) Se construyen más obras públicas.

3. Cuando el Estado tiene déficit público:

a) El número de bienes públicos disminuye.

b) El número de bienes públicos aumenta.

c) La deuda pública disminuye.

d) La deuda pública aumenta.

4. No es un objetivo de la política macroeconómica:

a) El crecimiento económico.

b) La estabilidad de precios.

c) El pleno empleo.

d) La educación gratuita hasta los 16 años.

5. ¿Cuál de las siguientes medidas aumentaría la desigualdad en la distribución de la renta?

a) Se cambia la jornada laboral a 35 horas.

b) Se aumentan los impuestos a los más ricos.

c) Se pone un impuesto de 1.000 euros a todo el mundo.

d) Se reduce el IVA.

6. Un ejemplo de inversión pública sería:

a) Construir una carretera.

b) Aumentar las prestaciones de desempleo.

c) Aumentar el gasto en personal.

d) Disminuir los impuestos.

7. Un país proteccionista:

a) Está a favor del libre comercio.

b) Defiende los intereses de sus consumidores.

c) Introduce aranceles.

d) Tiene una moneda fuerte.

8. La moneda de Francia es:

a) El franco francés.

b) El dólar.

c) El euro, como en España.

d) El dólar galo.

9. Es una amenaza para el desarrollo sostenible:

a) El desempleo.

b) El cambio climático.

c) La corrupción.

d) El gasto público.

10. En los países subdesarrollados:

a) Hay poca corrupción.

b) Hay una baja renta per cápita.

c) Hay una baja natalidad.

d) Hay estabilidad política.